ポプラディア情報館

POPLARDIA INFORMATION LIBRARY

HISTORY OF FOOD, CLOTHING & HOUSING

衣食住の歴史

いしょくじゅうのれきし

監修　西本豊弘

ポプラ社

監修《かんしゅう》のことば

わたしたちの生活は、衣食住でなりたっています。衣食住とは、衣服と食べ物と住居《じゅうきょ》をさします。この３つがなければ、わたしたちのくらしはなりたたないといってもよいでしょう。

この本では、日本に人が住みはじめた旧石器時代《きゅうせっきじだい》から現在《げんざい》にいたる「衣食住の歴史」を中心に、人々の生活のようすを、時代順にまとめてあります。

昔の人々のくらしを知る手がかりには、奈良時代以降《ならじだいいこう》であれば、文字や絵画で残されたものがあります。ですから、それらの手がかりと、遺跡《いせき》から発掘《はっくつ》されたものを参考にしながら、当時のくらしを紹介《しょうかい》しています。

古墳時代《こふんじだい》と、それより前の弥生時代《やよいじだい》・縄文時代《じょうもんじだい》・旧石器時代《きゅうせっきじだい》については、文字で書かれた記録がないので、発掘《はっくつ》されたものを中心に、推測《すいそく》できることがらを紹介《しょうかい》しました。

考古学《こうこがく》という、昔のことを研究する学問では、新しい遺跡《いせき》や記録などの発見や、遺跡《いせき》からの出土品の分析技術《ぶんせきぎじゅつ》の進歩により、それまで紹介《しょうかい》されていたこととはちがう調査結果《ちょうさけっか》がでることがあります。研究が深まれば深まるほど新しい発見があり、そのたびに、その結果をどうとらえるかということが話題になります。

この本では、最近の研究成果から、新しくわかったことがらも

とりあげています。そのなかには、時代のはじまりと終わりの年代など、まだ定説となっていないことがらもふくまれます。

昔の人々の衣食住について、さまざまな資料《しりょう》をもとに紹介《しょうかい》しましたが、特に縄文時代《じょうもんじだい》から弥生時代《やよいじだい》までの食料や、旧石器時代《きゅうせっきじだい》から江戸時代《えどじだい》までの衣服などについては、最新の情報《じょうほう》をくわえてあります。また、江戸時代《えどじだい》では、外国人と庶民《しょみん》、旅のようすなど、幅《はば》広い観点からとりあげました。

衣服や食べ物、住居《じゅうきょ》は、気候風土によってさまざまなちがいがあります。また、都市部と農村、漁村によってもちがいがあります。しかし、これらのすべてがはっきりわかっていないため、この本では、都《みやこ》や都市の周辺のようすを中心にとりあげました。また、わかっている範囲《はんい》で、なるべく一般《いっぱん》の庶民《しょみん》の生活について、紹介《しょうかい》するよう心がけました。

わたしたちの現在《げんざい》の生活は、旧石器時代《きゅうせっきじだい》からの人々のくらしのつみかさねの先にあります。この本を読んで、昔の人々がどのようにくらしてきたかを知り、人間の生きる知恵《ちえ》のすばらしさを学んでいただければと思います。

西本豊弘《にしもととよひろ》 国立歴史民俗博物館教授

目次
TABLE OF CONTENTS

目次
TABLE OF CONTENTS

目次
TABLE OF CONTENTS

この本のつかいかた

この本は、日本の歴史を時代ごとにわけ、衣食住のうつりかわりを紹《しょう》介《かい》しています。

●本文のタイトル部分には、衣食住のどの分野の内容《ないよう》のページであるか、ひとめでわかるように、マークがついています。マークは、つぎのような意味をあらわしています。

住まい、照明、お風呂《ふろ》、便所など、住居《じゅうきょ》に関するページ

食料、調理器具、調理法など、食べ物に関するページ

衣服の素材《そざい》、形、着かた、洗濯《せんたく》など、衣服に関するページ

マークがついていないページは、「衣」「食」「住」にわけられないページであることをあらわしています。

●人々のくらしは、全国どこでもおなじというわけではありません。地《ち》域《いき》による差もあれば、身分のちがいによる差もあります。そのため、この本でとりあげた衣食住のようすは、すべての人、すべての場所にあてはまることではありません。また、ここで紹介《しょうかい》したことについては、今後、遺跡《いせき》などの新発見や研究結果などから、あらたな説がくわえられる可能性《かのうせい》があります。

●コラム「もっと知りたい！」には、そのページと関連のふかいことがらをとりあげ、本文の発展的《はってんてき》な理解《りかい》に役立つ情報《じょうほう》がはいっています。

●巻末《かんまつ》には、旧石器時代《きゅうせっきじだい》から現在《げんざい》までの大きな流れをつかむことができるように、関連年表がついています。

●さらに知りたい人へ●

明治時代以降《いこう》のくらしについては、ポプラディア情報館《じょうほうかん》『昔のくらし』を読むと、もっとくわしく知ることができます。ポプラディア情報館《じょうほうかん》『昔のくらし』では、明治時代からアジア・太平洋戦争後のくらしを、衣食住などのテーマにわけて、くわしく紹介《しょうかい》しています。

原始・古代

- 旧石器時代《きゅうせっきじだい》
- 縄文時代《じょうもんじだい》
- 弥生時代《やよいじだい》
- 古墳時代《こふんじだい》
- 飛鳥《あすか》・奈良時代《ならじだい》
- 平安時代《へいあんじだい》

旧石器時代《きゅうせっきじだい》のくらし

今から数百万年前から約1万5000年前までを旧石器時代《きゅうせっきじだい》といいます。約200万年前からは氷河期《ひょうがき》とよばれ、寒い氷期《ひょうき》とあたたかい間《かん》氷期《ぴょうき》とが数回にわたってくりかえされていました。

もっとも寒い時期には、陸地の広い範囲《はんい》が厚《あつ》い氷でおおわれ、海面も今より100m以上低かったといわれています。そのため、そのころの日本は、ユーラシア大陸と陸続きになっていました。

今から約3万年前に大陸から日本にやってきた人々は、おもに狩《しゅ》猟《りょう》をしながら、移動生活《いどうせいかつ》をしていたようです。

気候の変動で地形が変化

氷期《ひょうき》に大陸と陸続きだった日本は、やがて気候があたたかくなるにしたがい、とけだした氷河《ひょうが》の水で海面が高くなり、水没《すいぼつ》するところがふえていきました。そして、じょじょに大陸からへだてられていきました。

▶ナウマンゾウ。約2万年前まで、北海道から九州まで生息《せいそく》していた大型獣《おおがたじゅう》。日本で化石が発見されているナウマンゾウは、背《せ》までの高さが1.9～2.7mもある。

日本列島は大陸の一部だった

氷期《ひょうき》の北海道は、樺太《からふと》（サハリン）、シベリアと陸続きで、本州と四国と九州も、朝鮮半島《ちょうせんはんとう》、中国と陸続きでした。日本は、ちょうどユーラシア大陸のふちにある山脈のような形をしていたのです。

そのころの日本海は湖で、九州と朝鮮半島《ちょうせんはんとう》のあいだには、この湖から流れでて太平洋にそそぐ川が流れていたと推測《すいそく》されています。このころは、寒さがきびしく、雨量や降雪量《こうせつりょう》も少なく、寒冷少雨《かんれいしょうう》の気候でした。

現在《げんざい》の瀬戸内海《せとないかい》も海ではなく、大きな谷になっていました。太平洋側《たいへいようがわ》は日本海側よりあたたかく、大陸からわたってきたナウマンゾウなどの大型獣《おおがたじゅう》がたくさんいました。

食料となるこれらの獣《けもの》のあとを追って、人々は大陸から現在《げんざい》の日本列島部分までやってきて、やがて住みつくようになりました。これが、日本に人がくらしはじめた最初だといわれています。

昔の人の住まいや、つかっていた道具など、人々の活動の跡《あと》がみつかる場所を遺跡《いせき》といいます。このころの遺跡《いせき》は、ほとんどが現在《げんざい》の海面の下にしずんでいると推測《すいそく》されているため、当時の人々の生活のようすは、よくわかっていません。

日本で旧石器時代《きゅうせっきじだい》の道具がみつかる遺跡《いせき》は、もっとも古くても約3万年前からです。当時の丘陵地帯《きゅうりょうちたい》から山地にかけて残っている遺跡《いせき》からは、おもに狩猟活動《しゅりょうかつどう》がおこなわれていたことがわかっています。

あたたかくなり、大陸からはなれだす

約2万年前の日本

▲日本海は湖で、九州と朝鮮半島《ちょうせんはんとう》のあいだと、本州と北海道のあいだは、日本海から流れだす川だった。北海道の北の端《はし》は、樺太《からふと》（サハリン）をへてユーラシア大陸と陸続きになっていた。本州・四国・九州は１つの島だった。

今から約２万年前はもっとも寒く、日本は左の地図のような状態《じょうたい》でした。

約１万数千年前になると、気温が少しあがってきたため、海の水がふえてきて、北海道と本州のあいだに親潮《おやしお》が流れこみ、津軽海峡《つがるかいきょう》ができました。これにより、湖だった日本海にも海水がはいりこむようになりました。

人々は、十数人くらいずつで群《む》れをつくり、食料を求めて移《い》動生活《どうせいかつ》をし、ときには、いくつかの群《む》れがいっしょになって生活することもあったようです。

九州と朝鮮半島《ちょうせんはんとう》のあいだに南からの黒潮《くろしお》がはいりこんで対馬《つしま》海峡《かいきょう》ができ、本州・四国・九州がそれぞれ島になるのは、約１万年前で、縄文時代《じょうもんじだい》にはいってからです。

洞《どう》くつや、移動《いどう》に便利な小屋が住まい

旧石器時代《きゅうせっきじだい》に人が住んでいたと思われる遺跡《いせき》は、たいてい川や湧《わ》き水《みず》が近くにある小高い場所にあります。川や湧《わ》き水《みず》は人の飲み水になりますが、動物も飲みにくるので、小高い場所で寝起《ねお》きしていれば、動物をつかまえやすかったのでしょう。

でも、人々はおなじ場所に長くいたようすがありません。動物はエサを求めて移動《いどう》するので、人もそれを追って移動生活《いどうせいかつ》をしていたようです。

住まいは、洞《どう》くつや岩のかげのほかに、持ち運びのできる木や動物の皮などを組み合わせてつくる、かんたんな小屋のようなものだったと考えられています。

▲木をあつめて小屋をつくり、そこで寝泊《ねと》まりすることもあったと考えられている。

石で道具をつくりだす

日本ではじめて人が生活をしだした旧石器時代《きゅうせっきじだい》は、狩猟《しゅりょう》で食料を得ることが生活の中心でした。人々は、狩猟《しゅりょう》の方法や石器などの道具を考えだし、生活にとりいれていきました。

獣《けもの》の肉がだいじな食料だった

おもな食べ物は、狩猟《しゅりょう》で得た動物たちの肉で、ほかには、クルミやチョウセンゴヨウ（マツの一種）、ハシバミなどの木の実くらいでした。川辺や海辺でとれる魚や貝も食べていたかもしれませんが、はっきりわかっていません。

狩猟《しゅりょう》でどんな動物をとっていたのかは、遺跡《いせき》から動物の骨《ほね》がほとんどみつかっていないので、くわしいことはわかりません。骨《ほね》がみつからないのは、火山の多い日本には、火山灰《かざんばい》をふくんだ酸性《さんせい》の土が多く、かたい骨《ほね》も何万年ものうちにとけて、残らないからです。

この時代の化石から、アカシカ、ヘラジカ、オオツノジカ、野牛《やぎゅう》、ナウマンゾウなどの大きな獣《けもの》をとっていたと思われます。

しかし、その後の温暖化《おんだんか》と狩猟《しゅりょう》により、ナウマンゾウやヘラジカ、オオツノジカなどの大型《おおがた》獣《じゅう》は、日本列島では絶滅《ぜつめつ》してしまったようです。

そのいっぽうで、ニホンジカやイノシシ、ノウサギ、キツネ、タヌキ、アナグマ、ニホンザルなどの小さな動物が、気候があたたかくなるにしたがって、南のほうから日本列島全体へと広がっていき、狩猟《しゅりょう》の対象《たいしょう》になっていきました。

狩猟《しゅりょう》で得た動物は、食料にするだけでなく、皮をはいで干《ほ》し、衣服や住まいの一部などにしたようです。

▲大きな獣《けもの》をしとめたときは、その場で解体《かいたい》してから、みんなで運んだ。１頭しとめればたくさんの肉がとれるので、狩猟《しゅりょう》も解体作業《かいたいさぎょう》も運搬《うんぱん》も、多くの人が力をあわせておこなう、共同作業だった。

◀ヘラジカ。シカの仲間のなかで体がもっとも大きく、手のひらを横に広げたような角《つの》をもっている。

生活のだいじな道具・石器をうみだす

旧石器時代《きゅうせっきじだい》の石器は、打製石器《だせいせっき》といわれ、石をくだいてつくったものが中心です。われた石の角《かど》はとがっていて、表面もザラザラしています。このことに気づいた人々は、くだけやすい石をさがしだし、ほかの石で打ちかいて、道具として生活にとりいれていったようです。

打製石器《だせいせっき》づくりに適《てき》した石は、われやすくて、するどい刃《は》をつくることができる黒曜石《こくようせき》やサヌカイトです。黒曜石《こくようせき》は、旧石器時代《きゅうせっきじだい》の終わりころには、伊《い》豆七島《ずしちとう》のひとつ神津島《こうづしま》でとれたものを、海をへだてた本州の東京まで運んでつかっていたことがわかっています。

離《はな》れ島《じま》でとれた黒曜石《こくようせき》が、海をわたってつかわれていることから、舟《ふね》で行き来をしていたことはたしかです。

焼けた石を調理に利用

食べ物をどのように調理していたかは、よくわかっていません。しかし、とった肉を生《なま》で食べたり、くしにさして火で焼いて食べたりはしていただろうと考えられています。

遺跡《いせき》からは、こぶしくらいの大きさの焼けた石が数個《すうこ》以上まとまってみつかることがあります。火をつかっていた証拠《しょうこ》です。まわりには炭や灰《はい》が残っていることもあります。焼け石は炉《ろ》の跡《あと》か、調理につかった石と推測《すいそく》されています。

調理は、地面に穴《あな》をほり、その中に肉と焼け石をいれて、肉を加熱するというかんたんな方法です。

旧石器時代《きゅうせっきじだい》は寒い時代で、1年間の平均気温《へいきんきおん》が今より5～10℃も低かったといわれているので、焼けた石は体をあたためるのにもつかっていたかもしれません。

◀火おこしのようす。ガスも電気もライターもない大昔は、木と木をこすりあわせるなどして、火をおこしていた。

もっと知りたい!

打製石器《だせいせっき》とおもなつかいみち

ナイフ形石器

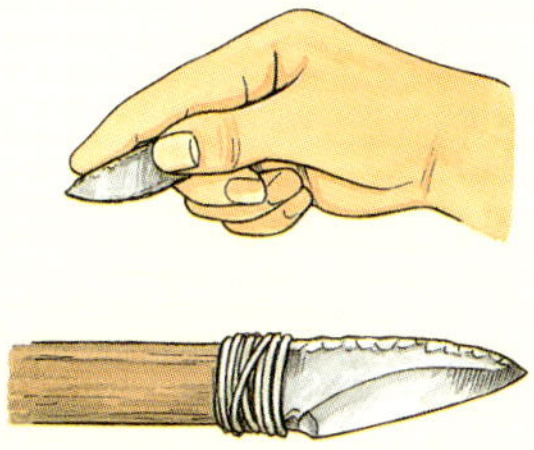

長さ10cmほどのナイフのような刃《は》をもつ石器。肉や骨《ほね》、皮などを切るのにつかった。

ポイント

尖頭器《せんとうき》ともよばれ、ヤリの先につける石器。動物めがけてヤリ投げのようにして投げて、つきさすのにつかった。

スクレイパー

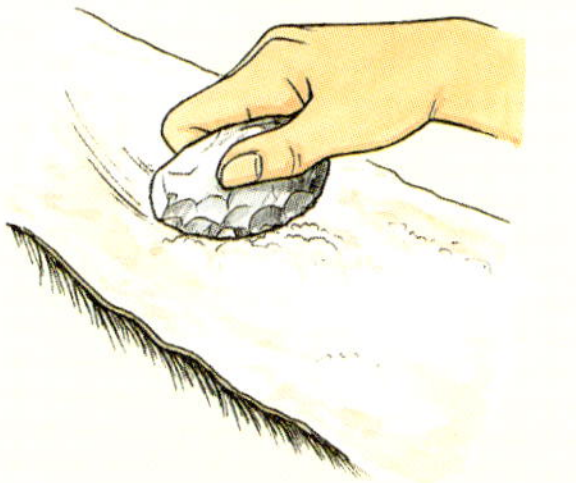

木や石などをけずる石器。動物の皮についている肉や脂身《あぶらみ》などをこそげとるのにもつかった。

細石刃《さいせきじん》

うすく、小さくはぎとった、とがった石のかけらが細石刃《さいせきじん》。木や動物の角《つの》や骨《ほね》に傷《きず》をつけて埋《う》めこみ、するどい刃《は》がいくつもついたヤリにし、とどめをさすのにつかった。刃《は》をすぐにつけかえられる、すぐれた道具だった。

縄文時代《じょうもんじだい》のくらし

今から約1万5000年前から約2900年前までを縄文時代《じょうもんじだい》といいます。土器をつくりはじめてから、水田での米づくりがはじまるまでの期間です。

縄文時代《じょうもんじだい》のはじめは、まだ氷期《ひょうき》で寒かったのですが、少しずつあたたかくなり、たくさんの氷河《ひょうが》がとけて海面が上昇《じょうしょう》し、日本は今のような島国になりました。

温暖《おんだん》な気候は、ゆたかな海の幸《さち》、山の幸《さち》をもたらしたので、人々は移動生活《いどうせいかつ》をやめ、住む場所を定めて、定住生活をはじめます。

※ 縄文時代《じょうもんじだい》の終わりは、以前は2300～2400年前とされてきました。しかし、年代をより正確《せいかく》に調べることができる炭素《たんそ》14年代測定法《そくていほう》（43ページ参照）で調べなおしたところ、九州北部に約2900年前から水田があったことがわかり、終わりの年代がみなおされました。

住む

村をつくって住みだす

縄文時代《じょうもんじだい》になって、気候があたたかくなると、食べられる植物や魚介類《ぎょかいるい》がふえたので、食べ物が手にはいりやすくなりました。そのため、食べ物を求めて移動生活《いどうせいかつ》をしなくてもすむようになり、人々は、村をつくって住みはじめました。

村の大きさは、さまざまだった

縄文時代《じょうもんじだい》のはじめころはまだ寒く、旧石器時代《きゅうせっきじだい》とおなじように、人々は小さな群《む》れをつくって食べ物を求めて移動《いどう》しながらくらしていました。

その後、気候が温暖《おんだん》になり、ひんぱんに移動生活《いどうせいかつ》をしなくても食べ物を手にいれやすくなった人々は、2～5家族くらいの20人くらいがくらす小さな村から、十数家族にのぼる200人くらいがくらす大きな村まで、さまざまな規模《きぼ》の村をつくって生活するようになりました。

村は、日当たりと見晴らしのよい小高い台地で、すぐ近くに川や池、湧《わ》き水《みず》のような水場があるところなどにつくられていました。水場は、飲み水を得たり、洗《あら》い物《もの》をしたりするのに欠かせないからです。

村人の住まいの中心はたて穴住居《あなじゅうきょ》（22～23ページ参照）でした。村のまわりには、クリなどの実のなる木が多い林があって、ヒョウタンやジネンジョ（ヤマノイモの一種）などもはえていました。

村の中央部には、広場があり、広場のなかや、家から少しはなれた場所には、お墓《はか》がつくられていました。

▲三内丸山《さんないまるやま》遺跡《いせき》の大きな道のそばには、有力者のお墓《はか》がならんでいた。

青森県三内丸山《あおもりけんさんないまるやま》遺跡《いせき》の村のようす

青森県三内丸山《あおもりけんさんないまるやま》遺跡《いせき》は、今から約6000年前から約4500年前の、大きな村の跡《あと》です。一時期に10～20家族以上、200人以上の人々があつまって、クリを中心に、さまざまな植物《しょくぶつ》を食料にしてくらしていたと考えられています。

左のページの絵は三内丸山《さんないまるやま》遺跡《いせき》の村のようすの想像図《そうぞうず》です。

村の真ん中には広場があり、そばにはふつうの住まいの約10倍もある大きなたて穴住居《あなじゅうきょ》もありました。さらに、床面《ゆかめん》が地面より高い位置にある高床《たかゆか》の建物があつまって建っている場所もありました。ここには、湿気《しっけ》がきてはこまる乾物《かんぶつ》などを保存《ほぞん》していたと考えられています。

村のまわりには、村の外に通じる道もできていました。道にそってお墓《はか》がならんでいることから、亡《な》くなった人を手厚《てあつ》くほうむっていたことが、わかります。

▼三内丸山《さんないまるやま》遺跡《いせき》の大型のたて穴住居《あなじゅうきょ》の復元模型《ふくげんもけい》。この大きな住居《じゅうきょ》は、集会場か共同作業場などにつかっていたのではないかと考えられている。住居《じゅうきょ》のまわりでは、村人たちが、いくつかのグループをつくり、作業をしている。（国立歴史民俗博物館蔵）

新潟県《にいがたけん》青田遺跡《あおたいせき》の村のようす

村は、4500年くらい前の縄文時代《じょうもんじだい》の終わりころになると、川辺に近い、低地にもつくられるようになりました。

このようなところは、大水になると川がはんらんし、あたりが水びたしになってしまいます。そのため、住居《じゅうきょ》は、床面《ゆかめん》を地面より高くした高床住居《たかゆかじゅうきょ》にし、水の害から家族や食料などを守る工夫をし、住んでいたようです。

新潟県青田遺跡《にいがたけんあおたいせき》は、縄文時代《じょうもんじだい》の終わりころの、川辺の低地につくられた大きな村の跡《あと》です。村の西に日本海があり、海にそそぐ川の両岸の砂丘《さきゅう》に住まいがありました。

ここは、冬には北西から強い風がふきつけるので、寒い時期には、日当たりのよい小高い丘にうつり住んだと思われます。

青田遺跡《あおたいせき》からは、これまで発見されている遺跡《いせき》からはでてこなかった、家の柱や丸木舟《まるきぶね》、弓、カゴ、木の実、糸などがでてきました。柱は、地面に柱用の穴《あな》をほり、そこに直接《ちょくせつ》埋《う》めこんでたてる掘立柱《ほったてばしら》でした。

木材や植物繊維《しょくぶつせんい》などは長いあいだ空気にさらされると、空気中の酸素《さんそ》のために変化してなくなってしまいます。しかし、青田遺跡《あおたいせき》は水をたくさんふくんだ土の中に埋《う》まっていたので、柱や道具が空気にさらされず、残っていたのです。

青田遺跡《あおたいせき》の村のようす
高床住居《たかゆかじゅうきょ》
柱は掘立柱《ほったてばしら》で、クリやコナラ、水辺に多いヤナギの木がつかわれている。屋根はアシ（別名ヨシ）でふき、壁《かべ》はヤナギの枝《えだ》やアシをつかった草壁《くさかべ》だ。どれも、村でとれる材料である。
家への出入りには、小さな階段《かいだん》をつかった。

ゴミ捨《す》て場《ば》

川岸が、ゴミ捨《す》て場《ば》だった。クリやクルミ、トチノキの実のカラがすてられていて、なかでもクリのカラがたくさんあった。自然のクリにはみられない大つぶのカラだ。栽培《さいばい》したクリの実が主要な食料だったことがわかる。

▶遺跡《いせき》からでてくる魚の骨《ほね》や貝がらの種類から、砂丘《さきゅう》には、春から初夏にかけて住んでいたことがわかる。秋に住んでいたかどうかはわからないが、絵には秋のくらし（木の実のカラむきの光景）もしめした。

遺跡《いせき》からでてくる石器や、装身具《そうしんぐ》につかわれている石の産地を調べると、この村にはない材料もつかわれていることがわかった。村の人々は、丸木舟《まるきぶね》にのって、かなり遠くから材料を運んでいたのではないかと考えられている。

川や海の魚

川にはコイ、ボラ、フナのほか、サケがいた。シジミなどの貝もとれた。海には、タイ、スズキ、ブリ、カサゴの仲間がいた。丸木舟《まるきぶね》にのって、川や海で漁をしていたのだろう。

川

村の真ん中を大きな川が南北に流れていた。川の水は炊事《すいじ》やせんたくに利用したと考えられる。

丸木舟《まるきぶね》

トチノキでつくられている。長さは5m以上、幅《はば》75cmくらいで、舟底《ふなぞこ》は平ら。底の平らな舟《ふね》は、浅瀬《あさせ》をすすむのに適《てき》している。

住む

たて穴住居《あなじゅうきょ》で定住生活

縄文時代《じょうもんじだい》には、たて穴住居《あなじゅうきょ》、平地住居《へいちじゅうきょ》、高床住居《たかゆかじゅうきょ》の3種類がありました。住居《じゅうきょ》は、村のみんなで協力しあってつくっていたようです。

たて穴住居《あなじゅうきょ》は北に、平地住居《へいちじゅうきょ》は南に多い

全国的に建てられていたのはたて穴住居《あなじゅうきょ》ですが、これは中部地方から北海道までに特に多く、冬の寒さをしのぐための住居《じゅうきょ》だったと考えられています。

中部地方より南のあたたかい地方では、たて穴住居《あなじゅうきょ》より風通しのよい平地住居《へいちじゅうきょ》が多かったと思われています。

高床住居《たかゆかじゅうきょ》は、水害にあいやすい地域《ちいき》に適《てき》したしくみの住居《じゅうきょ》で、おもに川や湖などの岸辺につくられたようです（20～21ページの青田遺跡《あおたいせき》の住居《じゅうきょ》を参照）。

住居《じゅうきょ》の形は、上からみると、円形、正方形、長方形のものがありました。また、大きさも、直径4ｍくらいの小さな円形の住居《じゅうきょ》から、1辺の長さが30ｍをこす長方形の大きな住居《じゅうきょ》まで、さまざまなものがありました。

半地下式のたて穴住居《あなじゅうきょ》

たて穴住居《あなじゅうきょ》は、地面を30cmから1ｍほどほりさげ、よく踏《ふ》みかためて床面《ゆかめん》を平らにした、半地下式の住居《じゅうきょ》です。保温性《ほおんせい》がすぐれていました。

ほった土は、穴《あな》のまわりに盛《も》ってかためておきます。この盛《も》り土《つち》は、雨風が家の中にはいりこむのをふせぐ壁《かべ》の役目と、屋根をふくためにさしこむ斜《なな》め材《ざい》の根もとを支《ささ》える役目をしました。

北海道のようにとても寒いところでは、2ｍ以上もほりさげることもありました。地中の土の壁《かべ》がくずれないように、壁《かべ》にそって木材をとりつけることもありました。

たて穴住居《あなじゅうきょ》の柱は、地面に直接《ちょくせつ》木を埋《う》めこんでつくってあるので、木がくさりやすく、10年くらいたつと、建てかえなければなりませんでした。

もっと知りたい!

たて穴住居《あなじゅうきょ》のつくりかた

1 地面をほりさげる（たて穴《あな》をほる）

柱用の穴《あな》をほる
地面をほりさげ、床面《ゆかめん》を平らにしてから、柱用の穴《あな》をほる。

2 主柱《しゅちゅう》をたて、けたをのせる

主柱《しゅちゅう》
穴《あな》に埋《う》めこんでたてる（掘立柱《ほったてばしら》）。

けた
主柱《しゅちゅう》にけたをのせ、縄《なわ》で結びつけ、固定させる。

室内に炉《ろ》が移動《いどう》し、くらしに変化が

はじめのころのたて穴住居《あなじゅうきょ》は、寝《ね》るための場所で、食べ物を煮炊《にた》きする炉《ろ》は、家の外に築《きず》いていました。

生活が安定してくると、寝《ね》るためだけでなく家族の生活の場としての住まいが要求されるようになりました。人々は、家の内部に柱をたてて屋根を支《ささ》えることで、広い空間をうみだし、炉《ろ》を室内に築《きず》いてくらしはじめました。

室内の炉《ろ》は、照明や暖房《だんぼう》の役割《やくわり》もはたしたので、人々のくらしによい変化をもたらしました。炉《ろ》の上に棚《たな》をつくって、ぬれた衣類などをかけておくと、短時間でかわかすことができました。

しかし、炉《ろ》の火の燃《も》えかたが悪いと、黒いけむりが室内にたちこめ、目が痛《いた》くなり、むせて苦しみます。そのため、火をじょうずに燃《も》やすことは、生きていくのに必要な技術《ぎじゅつ》のひとつでした。

▲たて穴住居《あなじゅうきょ》を復元《ふくげん》した模型《もけい》。室内の中央に炉《ろ》があり、床面《ゆかめん》には植物からつくった敷物《しきもの》をしき、すわっても冷えない工夫をしていた。（国立歴史民俗博物館蔵）

▲平地住居《へいちじゅうきょ》と、室内のようす。

地表に床面《ゆかめん》がある平地住居《へいちじゅうきょ》

平地住居《へいちじゅうきょ》は、半地下式のたて穴住居《あなじゅうきょ》と異《こと》なり、床面《ゆかめん》が地表とおなじ高さにあります。しかし、柱はたて穴住居《あなじゅうきょ》とおなじ掘立柱《ほったてばしら》で、地面に柱用の穴《あな》をほってたてます。

壁《かべ》は地上にあり、木や草で囲ってあるだけなので、暑《あつ》い夏には室内に風が通り、たて穴住居《あなじゅうきょ》よりすずしくすごせました。

3 斜《なな》め材《ざい》をさしこみ、横木をかける

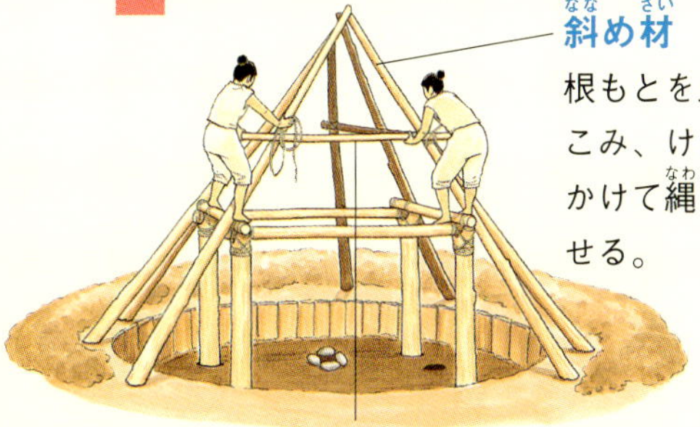

斜《なな》め材《ざい》
根もとを土にさしこみ、けたにたてかけて縄《なわ》で固定させる。

横木
斜《なな》め材《ざい》の上にかけ、縄《なわ》で固定させる。

4 屋根をふき、家を完成させる

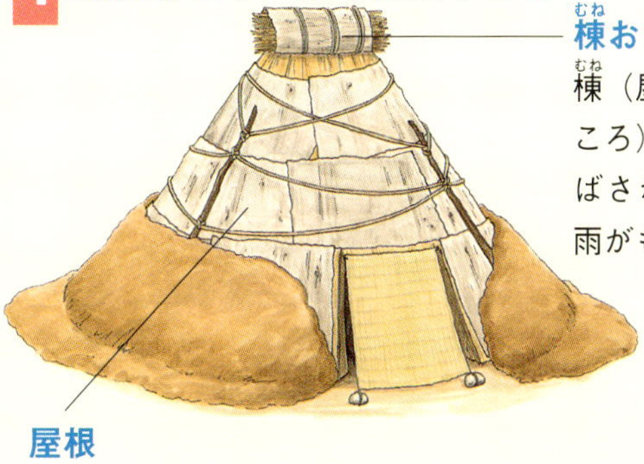

棟《むね》おさえ
棟《むね》（屋根のいちばん高いところ）のカヤなどが風でとばされないように、また、雨がもらないように、カヤと樹皮《じゅひ》でつくった棟《むね》おさえをつける。

屋根
カヤ、アシなどを下から順にしきつめ、屋根をふく。この絵のように、さらに樹皮《じゅひ》でおおい、縄《なわ》で固定させることもある。

貝や魚をとって食べる

縄文時代《じょうもんじだい》の食生活で旧石器時代《きゅうせっきじだい》と大きくちがうのは、海の魚や貝をさかんに食べるようになったことです。漁の道具も発達し、アシカやイルカもとって食べるようになりました。

浅瀬《あさせ》から貝がたくさんとれた

氷期《ひょうき》が終わり、あたたかくなって、海面が上昇《じょうしょう》するにつれて、浅瀬《あさせ》や入《い》り江《え》がふえ、ハマグリやアサリ、カキなど、いろいろな貝がとれるようになりました。

春になると、海辺に近い村の人たちは、貝をとりにでかけました。貝はおいしいだけでなく、海辺にいけばたくさんとれ、しかも、子どもや女性《じょせい》でもらくにとれたので、だいじな食料になりました。とった貝は村に運び、土器（34ページ参照）のなべで煮《に》て食べたり、煮《に》た身をとりだして干《ほ》して干物《ひもの》にし、保存食《ほぞんしょく》としてあとで食べたりしました。

東京湾《とうきょうわん》や東北の三陸海岸《さんりくかいがん》など、貝がたくさんとれるところでは、干《ほ》し貝《がい》がほかの村との交易《こうえき》（ほかのものと交換《こうかん》すること）にもつかわれました。塩分は、水や食べ物とおなじように生きていくのに欠かせないもののひとつです。その塩分をふくんだ干《ほ》し貝《がい》は、海からはなれた地域《ちいき》では、貴重《きちょう》な食べ物だったからです。

もっと知りたい!

貝塚《かいづか》からわかること

貝を食べると、貝がらが残ります。貝をたくさん食べた縄文時代《じょうもんじだい》は、ゴミ捨《す》て場《ば》に貝がらが山のようにたまりました。このゴミ捨《す》て場《ば》のことを貝塚《かいづか》といいます。

地中に大量に貝がらがすてられると、貝がらのおもな成分のカルシウムがとけだし、土がアルカリ性《せい》になります。その影響《えいきょう》で、すてられた貝がら、魚の骨《ほね》やうろこ、獣《けもの》や鳥の骨《ほね》などは、とけずに残りやすいのです。

だから、貝塚《かいづか》の遺跡《いせき》を調べると、その時代にどんなものを食べていたのかわかるのです。

▲ハマグリ

▲アサリ

▲カキ

黒潮《くろしお》の接近で魚がふえた

温暖化《おんだんか》により海面が上昇《じょうしょう》し、日本列島の沿岸《えんがん》近くを、暖流《だんりゅう》の黒潮《くろしお》や対馬海流《つしまかいりゅう》が流れるようになりました。すると、黒潮《くろしお》や対馬海流《つしまかいりゅう》にのって、マダイ、クロダイ、スズキ、ボラ、イワシ、フグ、マグロ、サメなど、おいしい魚がたくさんやってきました。

これらの魚は、海岸近くにいるか、海面近くを泳いでいるため、人々は、丸木舟《まるきぶね》をだして、シカの角《つの》でつくった釣《つ》り針《ばり》で釣《つ》ったり、ヤス（木製《もくせい》の柄《え》の先に、石やシカの角《つの》でつくった、先がとがったものをとりつけた漁具《ぎょぐ》）でつきさしたり、入《い》り江《え》で、手網《てあみ》（25ページ参照）ですくったりして、食料にするようになりました。

これらの漁は、春から秋にさかんにおこなわれました。

とった魚は、さしみのように生《なま》で食べたり、木のくしにさして焼いたり、土器で煮《に》たりして食べていたようです。

◀モリをつかったアシカ漁《りょう》のようす。舟《ふね》の上から長いひもをつけたモリをアシカめがけて投げこむ。モリは、つきささると、モリ先だけ残して柄《え》（木の棒《ぼう》）がはなれる。モリ先は体内で回転し、ぬけなくなるしくみで、モリ先と柄《え》はひもで結ばれていた（絵の左側）。アシカが逃《に》げつかれたころ、ひもでたぐり寄《よ》せ（絵の右側）、つかまえた。（北海道《ほっかいどう》礼《れ》文町《ぶんちょう》船泊《ふなどまり》遺跡《いせき》からの想像図《そうぞうず》）

また、ブリやサメの骨《ほね》が、海から遠くはなれた山地の遺跡《いせき》からも発見されていることから、干物《ひもの》にもして食べ、交易《こうえき》にもつかっていたのだろうと考えられています。

海では、アシカやオットセイ、イルカなどの海獣《かいじゅう》や、ウミガメも、とって食べていました。これらをとるのには、上の絵のようなモリをつかっていたと考えられています。

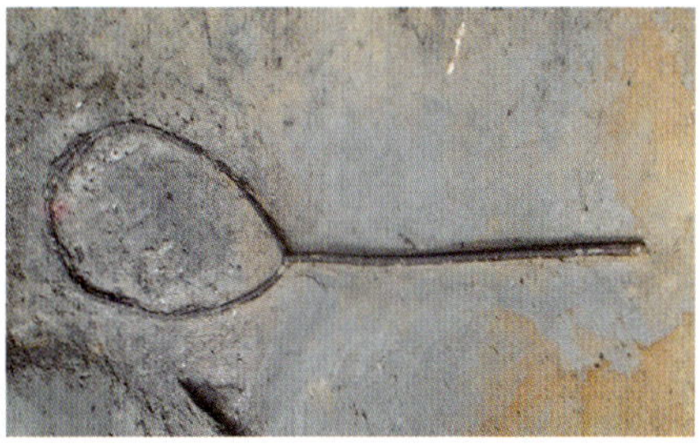

◀北海道紅葉山遺《もみじやまい》跡《せき》からみつかった手網《てあみ》。セミなどをとる虫とり用の網《あみ》とおなじ形をしている。（いしかり砂丘の風資料館蔵）

川では、しかけをつくってサケ漁を

川や湖では、ウナギやアユ、ウグイ、ヤマメ、フナ、コイ、シジミ、スッポンなどをとって、食べていました。

秋になると、北海道や東北では、北から寒流にのってサケがやってきました。サケは川にのぼり、上流でたまごをうみます。たくさんのサケが群《む》れをなしてやってくるので、村の人たちは、サケをヤスでついたり、手づかみでとったりしていました。エリという、サケの通り道をふさぐしかけをつくり、あつまったサケをヤスでついたり、棒《ぼう》で頭をたたいたりして、いっきょにたくさんとれる方法をあみだし、漁をしていた地域《ちいき》もありました。

たくさんのサケは、焼いたり、土器のなべで煮《に》たりして食べるほか、室内の炉《ろ》の上の棚《たな》において、けむりでいぶして、くんせいにもしたようです。

◀川にしかけたエリで漁をするようす。エリは、いちどはいった魚がでにくいように、竹や木の枝《えだ》などで囲いをつくったしかけ。

食べる

獣《けもの》や鳥をとって食べる

実りの秋になり、食料をいっぱい食べてふとった動物の肉は、おいしくなります。そのため、秋の終わりから冬が、狩猟《しゅりょう》のさかんな時期でした。

イノシシやシカをえらんで狩猟《しゅりょう》

野山には、たくさんの獣《けもの》や鳥がいたので、縄文時《じょうもんじ》代《だい》になっても、狩猟《しゅりょう》は食べ物を得るためのたいせつな仕事でした。しかし、気候があたたかくなり、海の幸《さち》や、木の実や山菜などがたくさんとれるようになったため、むやみに獣《けもの》をとるのではなく、イノシシやシカ、ノウサギなど、肉のおいしいものをねらってとっていたようです。これらの骨《ほね》が、貝塚《かいづか》（24ページ参照）に多く残っています。

肉は、生《なま》のまま食べたり、山菜や野草などといっしょに土器のなべで煮《に》て食べたり、うすく切って干《ほ》し肉《にく》にしたりして食べていたようです。

縄文時代《じょうもんじだい》に狩猟《しゅりょう》でとっていた獣《けもの》の割合《わりあい》

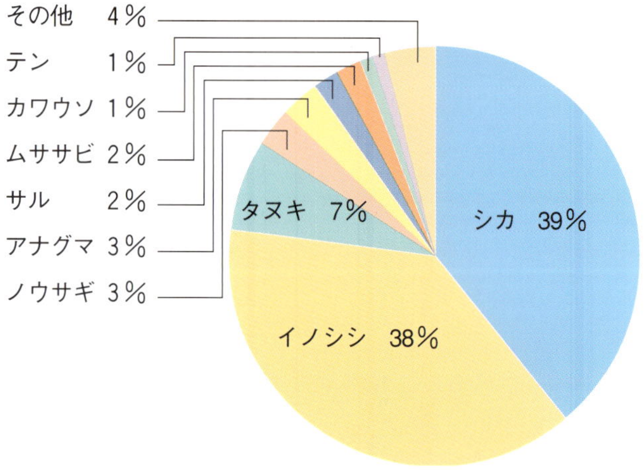

※全国の縄文時代《じょうもんじだい》の遺跡《いせき》の貝塚《かいづか》からみつかった、陸上でくらす獣《けもの》の骨《ほね》をもとに算出した割合《わりあい》。

▶シカ（ニホンジカ）

▲イノシシ

◀ノウサギ

落《お》とし穴《あな》や弓矢で獲物《えもの》をとる

旧石器時代《きゅうせっきじだい》には、ヤリをつかって獣《けもの》をとっていましたが、縄文時代《じょうもんじだい》になると、ヤリのほかに弓矢や落《お》とし穴《あな》などをつかってとるようになりました。

イノシシやシカなどは、ヤリや矢があたっても、急所にあたらないと大あばれするので人に危害《きがい》をおよぼすことがあり、危険《きけん》です。そこで、安全な狩猟《しゅりょう》の方法として、落《お》とし穴《あな》が考えだされました。水を飲むためにかならず通る「けもの道」に落《お》とし穴《あな》をつくって、つかまえるようにしたのです。

また、狩猟《しゅりょう》に弓矢がつかわれるようになったので、キジやカモ、ワシやタカなどの鳥も射落《いお》として食べるようになりました。弓は、長さが1mほどの短いもので、イチイ、イヌガヤ、マユミなどの、じょうぶでよくしなる木の枝《えだ》がつかわれました。遺跡《いせき》からは、弓に桜《さくら》の皮などをまきつけて、折《お》れにくくしたものや、うるし（35ページ参照）を塗《ぬ》って装飾《そうしょく》をほどこしたものもみつかっています。

弦《つる》（弓にはる糸）は、まだみつかっていませんが、カラムシなどの植物の繊維《せんい》（37ページ参照）をよりあわせてつくったひもや、シカやクマなどの腱《けん》（筋肉《きんにく》を骨《ほね》に結びつける役割《やくわり》をしている、白いひも状《じょう》の組織《しき》）がつかわれていたと考えられています。

▲落《お》とし穴《あな》をつかった狩猟《しゅりょう》のようす。ほった穴《あな》の底に、竹や木などでつくった杭《くい》を何本か打ちこみ、穴《あな》の上を木の枝《えだ》や草などでおおう。上を通った動物が落ちると、杭《くい》にささって動けなくなるので、安全に確実《かくじつ》にとることができた。

◀▶山形県小山崎遺跡《こやまざきいせき》からみつかった弓（左）と、弓の端《はし》の拡大《かくだい》写真（右）。

（山形県立博物館蔵）

弓の端《はし》につけられたくぼみ。弦《つる》がずれずに、しっかり結びつけられるように工夫されている。

もっと知りたい!

イヌが狩猟《しゅりょう》の手伝《てつだ》いをしはじめる

日本で、イヌが人間に飼《か》われていたことがわかっているのは、8000年前ころからで、縄文時代《じょうもんじだい》のことです。

狩猟《しゅりょう》に、イヌをよくつかうようになったのも、おなじ縄文時代《じょうもんじだい》からです。イヌをつかってシカやイノシシなどの獲物《えもの》をさがしたり、追いたてたりしていました。

狩猟《しゅりょう》のとちゅうで、イノシシなどとたたかいになり、ケガをするイヌもでてきました。縄文《じょうもん》時代《じだい》の人は、ケガをしたイヌをたいせつにそだてて、イヌが死ぬと人間とおなじようにお墓《はか》をつくり、ほうむっていました。

これは、狩猟《しゅりょう》で得た獣《けもの》の骨《ほね》は、食べるために解体《かいたい》するので、遺跡《いせき》から1頭ぶん完全な形で発見されることはまずないのに対し、イヌの骨《ほね》は、埋葬《まいそう》された状態《じょうたい》で、完全な形で発見される例が多いことからわかります。

▲縄文時代《じょうもんじだい》のイヌの復元模型《ふくげんもけい》。現代《げんだい》の柴犬《しばいぬ》ほどの小型のイヌで、鼻すじはまっすぐとおり、キツネのような顔立ちだったようだ。

（船橋市飛ノ台史跡公園博物館蔵）

食べる

木の実をとって食べる

木の実には、たくさんの栄養がたくわえられているため、食べると力がでます。縄文時代《じょうもんじだい》の人々は、主食として食べていたようです。

秋は、村人総出《そうで》で木の実ひろい

あたたかい気候になると、日本列島に木の実のなる森林が広がっていきました。

木の実は、秋になると実って落ちます。地面に落ちた実は虫がつきやすく、また、落ち葉でおおわれるとみつけにくいので、木の実ひろいは、子どももまじえて村じゅう総出《そうで》でおこないました。

木の実には、アクがあり、しぶみやにがみで食べられないものがあります。縄文時代《じょうもんじだい》になると、アクをぬく方法をみつけて、アクぬきをして食べるようになりました（29〜31ページ参照）。

食べていた木の実は、クリやクルミ、トチノキの実、ドングリ（クヌギ、ミズナラ、コナラ、アカガシ、アラカシ、マテバシイほか）などでした。

クリやトチノキの実は、ほかの木の実にくらべてつぶが大きいので、いっぺんにたくさんの量をひろうことができる、効率《こうりつ》のよい木の実でした。

トチノキの実はしぶみやにがみが強く、それにくらべてクリは煮《に》るか焼くかすれば、おいしく食べられます。そのため、大きくておいしいクリをえらんで、栽培《さいばい》していたところもあったようです。

ドングリクッキーを食べていた

縄文時代《じょうもんじだい》の遺跡《いせき》から、ドングリなどの木の実を粉にしたものに、シカやイノシシの肉、野鳥のたまごなどを少しまぜてクッキーやおにぎりのような形にしたものが、焼けて炭のようになった状態《じょうたい》でみつかっています。クッキーやおにぎりのように形づくったものを、焼いた石の上にのせ、焼いて食べていたようです。

このことから、保存《ほぞん》することができ、持ち運びもできる木の実のじょうずな食べかたを考えだしていたことがわかります。

また、木の実を粉にしたり、つぶしたりする、石皿とすり石も発見されています。

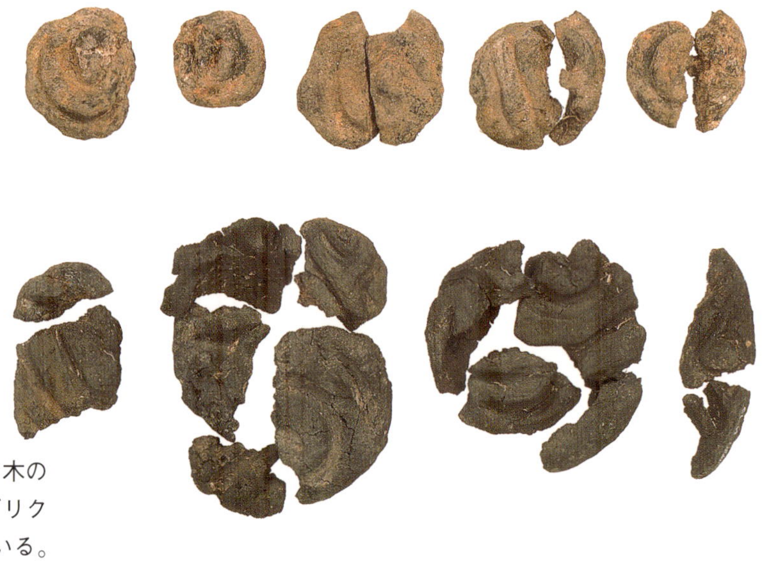

▶山形県高畠町押出遺跡《やまがたけんたかはたまちおんだしいせき》からでてきた、木の実でつくったクッキー状《じょう》のもの。ドングリクッキー、縄文《じょうもん》クッキーなどとよばれている。
（山形県立うきたむ風土記の丘考古資料館蔵）

おもな木の実とアクのぬきかた

コナラやミズナラなどのドングリのアクは、タンニンというしぶみのある物《ぶっ》質《しつ》がもとになっています。トチノキの実のアクは、タンニンよりもっと強いしぶみやにがみのあるサポニンという物質《ぶっしつ》がもとになっています。

ですから、トチノキの実のアクぬきは、コナラなどのしぶみのあるドングリより、ていねいにおこなわなければなりませんでした。

おもな木の実	アクのぬきかた
 ▲コナラ  ▲ミズナラ  ▲クヌギ  ▲カシワ 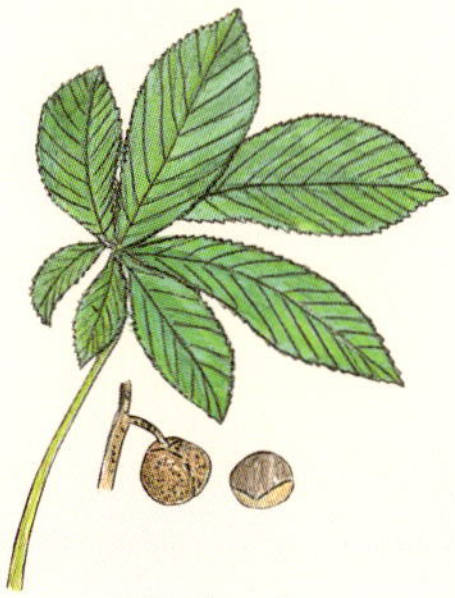 ▲トチノキ	水にいれて煮《に》て、でてきたアクをとる。これを何度もくりかえし、アクがでなくなったら、水にさらす（30～31ページ参照）。
 ▲アカガシ  ▲アラカシ	上の段《だん》の木の実よりもしぶみが弱く、水にさらすだけでアクがぬける。
 ▲イチイガシ  ▲スダジイ  ▲マテバシイ	しぶみがないので、そのまま食べられる。

手間がかかるトチノキの実のアクぬき

東日本では、しぶみとにがみの強いトチノキの実のアクぬきをするために、水辺に、水さらし場をつくっていたところがあります。

トチノキの実のアクぬきは、たいへん手間がかかったので、多くの人が手わけをして作業をしていたようです。

アクぬきをしたものを土器（34ページ参照）のなべで煮《に》て食べるとおかゆのように食べられ、栄養もとれたので、手間がかかっても、トチノキの実は、縄文時代《じょうもんじだい》の人にとってはだいじな食料でした。

もっと知りたい!

虫殺し用貯蔵穴《ちょぞうけつ》

貯蔵穴《ちょぞうけつ》には、保存用《ほぞんよう》の食料をいれておくためのものと、木の実にはいりこんだ虫を殺すためのものの2種類あります。ここでは、後者の貯蔵穴《ちょぞうけつ》をとりあげます。

虫を殺すための貯蔵穴《ちょぞうけつ》には、水辺や川底に穴《あな》をほって、そこに木の実を直接《ちょくせつ》いれておくタイプと、袋《ふくろ》やカゴに木の実をいれ、貯蔵穴《ちょぞうけつ》にいれておくタイプ（右の絵の②を参照）があります。

両方とも水気の多い場所につくるので、虫は水中にとじこめられた状態《じょうたい》になり、呼吸《こきゅう》ができず、死んでしまいます。

木の実を直接《ちょくせつ》いれる貯蔵穴《ちょぞうけつ》のしくみ

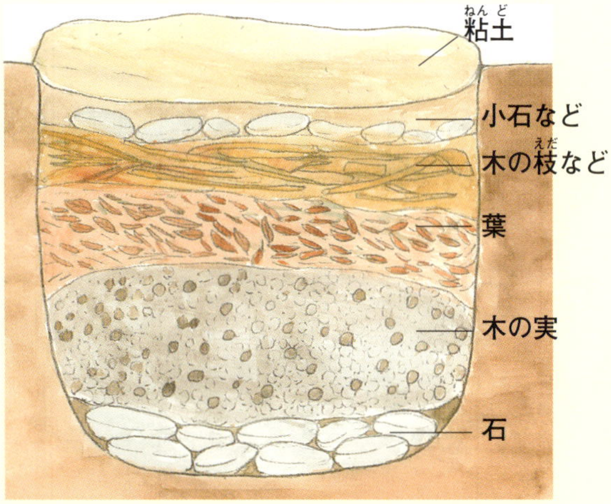

トチノキの実のアクをぬく手順

①トチノキの実をひろう。

②とってきた実を、袋《ふくろ》やカゴにいれて、貯蔵穴《ちょぞうけつ》にしばらくいれる。こうすると、木の実にはいっている虫が死ぬ（左の絵のように、袋《ふくろ》にいれず、貯蔵穴《ちょぞうけつ》に木の実を直接《ちょくせつ》いれることもある）。

1
7
3
4
5
6
水をせきとめて、
下流の水流を弱
める。
水をせきとめて、
水かさをふやす。
水は、組んだ木の
すきまから下流へ
流れる。

※数字はイラストの数字と対応《たいおう》しています。

3 しばらく水につけたあと、ムシロやゴザに広げて干《ほ》し、乾燥《かんそう》させる。

4 石皿とすり石をつかって、乾燥《かんそう》させた実のカラをむく。

5 カラをすてる。

6 木組みの水さらし場で、カラをむいた実を水にさらし（長い時間水にひたしておく）、アクをぬく。

7 水をいれた土器に実をいれて煮《に》る。そのあと、また水さらしをする。

食べる

野山のめぐみと調味料

縄文時代《じょうもんじだい》には、山や野原でつんでくる山菜や野草が、野菜の役割《やくわり》をはたしていました。調理の味つけにも、山や野原で手にはいるものをつかっていました。

山菜は、今よりたくさん食べていた

以前は、縄文時代《じょうもんじだい》には、野菜は栽培《さいばい》されていなかったと考えられていましたが、最近の遺跡《いせき》の研究によって、エゴマやインゲンマメ、ゴボウなどの野菜が栽培《さいばい》されていたことがわかってきました。

でも、野菜の役目をする食べ物の多くは山菜でした。フキノトウ、ワラビ、コゴミ、ゼンマイ、タラノメなど、いろいろな山菜を、今よりたくさん食べていたようです。

山菜は、たいてい春にとれ、その他の季節には、野菜の役目をする食べ物は、あまりとれませんでした。そのため、たくさんつんだ山菜を、土器（34ページ参照）のなべでゆでたあと干《ほ》して保存《ほぞん》し、1年じゅう食べていたと考えられます。

干《ほ》した山菜は水でもどし、肉や魚といっしょに、今のなべ物のようにして食べていたと思われます。

◀エゴマ

地中のイモや根も、ほって食べていた

山の村では、ジネンジョという、ねばりの強いヤマノイモも食べていました。ジネンジョは、日本の山で自然にできていたイモで、細くて長く、地中ふかくまでのびます。そのイモをほるための道具がみつかっているので、人々が食べていたことがわかります。

ジネンジョは、焼いたり煮《に》たりして食べるだけでなく、ドングリクッキー（28ページ参照）などをつくるときのつなぎとしてもつかわれていたようです。

ユリの根も、土器のなべで煮《に》て食べていたことがわかっています。

ジネンジョやユリの根には、食べると力のでるでんぷんという栄養が多くふくまれています。

◀ジネンジョ

▲ユリの根

はちみつ、骨《ほね》のずいは、調味料がわり

縄文時代《じょうもんじだい》には、砂糖《さとう》はありませんでした。でも、あまいものはおいしいし、つかれたときに食べると元気がでてくるので、あまいものをみつけて食べていたようです。

山には、ヤマブドウやクワ、アケビなどのあまい果実が、いろいろありました。これらを、くさりにくくするために、日に干《ほ》して食べていたと考えられています。

ハチの巣からとれるはちみつは、あまみをつけるのによくつかわれていたようです。

塩は、縄文時代《じょうもんじだい》の後半には、土器と海水をつかってつくられるようになりますが、それまでは、獣《けもの》や魚の内臓《ないぞう》や骨《ほね》のずい（骨《ほね》の中の血液《けつえき》をつくるゼリー状《じょう》の組織《そしき》）から塩分をとっていました。これらを、肉や山菜などといっしょに土器の中にいれて煮《に》て、塩あじをつけていたと考えられています。

縄文時代《じょうもんじだい》のお酒

東北地方の遺跡《いせき》から、ニワトコやヤマブドウ、クワ、キイチゴ、サルナシなどの種や果実のかたまりが、布《ぬの》につつまれた状態《じょうたい》でみつかっています。これは、果実などを発酵《はっこう》させてワインのような果実酒をつくったときの、しぼりかすではないかと考えられています。

縄文時代《じょうもんじだい》には、ニワトコやヒョウタンは、栽培《さいばい》されていたようです。ニワトコがたくさんとれたら果実酒をつくり、干《ほ》したヒョウタンを容器《ようき》にして保存《ほぞん》し、飲んでいたかもしれません。

▶福井県鳥浜貝塚《ふくいけんとりはまかいづか》からみつかったヒョウタン（上半分）。真ん中がくびれていない品種と考えられている。
（写真提供：福井県立若狭歴史民俗資料館）

▲ニワトコ（エゾニワトコ）

もっと知りたい!

縄文時代《じょうもんじだい》の塩づくり

海水には、塩分が3％ふくまれています。

縄文時代《じょうもんじだい》の人は、海水を土器にいれて煮《に》つめて、塩をつくりだすことを考えだしました。これを、土器製塩《どきせいえん》といい、つかわれた土器は、製塩土器《せいえんどき》とよばれています。

関東地方や東北地方の海岸近くで、土器製塩《どきせいえん》がおこなわれていたことがわかっています。

遺跡《いせき》からみつかる製塩土器《せいえんどき》には、こぶりで、厚《あつ》さがうすいという特徴《とくちょう》がみられます。

これは、

①大きくて厚手《あつで》の土器よりも、海水をはやく煮《に》つめることができる。

②海水が蒸発《じょうはつ》した部分は、火の熱にさらされる時間が長く、また、塩の結晶《けっしょう》も土器の内部にまでできるため、大きな土器だとひびがはいって、われやすい。

③小さい土器のほうが、かんたんにつくれる。

といった理由が考えられます。

食べる

縄文時代《じょうもんじだい》のなべや食器

縄文時代《じょうもんじだい》の特徴《とくちょう》は、土器をつくるようになったことです。表面に縄目《なわめ》の文様《もんよう》がついているものが多いことから、縄文土器《じょうもんどき》という名前がつけられました。

定住生活ではじまった土器づくり

土器は、粘土《ねんど》で形をつくってから、火を燃《も》やして焼きあげた器です。重くてこわれやすいので、移動《いどう》生活をしているときには、あまりつくられず、定住生活をするようになってから、さかんにつくられるようになったようです。

縄文時代《じょうもんじだい》のはじめのころは、底のとがった、深い土器がつくられ、地表にくぼみをつくり、さしこんでなべとして食べ物を煮《に》るのにつかわれました。

土器がつくられる以前は、食べ物に火をとおす方法は焼くことだけでした。煮《に》る方法の出現《しゅつげん》で、食べられるものの種類がふえ、殺菌効果《さっきんこうか》も増《ま》しました。肉などがたくさん手にはいったときは、煮《に》ておけば日もちがよくなるという利点もうまれました。

いろいろなものをいっしょに煮《に》るなべ物やスープは、栄養たっぷりで、消化もよいので、子どもやお年寄《としよ》り、病人にも、食べやすくなりました。

土器は、人々の病気をへらし、寿《じゅ》命《みょう》をのばすのに役立っただろうと考えられています。

▶縄文土器《じょうもんどき》のなべで肉を煮《に》ているようす。

■縄文土器《じょうもんどき》のうつりかわり

約1万5000年前

食べ物を煮《に》るための、深い土器がつくられる。

▲長野県石小屋洞《ながのけんいしごやどう》穴遺跡《けついせき》で発見された土器。

▲神奈川県夏島貝塚《かながわけんなつしまかいづか》で発見された土器。

約7000年前

食べ物を盛《も》るための、浅い土器がつくられはじめる。

約5500年前

土器の形ともようが、地域《ちいき》によってさまざまになる。北海道や東北地方は筒型《つつがた》、中部・関東地方は、口が波をうち、まわりに飾《かざ》りがあるもの、西日本は形ももようもすっきりしたもの、南西諸島《なんせいしょとう》は小さいものという特徴《とくちょう》がみられる。

◀新潟県森上遺《にいがたけんもりかみい》跡《せき》で発見された土器。口に炎《ほのお》のような飾《かざ》りがついているので、火炎土器《かえんどき》とよばれる。

(P34～35の縄文土器所蔵先：左から順に國學院大學考古学資料館、明治大学博物館、十日町市博物館、とちぎ生涯学習文化財団埋蔵文化財センター、国立歴史民俗博物館)

うるし塗《ぬ》りの食器や容器《ようき》を使用

縄文時代《じょうもんじだい》には、木製《もくせい》の器もつかわれていました。東日本に多くみられ、だ円形や長方形をした浅い鉢《はち》や皿がみつかっています。調理などの作業につかったのではないかと考えられています。

また、縄文時代《じょうもんじだい》の遺跡《いせき》からは、木製《もくせい》の器にうるしを塗《ぬ》ってしあげた漆器《しっき》がたくさんみつかっています。

盛《も》りつけ用の大きな皿や鉢《はち》の漆器《しっき》は、北海道や東日本で数多くつかわれていたようです。食べ物をとりわけるための、小さな漆器《しっき》の鉢《はち》もありました。縄文土器《じょうもんどき》には、このようなつかいみちのものは少ないので、人々は、土器と漆器《しっき》をつかいわけていたようです。また、器に盛《も》られたものを食べるときは、手づかみで食べていたようです。

うるしは、ウルシの木の液《えき》からつくる、つやのある塗料《とりょう》です。液《えき》から塗料《とりょう》をつくるのも、器にきれいに塗《ぬ》るのも、たいへんむずかしく、高度な技術《ぎじゅつ》がないとできません。

縄文時代《じょうもんじだい》には、のちの時代よりすぐれたうるし塗《ぬ》りの製品《せいひん》がたくさんつくりだされていることから、当時の人々はすぐれた技術《ぎじゅつ》をもっていたことがわかります。

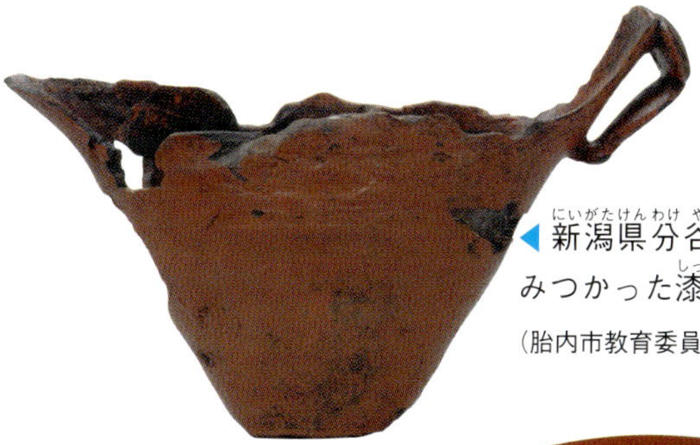

◀新潟県分谷地遺跡《にいがたけんわけやちいせき》からみつかった漆器《しっき》の水差し。（胎内市教育委員会蔵）

▶青森県是川中居遺跡《あおもりけんこれかわなかいいせき》からみつかった漆器《しっき》を復元《ふくげん》したもの。（八戸市教育委員会蔵）

もっと知りたい!

磨製石器《ませいせっき》が新登場

石の表面を、石できれいにみがいてつくった石器を、磨製石器《ませいせっき》といいます。縄文時代《じょうもんじだい》になると、旧石器時代《きゅうせっきじだい》からの打製石器《だせいせっき》（15ページ参照）にくわえて、石皿、すり石などの磨製石器《ませいせっき》もつかわれるようになりました。

世界では、磨製石器《ませいせっき》がつかわれだした時代を新石器時代《しんせっきじだい》とよんでいますが、日本では、縄文土器《じょうもんどき》のほうが人々の生活に大きな影響《えいきょう》をあたえたので、新石器時代《しんせっきじだい》とはよばず、縄文時代《じょうもんじだい》とよんでいます。

▲石皿とすり石をつかって、木の実のカラをむいている親子。木の実やジネンジョなどをたたきつぶしたり、乾燥《かんそう》させた木の実をすりつぶして粉にしたりするのにもつかわれた。

約4500年前

土器のまわりをみがいてきれいにしあげた上等の土器と、ふだんにつかう土器が、つくりわけられるようになる。

▲栃木県寺野東遺跡《とちぎけんてらのひがしいせき》で発見された注ぎ口のついた土器。

約3250年前

東北地方で、いろいろな形をした、複雑《ふくざつ》なもようの土器がつくられる。祭りや儀《ぎ》式《しき》がさかんで、それにつかわれたと考えられている。

▲青森県是川遺跡《あおもりけんこれかわいせき》で発見された香炉《こうろ》の形をした土器。

着る

毛皮や布《ぬの》の衣服を着る

縄文時代《じょうもんじだい》には、衣服の素材《そざい》に、動物の毛皮や布《ぬの》を利用していました。毛皮と布《ぬの》の両方をつかって衣服をつくることもあったようです。

土偶《どぐう》に刻《きざ》まれた衣服

縄文時代《じょうもんじだい》の人々がどんな服装《ふくそう》をしていたのかは、衣服がほとんど発見されていないため、くわしくはわかりません。しかし、遺跡《いせき》からみつかる、人の形をした土偶《どぐう》という粘土《ねんど》の人形の服装《ふくそう》から、想像《そうぞう》することができます。

縄文時代《じょうもんじだい》の遺跡《いせき》からは、1万個《まんこ》以上の土偶《どぐう》がみつかっていますが、その多くは女性《じょせい》をかたどったものです。女性《じょせい》の土偶《どぐう》の服装《ふくそう》は、ツーピースのように上下にわかれたものや、ワンピースのように上下がつながったもの、上着の丈《たけ》が短くて、おなかをだしたようなもの、首のまわりがタートルネックのようにおおわれたもの、すそが結ばれているズボン、短パンのように短いもの、スカートのようなものなど、さまざまです。

もっと知りたい!

土偶《どぐう》にこめた思い

土偶《どぐう》は、関東地方では、8000年くらい前からつくられはじめています。

土偶《どぐう》には、おなかのはりだした、妊娠《にんしん》（赤ちゃんがやどること）した女性《じょせい》をしめすものが多くみられます。これらは、あまり苦痛《くつう》や危険《きけん》をともなわずに赤ちゃんをうめるようにと、安産《あんざん》をいのってつくったのではないかといわれています。

▲ワンピースすがたの土偶《どぐう》（山梨県《やまなしけん》鋳物師屋遺跡《いもじやいせき》から発見されたもの）
（山梨県南アルプス市教育委員会蔵）

▲上下つなぎのズボンすがたの土偶《どぐう》（宮城県恵比須田遺跡《みやぎけんえびすだいせき》から発見されたもの）（東京国立博物館蔵）

▲短パンすがたの土偶《どぐう》（茨城県椎塚《いばらきけんしいづか》貝塚《かいづか》から発見されたもの）
（大阪歴史博物館蔵）

衣服の素材《そざい》は、毛皮と布《ぬの》

縄文時代《じょうもんじだい》に衣服の素材《そざい》として毛皮を利用していた動物には、シカやノウサギ、クマ、ムササビ、キツネ、タヌキなどが考えられています。遺跡《いせき》からは、動物の骨《ほね》や貝がらなどでつくった縫《ぬ》い針《ばり》もたくさんみつかっています。

衣服をぬう糸には、カラムシやシナノキなどの植物から繊維《せんい》をとりだした糸がつかわれていました。また、糸をつかって編《あ》んだ布《ぬの》もつかわれていました。

遺跡《いせき》から、植物のつるやササなどでいろいろな編《あ》みかたをしたカゴやザルがでてきます。また、複雑《ふくざつ》なもようがほどこされた土偶《どぐう》もみつかっています。このため、縄文時代《じょうもんじだい》に衣服としてつかわれた布《ぬの》にも、このような編《あ》みかたやもようがあったのではないかと考えられています。

▲カラムシ。茎《くき》の皮から繊《せん》維《い》をとりだし、糸状《いとじょう》にさいて、糸をつくる。

▶カラムシの繊維《せんい》

土偶《どぐう》のもようをもとに復元《ふくげん》した縄文時代《じょうもんじだい》の男女の衣服

▶毛皮と布《ぬの》を組みあわせた衣服を着るおじいさん（左）とおばあさん（右）。布《ぬの》は、植物繊維《しょくぶつせんい》をつかってつくった細いたて糸と横糸をからめて編《あ》んだもので、編布《あんぎん》とよばれる。

もっと知りたい!

カゴやザルの編《あ》みこみもよう

縄文時代《じょうもんじだい》の布《ぬの》の編《あ》みかたは、遺跡《いせき》からみつかるカゴやザルの編《あ》みこみもようから、おしはかることができます。

カゴやザルの編《あ》みこみもようの図

▲たての1本1本に対して、横から上へ通す、下へ通すをくりかえして編《あ》む。

▲2本1組で、上へ通す、下へ通すをくりかえし、1段《だん》ずつ位置をずらして編《あ》む。

▲たての間隔《かんかく》を広げ、横から位置をずらしながらアキをつくって編《あ》む。

着る

縄文《じょうもん》時代《じだい》の装身具《そうしんぐ》

縄文時代《じょうもんじだい》には、装身具《そうしんぐ》の種類やデザインがたくさんあり、女性《じょせい》だけでなく、男性《だんせい》も身につけていました。おしゃれのためだけでなく、悪霊《あくりょう》をはらい、自分の身を守るという意味もあってつけていたと考えられています。

ピアスは、縄文時代《じょうもんじだい》からあった

縄文時代《じょうもんじだい》には、耳飾《みみかざ》り（イヤリング）、首飾《くびかざ》り（ネックレス）、垂《た》れ飾《かざ》り（ペンダント）、腕輪《うでわ》（ブレスレット）、足飾《あしかざ》り（アンクレット）、くしやかんざしなどの髪飾《かみかざ》り、腰飾《こしかざ》りなどいろいろな装身具《そうしんぐ》があり、人々は、それらを身につけていました。

装身具類《そうしんぐるい》をつくるのにもちいられたものは、緑や青の石、オオカミやクマやキツネのキバ、シカの角《つの》、サメの歯、木、貝がら、粘土《ねんど》などです。

縄文時代《じょうもんじだい》の終わりころの遺跡《いせき》からは、今のピアスのように、耳に穴《あな》をあけてつける耳飾《みみかざ》りが、たくさんみつかっています。石や木や粘土《ねんど》などをつかって、さまざまな形のものがつくられています。

ピアスをするための耳たぶの穴《あな》あけは、10歳《さい》くらいにおこない、年齢《ねんれい》がすすむにしたがって、耳飾《みみかざ》りをじょじょに大きなものにかえていったようです。

また、石でつくった短い管《くだ》の形をした管玉《くだたま》や、勾《まが》玉《たま》（53ページ参照）などの玉類《ぎょくるい》もみつかっています。これらは、首飾《くびかざ》りや垂《た》れ飾《かざ》りとしてつかわれていたと思われています。

ふしぎなことに、このような装身具《そうしんぐ》は、つぎの弥《や》生時代《よいじだい》からは、だんだん少なくなりました。特に、耳飾《みみかざ》りや腕輪《うでわ》は、その後、明治時代《めいじじだい》になるまでほとんどみられなくなりました。

▲土製《どせい》の耳飾《みみかざ》りのいろいろ。
（藤岡町教育委員会蔵）

▶石製《いしせい》の耳飾《みみかざ》り
（青森県教育庁文化財保護課蔵）

◀装《そう》身具《しんぐ》を身につけた縄文時代《じょうもんじだい》の女性《じょせい》。お墓《はか》からでてきた装《そう》身具《しんぐ》をもとに復元《ふくげん》したもの。

衣服に、赤い糸で刺繡《ししゅう》をする

縄文時代《じょうもんじだい》の水辺の遺跡《いせき》から、赤いうるしを塗《ぬ》った糸がみつかっています。また、このような糸で刺繡《ししゅう》をした赤いもようのスカートをはいた子どもの人骨《じんこつ》が、お墓《はか》の中からみつかっています。縄文時代《じょうもんじだい》の人々は、赤い色を特にこのんだようです。

刺繡《ししゅう》をした豪華《ごうか》な服は、祭りや儀式《ぎしき》などの特別な日に着たのでしょう。

縄文時代《じょうもんじだい》には、すばらしいもようや形の縄文土器《じょうもんどき》がつくられていますから、衣服のデザインやもようも、きっと、すばらしいものだったにちがいありません。

祭りや儀式《ぎしき》などの特別な日の少女のよそおい

赤いうるし塗《ぬ》りのくし
長い髪《かみ》を巻《ま》きあげてたばね、くしをさし、左右からかんざしをさして、バンダナをしている。
かんざし
赤い糸で刺繡《ししゅう》をした布製《ぬのせい》のバンダナ
赤いうるし塗《ぬ》りの耳飾《みみかざ》り
貝がらとヒスイの玉の首飾《くびかざ》り
貝がらでつくった白い腕輪《うでわ》と赤いうるし塗《ぬ》りの腕輪《うでわ》。貝がらでつくった腕輪《うでわ》は、貝玉（41ページ参照）をつかってつくったもの（ひじの側につけているもの）と、円形の大きな貝がら1枚《まい》をつかって輪の形に加工した貝輪（手のひら側につけているもの）の2種類をつけている。
布製《ぬのせい》のベルト
赤い糸で刺繡《ししゅう》をしたツーピース
皮ぐつ
貝がらでつくった足飾《あしかざ》り

▶土偶《どぐう》や、遺跡《いせき》からみつかった刺繡《ししゅう》や装身具《そうしんぐ》などをもとに描《えが》いたもの。

子どもはだいじな存在《そんざい》

縄文時代《じょうもんじだい》のような昔には、病気《びょうき》などでおとなになる前に死んでしまう子どもがたくさんいました。子どもが無事《ぶじ》にうまれ、元気にそだつようにねがったお守りのようなものが、いろいろみつかっています。

赤ちゃんの無事《ぶじ》な誕生《たんじょう》をねがう土偶《どぐう》

縄文時代《じょうもんじだい》の遺跡《いせき》から、妊娠《にんしん》（赤ちゃんがやどること）した女性《じょせい》をあらわす土偶《どぐう》や、母親が赤ちゃんをだっこしている土偶《どぐう》、おんぶしている土偶《どぐう》などがみつかっています。

母親のおなかに赤ちゃんがやどると、父親をはじめ、家族のみんなは、赤ちゃんが無事《ぶじ》にうまれ、元気にそだつようにと、土偶《どぐう》をつくってねがいをかけたのでしょう。

▲赤ちゃんが、母親のおなかにいることをあらわす土偶《どぐう》。（東京大学総合研究博物館蔵）

▲母親が、赤ちゃんをだっこしている土偶《どぐう》。（国立歴史民俗博物館蔵）

▲母親が、赤ちゃん（左側）をおんぶしている土偶《どぐう》。（母子像形土製品、写真提供：石川県立歴史博物館）

子どもの成長を祝う手形、足形

今でも、赤ちゃんがうまれるとすぐに、記念のために、手や足の形を絵の具や墨《すみ》などで紙にスタンプしておくことがあります。

また、１歳《さい》の誕生日《たんじょうび》のお祝いに、子どもの足の形をしたおもちをつくり、近所や親せきにくばる地域《ちいき》もあります。

縄文時代《じょうもんじだい》の遺跡《いせき》からも、子どもの手形や足形を粘《ねん》土《ど》におしつけて焼いた土製品《つちせいひん》がでてきます。これも、子どもが無事《ぶじ》にうまれた記念や、無事《ぶじ》にそだった記念、歩きはじめた記念につくられたのではないかと考えられています。

あるいは、手形や足形の土製品《つちせいひん》のすみに穴《あな》があけられたものが多くみつかっていることから、ひもをとおして、どこかにつりさげていたのかもしれません。

これらの手形や足形の大きさからみると、数歳《すうさい》までの子どものものと思われます。

▲青森県《あおもりけん》の遺跡《いせき》からみつかった、手形がついた土製品《つちせいひん》。手首側に穴《あな》があけられている。
(青森県埋蔵文化財調査センター蔵)

▲北海道の遺跡《いせき》からみつかった、足形がついた土製品《つちせいひん》。かかと側に穴《あな》があけられている。ひもをとおし、つりさげてつかっていたと思われる。(函館市教育委員会蔵)

子どもの、あの世でのしあわせをねがう

子どもが亡《な》くなると、底に穴《あな》をあけた土器に遺体《いたい》をおさめて、埋葬《まいそう》しました。土器にあけられた穴《あな》は、その子どもの霊魂《れいこん》が外にでられるようにしたものです。

また、たくさんの飾《かざ》りを、いっしょに埋葬《まいそう》することもありました。

北海道の縄文時代《じょうもんじだい》の終わりころの遺跡《いせき》から、うまれた直後に亡《な》くなった赤ちゃんのお墓《はか》がみつかっています。このお墓《はか》からは、いっしょに大きな貝玉がたくさん出土しています。

貝玉とは、二枚貝を打ちかいて、丸い形をつくり、真ん中に穴《あな》をあけたものです。穴《あな》にひもをとおして、首飾《くびかざ》りや垂《た》れ飾《かざ》り、腕飾《うでかざ》りなどの装身具《そうしんぐ》につかわれました。

お墓《はか》でみつかった貝玉は、母親の装身具《そうしんぐ》で、赤ちゃんをほうむるとき、いっしょに埋葬《まいそう》されたのではないかと思われています。

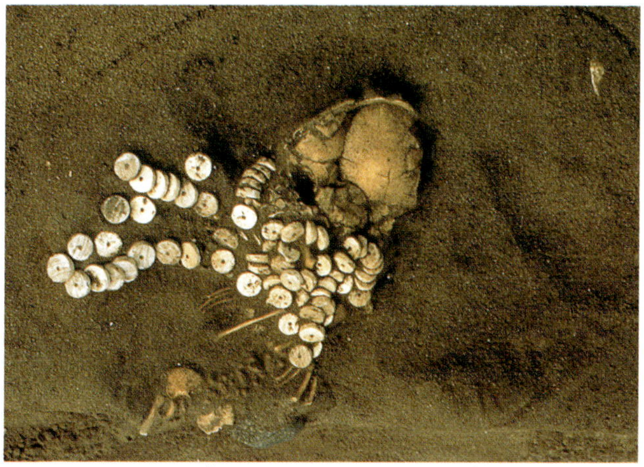

▲うまれてすぐに亡《な》くなった赤ちゃんのお墓《はか》のなかのようす。赤ちゃんの人骨《じんこつ》を守るように、大きな貝玉がたくさんならんでいる。

弥《や》生《よい》時《じ》代《だい》のくらし

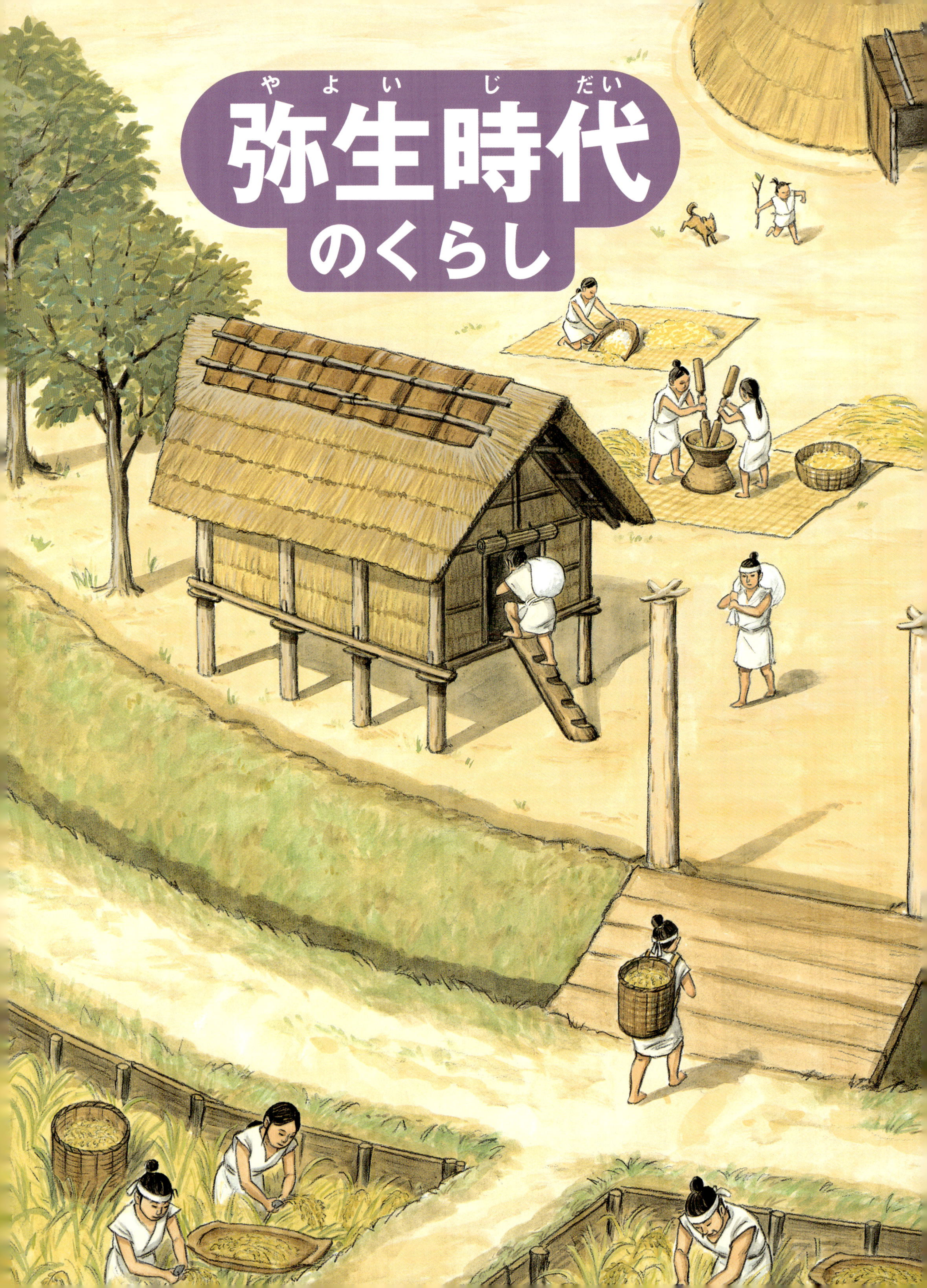

今から約2900年前から約1800年前くらいまでを、弥生時代《やよいじだい》といいます。弥生時代《やよいじだい》のはじまりは、水田で稲作《いなさく》（米づくり）をはじめたときです。

稲作《いなさく》をはじめた人々は、共同で田植えをし、村をつくって生活をしました。米がとれるようになると、それまでより生活がずっと安定してきました。しかし、米の生産量のちがいから、貧富《ひんぷ》の差や力の差がうまれ、人と人、村と村などがきそいあうようになりました。

※弥生時代《やよいじだい》のはじまりは、以前は約2300～2400年前とされてきました。しかし、弥生土器《やよいどき》についていた炭化物（おこげ）を「炭素《たんそ》14年代測定法《そくていほう》」という科学的方法で調べた結果、はじまりの年代がみなおされました。

※炭化物には、炭素《たんそ》がふくまれています。炭素《たんそ》のなかの放射性炭素《ほうしゃせいたんそ》（炭素《たんそ》14）は、時間がたつと窒素《ちっそ》にかわる性質《せいしつ》をもっています。「炭素《たんそ》14年代測定法《そくていほう》」とは、この性質《せいしつ》を利用し、調べるものの放射性炭素《ほうしゃせいたんそ》の量をはかって、何年前のものかを測定《そくてい》する方法です。

住む

稲作《いなさく》に適《てき》した土地に住む

弥生時代《やよいじだい》になり、水田での稲作《いなさく》がはじまると、水をひきいれやすい場所にたんぼをつくり、その近くに村をつくって住むようになりました。

水田の近くに村ができる

水田で稲《いね》をつくる方法は、朝鮮半島《ちょうせんはんとう》からつたえられ、日本では九州地方から水田での稲作《いなさく》がはじまったと考えられています。

自分たちで稲《いね》をつくって、収穫《しゅうかく》した米を食べるようになると、それまでの狩猟《しゅりょう》や漁労（魚や貝をとること）、植物採集《しょくぶつさいしゅう》にたよっていたころにくらべて、はるかに食べる物にこまらなくなります。そのため、水田をつくって、稲作《いなさく》をはじめる人々が、しだいにふえていきました。

水田をつくるのに適《てき》した場所は、たんぼをつくるために水をひきいれやすく、日当たりもよく、水はけのよいところです。

水田をつくるには、地域《ちいき》の地形を知って川の水をどうひくかなど、計画力が求められるとともに、多くの労働力が必要でした。また、稲作《いなさく》には、何人かで共同でおこなわなければならない作業が多いため、稲作《いなさく》に適《てき》したところをみつけて人々は協力して水田をつくり、そのそばに村をつくって住むようになりました。

しかし、人口がふえてくると、よい条件《じょうけん》の場所にだれもが住めるというわけにはいきません。そこで、好条件《こうじょうけん》ではない場所でも工夫して水田をつくり、村をつくって住む人々もでてきました。

▲福岡県《ふくおかけん》の板付《いたづけ》遺跡《いせき》の復元図《ふくげんず》。川のそばに水田をつくり、人々は近くの少し高いところに村をつくってくらしていた。稲作《いなさく》には、水の管理が必要で、川の近くに住むほうが便利だった。

水田のそばには、麦や豆、ウリなどの野菜をつくる畑もふえました。これが、田畑の仕事（農業）を中心に生活する農村のはじまりです。

田畑の仕事がいそがしくなると、獣《けもの》や魚をとる時間が少なくなりました。それをおぎなうように、海の魚や貝をとる仕事（漁業）をする漁村や、山の獣《けもの》をとったり、家や道具をつくる木を切ったりする山村などができ、地域《ちいき》の自然環境《しぜんかんきょう》によって、村の特徴《とくちょう》がでてきました。

弥生時代《やよいじだい》にだけある環壕集落《かんごうしゅうらく》

稲作《いなさく》で米がたくさんとれると、米をたくわえることができるようになり、村はゆたかになりました。いっぽう、米があまりとれない村もありました。そのため、食べ物にこまった村が、ゆたかな村をおそったり、ゆたかな村どうしが力をきそいあったりするようになり、争いがたびたびおきるようになりました。

そこで、よその村人の侵入《しんにゅう》をふせぐために、村のまわりに環壕《かんごう》という深い壕《ほり》をめぐらし、村のあちこ

外壕《そとぼり》
大規模《だいきぼ》な外壕《そとぼり》。深さ３ｍ、はば６ｍ以上もあるＶ字形《ブイじがた》の大がかりな壕《ほり》が、村をとり囲んでいる。
内壕《うちぼり》
外壕《そとぼり》
内壕《うちぼり》
たて穴住居《あなじゅうきょ》
物見《ものみ》やぐら

ちに物見《ものみ》やぐら（見張《みは》り台《だい》）をつくる村もでてきました。このような村を環壕集落《かんごうしゅうらく》といいます。

環壕《かんごう》をめぐらせた村のなかには、いくつかの村の人々があつまってつくった大きな村もありました。大きな村は、やがて「国」として力をもつようになりました。

しかし、ふしぎなことに、東北《とうほく》地方の水田地帯には環壕《かんごう》はみられません。また、つぎの古墳時代《こふんじだい》になると、どの地域《ちいき》にも環壕《かんごう》はみられなくなります。その理由は、はっきりわかっていません。

▲環壕《かんごう》をめぐらせた村の跡《あと》（佐賀県吉野ヶ里遺跡《さがけんよしのがりいせき》）。環壕《かんごう》には内壕《うちぼり》と外壕《そとぼり》がある。住居《じゅうきょ》や物見《ものみ》やぐらをふくむ集落のまわりを内壕《うちぼり》がとり囲み、そのまわりをさらに外壕《そとぼり》がとり囲んでいる。

（写真提供：佐賀県教育委員会）

▶物見《ものみ》やぐら

住居《じゅうきょ》は、縄文時代《じょうもんじだい》とほぼおなじ

農村に住む人々の住居《じゅうきょ》は、縄文時代《じょうもんじだい》とおなじく、東日本ではたて穴住居《あなじゅうきょ》、西日本では平地住居《へいちじゅうきょ》が多かったようです。

また、漁村や山村には、高床住居《たかゆかじゅうきょ》もありました。

村のなかには、きれいな水をくみとることができる井戸《いど》をほるところもでてきました。井戸《いど》の水は飲み水や調理につかいました。

▶弥生時代《やよいじだい》のたて穴住居《あなじゅうきょ》の内部のようす（復元模型《ふくげんもけい》）。４～５人くらいがくらし、中央にある炉《ろ》で、土器をつかって調理をおこなっていた。（大阪府立弥生文化博物館蔵）

食べる

米や麦が食事の主役に

水田のある村では、水田で稲《いね》を、畑で麦や、ヒエ・アワなどの雑穀《ざっこく》をつくり、これらの穀物《こくもつ》が食事の主役になりました。米は、白米ではなく、玄米《げんまい》（もみがらをとりのぞいただけの米）を食べていました。

九州、四国、本州で稲《いね》づくり

米は、縄文時代《じょうもんじだい》まで主食として食べていた木の実とくらべると、だんぜんおいしい食べ物です。稲《いね》をつくるには知識《ちしき》や手間が必要で、力仕事も多いため、たいへんな重労働ですが、人々はがんばってつくったようです。

九州の北部からはじまった稲作《いなさく》は、しだいに西日本、東日本へとつたわって、弥生時代《やよいじだい》の終わりころには、沖縄《おきなわ》と北海道をのぞく地域《ちいき》でおこなわれるようになりました。

沖縄《おきなわ》と北海道は、気候や土などの条件《じょうけん》が稲作《いなさく》に適《てき》していませんでした。また、稲作《いなさく》にたよらなくてもゆたかな自然のめぐみがあったので、縄文時代《じょうもんじだい》にひきつづき、狩猟《しゅりょう》や漁労、植物採集《しょくぶつさいしゅう》を中心とする生活をおくりました。

◀弥生時代《やよいじだい》の高床倉庫《たかゆかそうこ》（復元《ふくげん》模型《もけい》）。床面《ゆかめん》を高床住居《たかゆかじゅうきょ》のように高くすると湿気《しっけ》がこないので、床面《ゆかめん》を地面から1m以上も高くした倉庫《そうこ》をつくり、とれた米などを保管《ほかん》した。

▼ネズミ返し。ネズミなどがはいりこんで、中の食料を食べちらかさないように、高床《たかゆか》倉庫《そうこ》の柱にとりつけたもの。ネズミが柱をのぼってきても、ネズミ返しにはばまれ、倉庫の中にはいれないしくみになっており、食べ物をたいせつにする人々の知恵《ちえ》があらわれている。

（国立歴史民俗博物館蔵）

ぞうすいにして食べた米

稲作《いなさく》がはじまると、畑では大麦、小麦、雑穀《ざっこく》などの穀物《こくもつ》や、ダイズなどの豆類をつくる村が、多くなりました。

米は、最初のうちは、畑の穀物《こくもつ》や豆、野草や山菜などといっしょに、ぞうすいのように煮《に》て食べていたようです。

弥生時代《やよいじだい》に煮炊《にた》きをするときは、右の絵のような土器でできたなべ（土なべ）をつかっていました。

▲土器をつかってぞうすい状《じょう》のものをつくっているようす（左は断面図《だんめんず》）。土器の３分の１くらいまでを炉《ろ》の中に埋《う》め、まきに火をつけて燃《も》やす。中の米などは、横からあたためられる。土器の口は外側にひらいているつくりで、木のふたは外にはみださず、口の内側におさまるようにつくられていた。

土器の内側におこげがたくさんついているものや、まわりに穀物《こくもつ》がふきこぼれて炭になったものがついている土器が遺跡《いせき》からみつかっていることから、このように米やほかの穀物《こくもつ》を煮《に》て食べていたことがわかりました。

その後、しだいに、米だけを煮《に》て食べ、肉や魚、野菜などをおかずとして食べるようになっていきました。また、弥生土器《やよいどき》の底《そこ》に穴《あな》をあけた、こしきとよばれる蒸《む》し器《き》がつくられるようになると、米がとれるようになった西日本では、しだいに、米をこしきで蒸《む》して食べるようになったようです。

栽培《さいばい》していた野菜や果物《くだもの》

弥生時代《やよいじだい》には、インゲンマメ、ソラマメ、リョクトウ、ゴボウ、ウリ、シソなどの豆や野菜をつくっていました。また、モモ、スモモ、アンズ、カキ、ナシなどの果物《くだもの》も栽培《さいばい》するようになりました。

野草や山菜も、縄文時代《じょうもんじだい》にひきつづき、まだたくさん利用していたようです。

もっと知りたい!

弥生土器《やよいどき》の特徴《とくちょう》

弥生土器《やよいどき》は、厚《あつ》くて、複雑《ふくざつ》な縄目《なわめ》のもようや、はでな形をした縄文土器《じょうもんどき》とちがって、うすくて、もようも少なく、すっきりした形をしている点に特徴《とくちょう》があります。

明治17（1884）年に東京の文京区弥生町《やよいちょう》の向ヶ丘貝塚《むこうがおかかいづか》から、縄文土器《じょうもんどき》とはあきらかにちがう土器がはじめてみつかったことから弥生土器《やよいどき》と名づけられ、この土器がつかわれた時代の名も「弥生時代《やよいじだい》」とよばれるようになりました。

弥生土器《やよいどき》には、食べ物を煮《に》るなべ(土なべ)や、米などの穀物《こくもつ》をたくわえるつぼ、料理を盛《も》る鉢《はち》など、くらしに必要なものが多くみられます。

▼東京の向ヶ丘貝塚《むこうがおかかいづか》でみつかった弥生土器《やよいどき》。

▲東京の向ヶ丘《むこうがおか》貝塚《かいづか》でみつかった弥生土器《やよいどき》のかけらをもとに復《ふく》元《げん》したもの。

（弥生土器：東京大学総合研究博物館蔵・右写真提供：国立歴史民俗博物館）

食べる

弥生時代《やよいじだい》の稲《いね》づくり

弥生時代《やよいじだい》の稲《いね》は、まだきびしい天候にたえることができなかったので、収穫《しゅうかく》量《りょう》は多くありませんでした。しかし、たんぼでの作業のしかたや道具は、現代《げんだい》につうじるものがあります。

水田と畑のちがい

水田は、四方をあぜという盛《も》り土《つち》で囲い、川からひいた水をはったたんぼです。

森には、ミミズや微生物《びせいぶつ》などがたくさんいて、落ち葉や動物のふんや死がいを分解《ぶんかい》して、ふかふかの土（腐植土《ふしょくど》）にかえるはたらきをしています。腐植《ふしょく》土《ど》は養分が豊富《ほうふ》で、森にふった雨水は、この腐植土《ふしょくど》を通って川に流れこみます。

水田にひく川の水には、この養分がたくさんふくまれています。そのため、稲《いね》は、水をひかない畑でそだてるよりも、水田でそだてるほうが、おいしい米がとれるのです。

また、畑は、おなじ作物を毎年つくると、作物によっては生長が悪くなることがあります。しかし、水田では、毎年稲《いね》をつくっても、元気にそだちます。そのようなふしぎな力が水田にはあるのです。だからこそ、弥生時代《やよいじだい》から現在《げんざい》まで稲《いね》がつくりつづけられていると考えられます。

▲弥生時代《やよいじだい》の水田跡《あと》（大阪府《おおさかふ》池島遺跡《いけしまいせき》）。たんぼのひとつひとつの形や大きさは、そろっておらず、今のたんぼよりも小さいものが多かった。

弥生時代《やよいじだい》の稲作《いなさく》の方法

① 田をおこし、たがやす

春に、くわなどをつかって、かたくなったたんぼの土をほりおこす。そしてくわやすきなどをつかって、さらにたがやし、やわらかな土にする。

◀くわをつかって、たんぼの土をほりおこしているようす。くわの刃《は》には、右の写真のようなものもある。

▲木製《もくせい》のくわの刃《は》。木製《もくせい》の柄《え》を、真ん中にあけた穴《あな》にさしこんでつかった。

② しろかきとあぜ塗《ぬ》りをする

たんぼに川の水をひきいれ、足で踏《ふ》んでたがやしたのち、えぶりで、しろかき（土の表面を平らにならす作業）をおこなう。また、たんぼの水が外へもれないように、あぜ塗《ぬ》り（あぜにどろどろの土を塗《ぬ》りこみ、しっかりかためる作業）もおこなう。

▶足でたがやし（左）、しろかき（右）をおこなう。

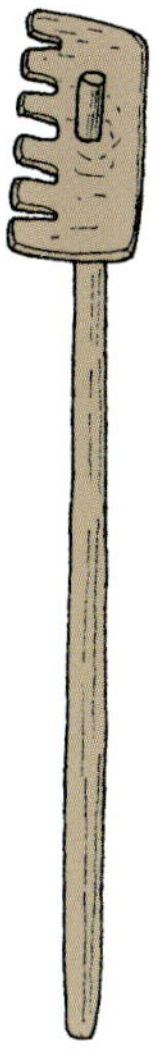

◀木製《もくせい》のえぶり。たんぼがでこぼこにならないように、水田の土を平らにするのにつかわれた。

③ 苗《なえ》をそだて、田植えをする

水をはったたんぼにもみをまいて芽をださせ、苗《なえ》をそだてる。そだてた苗《なえ》を手でとり（苗《なえ》とり）、ほかのたんぼに植えていく（田植え）。全部のたんぼにじかにもみをまいてそだてるより、苗《なえ》をつくり、その苗《なえ》を植えるほうがじょうぶにそだつ。

④ 草とりや水の調節をする

たんぼに雑草《ざっそう》がしげると、養分をとられてしまうので、草とりをまめにおこなう。

また、たんぼの水がかれないように、あるいは、水が多くはいりすぎないように、つねに水の量を調節する。

⑤ 収穫《しゅうかく》する

秋になり、稲穂《いなほ》が実ると、穂首《ほくび》だけを石包丁《いしぼうちょう》でつみとる。

▲収穫《しゅうかく》のようす。石包丁《いしぼうちょう》をつかってつみとった稲穂《いなほ》は、カゴの中などにいれた。

▲石包丁《いしぼうちょう》

▲石包丁《いしぼうちょう》の刃《は》の部分を稲《いな》穂《ほ》の穂首《ほくび》にあててつみとった。

⑥ 脱穀《だっこく》する

つみとった稲穂《いなほ》はたばにし、乾燥《かんそう》させておく。臼《うす》の中に稲穂《いなほ》をいれ、きねでついて、米のまわりをおおっているもみがらをとる（脱穀《だっこく》）。これを箕《み》にいれ、ゆさぶりながら軽いもみがらを外に落とし、重たい玄米《げんまい》だけが箕《み》の中に残るようにし、玄米《げんまい》をとりわける。

つみとった稲穂《いなほ》　乾燥《かんそう》させているようす。

箕《み》の中に残った玄《げん》米《まい》は、1か所にまとめておく。

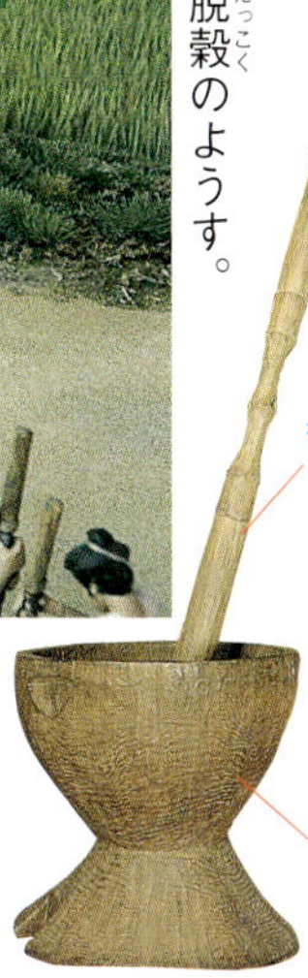

◀脱穀《だっこく》のようす。

（P48～49の写真提供：大阪府教育委員会／大阪府立弥生文化博物館／国立歴史民俗博物館／くわの刃：長崎県教育委員会／臼ときね・九州歴史資料館）

食べる

魚や肉もよく食べた

弥生時代《やよいじだい》になると、縄文時代《じょうもんじだい》にはとれなかった遠くの海の魚も、大きな舟《ふね》をつくってとるようになりました。また、朝鮮半島《ちょうせんはんとう》をわたって稲作《いなさく》をつたえた人たちから、ブタやイヌを食べる習慣《しゅうかん》がつたわりました。

沖合《おきあ》いの魚が、食事にくわわった

農村の人は、農作業でいそがしくなり、魚や貝などをとる時間が少なくなりました。そこで、農村の人たちは、漁村の人たちがとった海の幸《さち》を、農村の米などと交換《こうかん》して手にいれるようになりました。

漁をする舟《ふね》は、縄文時代《じょうもんじだい》より大きなものがつくられ、舟《ふね》をあやつる技術《ぎじゅつ》も進歩《しんぽ》したため、沖合《おきあ》いのカツオやサメなどもとれるようになりました。

瀬戸内海沿岸《せとないかいえんがん》や大阪湾《おおさかわん》近辺などの弥生時代《やよいじだい》の漁村の遺跡《いせき》からは、タコつぼがみつかっています。このことから、この時代にはタコつぼをつかってタコをとっていたことがわかります。

また、縄文時代《じょうもんじだい》にはじまった土器をつかった塩づくり（33ページ参照）は、弥生時代《やよいじだい》になると本格的《ほんかくてき》におこなわれるようになりました。

魚は、焼いたり煮《に》たりして食べるほか、米をつかって、なれずしにして食べるようになったと考えられています。なれずしというのは、魚に塩とごはんをまぶして重しをし、発酵《はっこう》させたもので、酸味《さんみ》のついた魚を食べます。

弥生時代《やよいじだい》の遺跡《いせき》からは、大きな貝塚《かいづか》はみつかっていません。しかし、村のはずれには、小さな貝塚《かいづか》が残っています。縄文時代《じょうもんじだい》に貝とりをしていた女性《じょせい》たちも、農作業などでいそがしくなり、貝をあまりとって食べたりしなくなったのがその理由と考えられています。

▲イイダコ。タコは暗いところをこのむ性質《せいしつ》がある。それを利用した漁法がタコつぼ漁だ。

◀大阪の弥生時代《やよいじだい》の遺跡《いせき》からみつかったタコつぼに、縄《なわ》をつけたもの。タコつぼは高さが10cmほどの小型のつぼで、タコのなかでも小型のイイダコをとるのにつかわれた。写真のようにつぼに縄《なわ》をつけ、いくつもつないだものを海底にしずめておき、タコがはいったころをみはからって引きあげ、タコをとっていた。（和泉市教育委員会蔵）

ブタやイヌの肉がおかずに

ブタは、野生のイノシシを家畜化《かちくか》した動物だといわれています。稲作《いなさく》を日本につたえた人たちは、このブタをつれて日本にやってきたようです。

稲作《いなさく》などの農耕《のうこう》をおこなうようになった人々は、農作業のひまな時期にしか狩猟《しゅりょう》や漁労をおこなえなくなったので、ブタを飼《か》って、その肉を食べるようになりました。

また、イヌの肉を食べる中国や朝鮮半島《ちょうせんはんとう》の習慣《しゅうかん》も、稲作《いなさく》とともに日本にもたらされました。縄文時《じょうもんじ》代《だい》には、イヌは狩猟《しゅりょう》を手伝《てつだ》ってくれるだいじな動物でしたが、弥生時代《やよいじだい》になると狩猟活動《しゅりょうかつどう》より稲作《いなさく》などに重きをおくようになったため、日本でもイヌを食べるようになったと考えられています。

狩猟活動《しゅりょうかつどう》がへったとはいえ、山にはイノシシやシカがいました。イノシシやシカは田畑をあらすので、このような獣《けもの》はたくさんとって、食べていたようです。

獣《けもの》やブタなどの肉は、縄文時代《じょうもんじだい》とおなじように、くしにさして焼いたり、土器のなべで煮《に》たりして食べていたと考えられています。

▲弥生時代《やよいじだい》のブタ。

▶弥生時代《やよいじだい》のイヌ。弥生時代《やよいじだい》の遺跡《いせき》からは、骨《ほね》がバラバラになった状態《じょうたい》でみつかり、また、解体《かいたい》したあともあるため、当時の人は、イヌを食料にしていたことがわかる。（大阪府立弥生文化博物館蔵）

もっと知りたい!

ニワトリは神聖《しんせい》な鳥

ニワトリが日本で飼《か》われだしたのは、弥生時《やよいじ》代《だい》になってからです。これは、弥生時代《やよいじだい》の遺跡《いせき》から、ニワトリの骨《ほね》がみつかっていることから、わかっています。弥生時代《やよいじだい》のニワトリは、現在《げんざい》のチャボくらいの大きさでした。

ニワトリは、朝になったことをつげる神聖《しんせい》な「時告《ときつ》げ鳥《どり》」として、だいじに飼《か》われていたようです。しかも、飼《か》うことができたのは、首長（いくつかの村からなる地域《ちいき》の支配者《しはいしゃ》）のように限《かぎ》られた人だけだったようです。そのため、1つの遺跡《いせき》からみつかる骨《ほね》の量は多くありません。そこで、人々がニワトリの肉を食べていたとは考えられていません。

◀現在《げんざい》のニワトリ。大型のもの（左）もいれば、チャボ（右）のような小型のものもいる。

着る

織《お》った布《ぬの》で衣服をつくる

弥生時代《やよいじだい》に、中国や朝鮮半島《ちょうせんはんとう》からやってきた人々から、機織《はたお》りの技術《ぎじゅつ》がつたわりました。糸のつくりかた、布《ぬの》の織《お》りかたなどの技術《ぎじゅつ》をまなび、機《はた》で布《ぬの》を織《お》り、衣服をつくって着るようになりました。

月日をかけて、貫頭衣《かんとうい》をつくる

縄文時代《じょうもんじだい》の布《ぬの》は、カゴやザルのように糸を手で編《あ》んでつくったので、目のあらいものでしたが、弥生《やよい》時代《じだい》になって機《はた》をつかって織《お》った布《ぬの》は、目がこまかく、しなやかでした。

糸の原料は、カラムシ（37ページ参照）や大麻《たいま》などの植物繊維《しょくぶつせんい》や、カイコのまゆからとれる動物繊維《どうぶつせんい》でした。この繊維《せんい》により（ねじり）をかけて長く強い糸にしたものをつかって布《ぬの》を織《お》りました。

カラムシや大麻《たいま》の繊維《せんい》からできる布《ぬの》が麻《あさ》で、カイコのまゆからできる布《ぬの》が絹《きぬ》です。

弥生時代《やよいじだい》の衣服の復元実験《ふくげんじっけん》によると、衣服1着分をつくるのに5400mもの糸が必要で、原材料の準備《じゅんび》から布《ぬの》の完成まで約2か月かかることがわかりました。できあがった布《ぬの》の幅《はば》は、布《ぬの》を織《お》る女性《じょせい》の肩幅《かたはば》とほぼおなじで、約30cmでした。

4枚《まい》の布《ぬの》をぬいあわせて大きな布《ぬの》をつくり、頭をだすところに穴《あな》をあけ、腕《うで》をだすところはそのままにし、両わきをぬいあわせ、頭からすっぽりかぶる貫頭衣《かんとうい》という衣服をつくったと考えられています。

糸も染《そ》めていたことがわかっています。佐賀県《さがけん》の吉野ヶ里遺跡《よしのがりいせき》からみつかった織物《おりもの》の切れ端《はし》は、巻《ま》き貝《がい》からとった液《えき》で紫色《むらさきいろ》に染《そ》めてありました。アカネという草の根の汁《しる》で染《そ》めたものは、朱色《しゅいろ》に染《そ》まり、その色はアカネ色とよばれるようになりました。

▶弥生時代《やよいじだい》の機織《はたお》りのようすを復元《ふくげん》したもの。布巻具《ぬのまきぐ》と経巻具《たてまきぐ》のあいだに、たて糸をはり、たて糸を1本おきに上糸と下糸にわけていく。綜絖《そうこう》という道具でたて糸の上下をいれかえながら、上糸と下糸のあいだによこ糸を1本ずつとおし、緯打具《よこうちぐ》で織《お》る人の手前に打《う》ち込《こ》みながら織《お》っていく。

綜絖《そうこう》
たて糸の上糸と下糸を、よこ糸をとおすたびに、下糸と上糸にいれかえるための道具。

経巻具《たてまきぐ》（ちきり）
立ち木や杭《くい》に、ひもなどで固定する。

中筒《なかづつ》
たて糸を1本ずつ上下にわけて開いておく道具。

緯打具《よこうちぐ》
よこ糸を手前に打《う》ち込《こ》む道具。

緯越具《よここしぐ》
よこ糸を巻《ま》いておき、たて糸の上糸と下糸のあいだにとおして、よこ糸をわたす。

布巻具《ぬのまきぐ》（ちまき）
両方の端《はし》にひもを結びつけ、腰《こし》あてをつかって織《お》る人に固定させる。織《お》る人は織《お》られた布《ぬの》を巻《ま》きとりながら、前へ、前へとすすんでいく。

（写真提供：大阪府立弥生文化博物館）

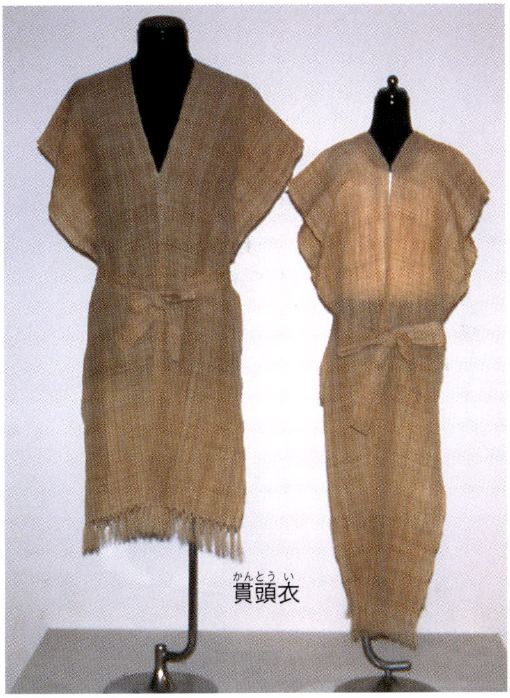
貫頭衣《かんとうい》

もっと知りたい!

貫頭衣《かんとうい》のしくみ

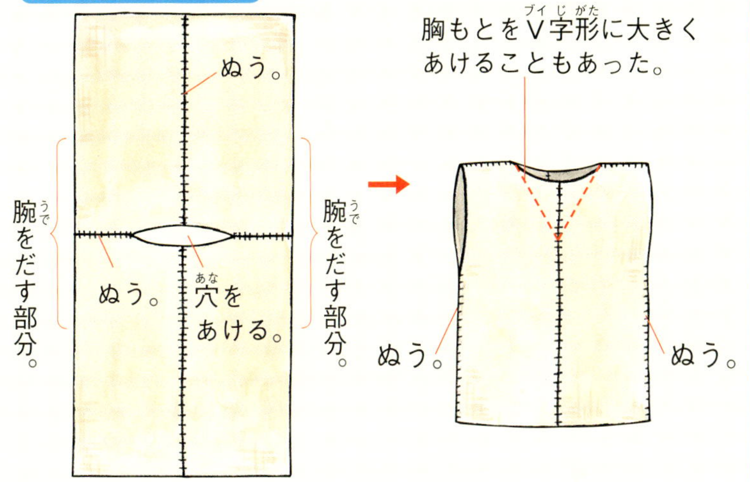
ぬう。
腕《うで》をだす部分。
ぬう。
穴《あな》をあける。
腕《うで》をだす部分。
胸もとをV字形《ブイじがた》に大きくあけることもあった。
ぬう。
ぬう。

ガラスや巻《ま》き貝《がい》をつかった装身具《そうしんぐ》

弥生時代《やよいじだい》になって、あらたに中国や朝鮮半島《ちょうせんはんとう》からガラス製《せい》の装飾品《そうしょくひん》がもたらされると、その美しさに人々はひきつけられました。特に、縄文時代《じょうもんじだい》からある短い管《くだ》の形をした管玉《くだたま》を、青い色のガラスでつくり、たくさんつないで首飾《くびかざ》りなどにしたものが、遺《い》跡《せき》から数多くみつかっています。ガラス製《せい》の装飾品《そうしょくひん》は、輸入品《ゆにゅうひん》のほか、中国から輸入《ゆにゅう》されたガラスのかたまりや割《わ》れたガラスを高温でとかして、日本でもつくられていました。

また、沖縄諸島《おきなわしょとう》など南の海の巻《ま》き貝《がい》でつくった腕《うで》輪《わ》も、西日本一帯につたわりました。弥生時代《やよいじだい》になって登場した南の海の貝をつかった腕輪《うでわ》は、男女ともにつけていました。つける腕《うで》が、男性《だんせい》は右腕《みぎうで》、女《じょ》性《せい》は左腕《ひだりうで》か両腕《りょううで》と異《こと》なり、貝の種類もちがいました。つかわれたのは、大きな渦巻《うずま》き状《じょう》のものばかりなので、身をかざるものではなく、ほかの意味があったのではないかとも考えられています。

縄文時代《じょうもんじだい》からつくられている勾玉《まがたま》は、弥生時代《やよいじだい》になって、カシューナッツのような形に定まりました。勾玉《まがたま》は粘土《ねんど》や石、ガラスでつくられました。身分によってつくりわけられ、ガラスの勾玉《まがたま》はもっとも身分の高い人が身につけたようです。

身分の差がうまれた弥生時代《やよいじだい》には、装身具《そうしんぐ》をつけられる人は、権力《けんりょく》のある者など特別の身分の人だけで、ふつうの身分の人は、粘土《ねんど》や石などの装身具《そうしんぐ》を少しつけるていどで、身をかざることは、あまりしなかったようです。

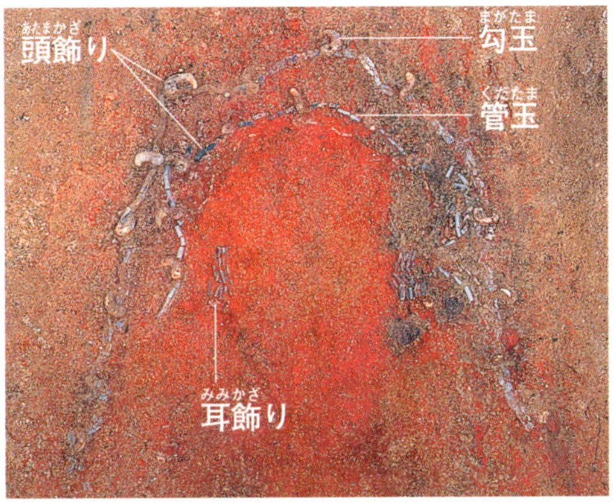
頭飾《あたまかざ》り
勾玉《まがたま》
管玉《くだたま》
耳飾《みみかざ》り

▶京都府の赤坂今井墳丘墓《あかさかいまいふんきゅうぼ》からみつかった頭飾《あたまかざ》りと耳飾《みみかざ》り。ガラスや、碧玉《へきぎょく》という石でできた勾玉《まがたま》や管玉《くだたま》が、数多くつかわれている。

▲ヒスイの勾玉《まがたま》

▲山口県の土井ケ浜遺跡《どいがはまいせき》からみつかった、南の海でとれるゴボウラという大型の巻《ま》き貝《がい》からつくられた腕輪《うでわ》。

（写真提供：佐賀県教育委員会／京丹後市教育委員会／佐賀県立博物館／土井ケ浜遺跡・人類学ミュージアム）

鉄器と青銅器《せいどうき》の登場

今から2300年前ごろ、鉄器と青銅器《せいどうき》という金属《きんぞく》の道具や武器《ぶき》が朝鮮半島《ちょうせんはんとう》からはいってきました。すぐれた特性《とくせい》をもつこれらの金属器《きんぞくき》は、木や石にかわってよくつかわれるようになりました。

鉄器は、生活の道具として活躍《かつやく》

2300年くらい前から、鉄でできた道具が朝鮮半島《ちょうせんはんとう》からつたわるようになりました。約2100年前には、日本でも鉄器がつくられるようになりました。このころは、鉄をつくる原料は中国から輸入《ゆにゅう》し、それを熱してやわらかくしてから、たたいてのばし、おのの刃《は》などの形をつくっていったと考えられています。

弥生時代《やよいじだい》には、農具や漁具、舟《ふね》などをつくる木が必要になり、山の木をたくさん切りたおさなければならなくなりました。鉄の刃《は》をつけたおのは、じょうぶで、しかもよく切れるため、それまでの石の刃《は》のおのにくらべて、木をはやく切りたおすことができました。

▲石の刃《は》のおの（左）と、鉄の刃《は》のおの（右）。鉄のほうが、切り口がきれいで、はやく木をたおすことができる。

（大阪府立弥生文化博物館蔵）

鉄の道具の威力《いりょく》と便利さにおどろいた人々は、鉄の刃《は》をつけた大工道具のかんなや、鉄の釣《つ》り針《ばり》、鉄の矢《や》じりなどもつくるようになり、多くの鉄の道具がつかわれるようになりました。

鉄の矢《や》じりは、狩猟《しゅりょう》などにつかうほか、村どうしの争いで相手をたおすための武器《ぶき》にもなりました。

青銅器《せいどうき》は、豊作《ほうさく》をいのる祭りの道具

青銅器《せいどうき》は、鉄器とおなじく2300年くらい前に、朝鮮半島《ちょうせんはんとう》から日本につたわりました。つたわるとすぐに、日本でもつくるようになりました。

青銅器《せいどうき》は、銅《どう》に適量《てきりょう》のスズをくわえ、高温でとかしたものを、石や粘土《ねんど》でつくった鋳型《いがた》に流しこんでつくりました。色は、黄金色《こがねいろ》や銀色をしています。銅鐸《どうたく》という、音を鳴らす鐘《かね》や、剣《けん》や矛《ほこ》、戈《か》という武器の形をしたものがつくられました。

青銅器《せいどうき》は、はじめのうちは、村や国の支配者《しはいしゃ》が亡《な》くなったときに、その力をしめすためにいっしょにお墓《はか》に埋《う》められていました。やがて、近畿地方《きんきちほう》で、神さまに豊作《ほうさく》をいのる祭りの道具として銅鐸《どうたく》がつくられるようになりました。銅鐸《どうたく》の表面には、脱穀《だっこく》や高床倉庫《たかゆかそうこ》の絵が描《えが》かれているものがあります。絵で何かをつたえる方法は、弥生時代《やよいじだい》になってからはじまっています。

九州や四国では、青銅《せいどう》の矛《ほこ》などが祭りの道具になりましたが、これは、何をいのってつくられたのか、わかっていません。

▶青銅《せいどう》でつくられた戈《か》（左）、矛《ほこ》（中）、剣《けん》（右）。

（国立歴史民俗博物館蔵）

◀銅鐸《どうたく》の表面に描《えが》かれた臼《うす》ときねをつかっておこなう脱穀《だっこく》の風景（49ページ参照）。（神戸市立博物館蔵）

鉄器や青銅器《せいどうき》をつくる職人《しょくにん》の誕生《たんじょう》

鉄や青銅《せいどう》をつかって道具や武器《ぶき》をつくるには、専門《せんもん》の知識《ちしき》や技術《ぎじゅつ》が必要です。金属《きんぞく》や道具などをつくる知識《ちしき》と技術《ぎじゅつ》をもち、それを仕事にする職人《しょくにん》は、人々の役にたつ道具などをつくるかわりに、食料をもらってくらしていました。職人《しょくにん》をそだて、食料をあたえることができたのは、富《とみ》や力をもった村のリーダーでした。

弥生時代《やよいじだい》は、稲作《いなさく》による収穫量《しゅうかくりょう》のちがいから貧富《ひんぷ》の差がうまれ、身分の差がうまれましたが、それだけでなく、一般《いっぱん》の人々のあいだに、農民、漁民、職人《しょくにん》といった仕事のちがいがでてきた時代でもあります。

もっと知りたい!

銅鐸《どうたく》は小から大へ

銅鐸《どうたく》は、おもに祭りにつかわれた道具で、近畿地方《きんきちほう》を中心につくられました。内部は寺院のかねつき堂につるされた釣《つ》り鐘《がね》のように空洞《くうどう》です。内側に銅《どう》や石でできた棒《ぼう》がつりさがっていて、ゆらしたりたたいたりすると神秘的《しんぴてき》な音色《ねいろ》がひびきます。

銅鐸《どうたく》がつくられだしたころは、高さが20cmほどで、木につるすなどして鳴らすためのものでした。しかし、時がたつにしたがい、銅鐸《どうたく》は1m以上もある、飾《かざ》りがついたりっぱなものになっていき、鳴らさずに置いてながめるものに変化しました。

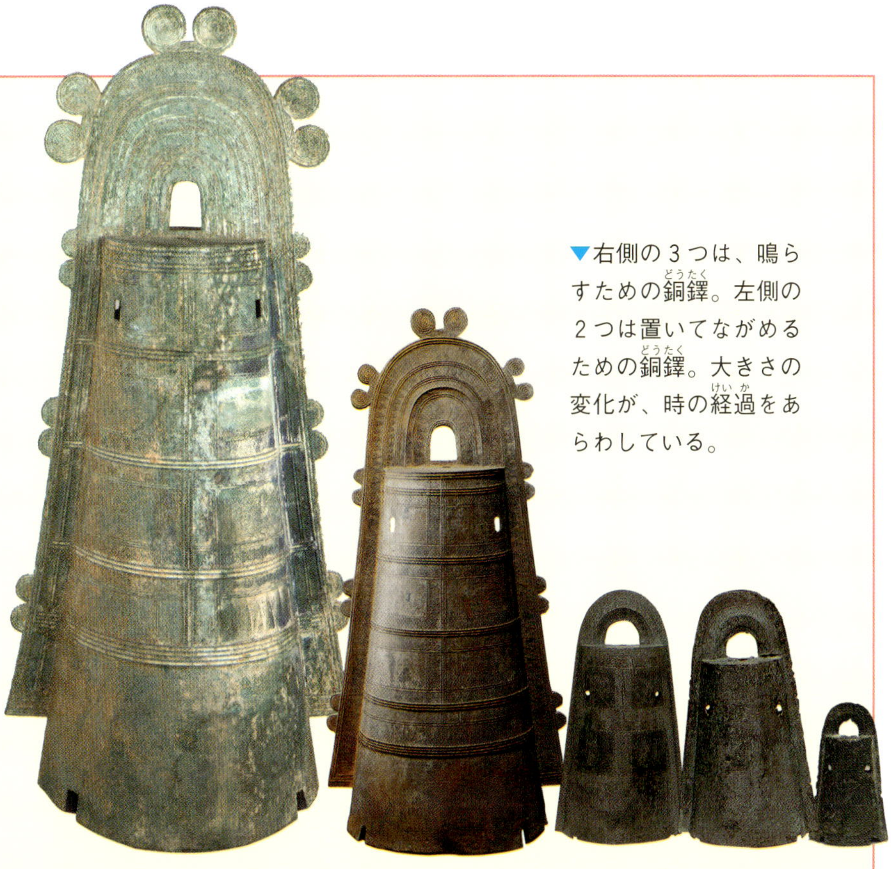

▼右側の3つは、鳴らすための銅鐸《どうたく》。左側の2つは置いてながめるための銅鐸《どうたく》。大きさの変化が、時の経過《けいか》をあらわしている。

（銅鐸所蔵先：東京国立博物館、羽曳野市教育委員会、神戸市立博物館〈2つ〉、東京国立博物館・重美）

古墳時代《こふんじだい》のくらし

今から約1800年前から約1400年前までを、古《こ》墳時代《ふんじだい》といいます。古墳時代《こふんじだい》になると、弥生時《やよいじ》代《だい》にはじまった水田での稲作《いなさく》が、さかんにおこなわれるようになり、貧富《ひんぷ》の差、力の差がますます広がりました。

各地に、富をもった豪族《ごうぞく》が王となっておさめる国ができ、まわりの国をしたがえて大きな力をもつ大王《おおきみ》もでてきました。大王《おおきみ》や、王につかえた豪族《ごうぞく》たちが、権力《けんりょく》をしめすためにつくった大規模《だいきぼ》なお墓《はか》が、古墳《こふん》です。古墳《こふん》をつくらせる人がいるいっぽうで、古墳《こふん》づくりにかりだされる人々もいました。

※古墳《こふん》がつくられた時代を古墳時代《こふんじだい》とよびます。古墳《こふん》は、飛鳥時代以降《あすかじだいいこう》もつくられたため、飛鳥時代以降《あすかじだいいこう》もふくめて古墳時代《こふんじだい》という場合もあります。

住む

大きな古墳《こふん》があらわれた

王や豪族《ごうぞく》がつくった古墳《こふん》のなかで、もっとも大きいものが前方後円墳《ぜんぽうこうえんふん》です。古墳時代《こふんじだい》は、この前方後円墳《ぜんぽうこうえんふん》の登場をもってはじまったと考えられています。

卑弥呼《ひみこ》のお墓《はか》は、前方後円墳《ぜんぽうこうえんふん》？

前方後円墳《ぜんぽうこうえんふん》は、四角形（方形）と円形とを組みあわせた形で、四角形の部分を前方部、円形の部分を後円部とよんでいます。

前方後円墳《ぜんぽうこうえんふん》は、日本各地でたくさんみつかっています。そのなかでも最初のころにつくられたもののひとつに、奈良県桜井市《ならけんさくらいし》の箸墓古墳《はしはかこふん》があります。

この古墳《こふん》は、全長が278mもある巨大《きょだい》なものです。古墳《こふん》の上部から出土したはにわの製作年代《せいさくねんだい》を調べたところ、今から1800年前ころにつくられたことがわかりました。はにわは、粘土《ねんど》で人や家などの形をつくり、火で焼いたもので、古墳《こふん》の上部やまわりに置かれていました。はにわを古墳《こふん》に置いた理由は、よくわかっていません。

弥生時代《やよいじだい》には、支配者《しはいしゃ》が亡《な》くなると、地中にほうむり、土を盛《も》りあげて墳丘墓《ふんきゅうぼ》とよばれるお墓《はか》をつくることはあっても、箸墓古墳《はしはかこふん》ほどの大《だい》規模《きぼ》なお墓《はか》をつくることはありませんでした。

この箸墓古墳《はしはかこふん》は、弥生時代《やよいじだい》の終わりころに各地の支配《しはい》者《しゃ》をまとめていたといわれる邪馬台国《やまたいこく》の女王卑弥呼《ひみこ》のお墓《はか》ではないかと考えられています。

◀箸墓古墳《はしはかこふん》の復元模型《ふくげんもけい》。左半分は昔の古墳《こふん》のようすを復元《ふくげん》したもの。古墳《こふん》の表面の大半《たいはん》に、河原《かわら》からあつめた石（62～63ページ参照）がしきつめられていた。

（国立歴史民俗博物館蔵）

前方後円墳《ぜんぽうこうえんふん》が、各地につくられる

ゆたかな富をもち、地域《ちいき》で勢力《せいりょく》を広げた豪族《ごうぞく》は、王となり、国をつくるようになりましたが、そのなかでも、奈良盆地《ならぼんち》を中心とする大和地方《やまとちほう》に、より大きな力をもつ国があらわれました。その王は大和《やまと》の大王《おおきみ》（のちの天皇《てんのう》）とよばれました。

箸墓古墳《はしはかこふん》が登場したのち、各地で前方後円墳《ぜんぽうこうえんふん》がつくられるようになりましたが、これは、卑弥呼《ひみこ》が亡《な》くなったあと、大和《やまと》の大王《おおきみ》が、各地の豪族《ごうぞく》に対して、古墳《こふん》をつくるときは、卑弥呼《ひみこ》の古墳《こふん》にならって前方後円墳《ぜんぽうこうえんふん》の形を採用《さいよう》するようにはたらきかけたからだと考えられています。

大和《やまと》の大王《おおきみ》は、前方後円墳《ぜんぽうこうえんふん》を採用《さいよう》して卑弥呼《ひみこ》にしたがうあかしをしめした豪族《ごうぞく》には、卑弥呼《ひみこ》が中国の皇帝《こうてい》からもらった鏡をくばり、臣下（家来）としました。当時の鏡は、非常に貴重《きちょう》なもので、かんたんには手にはいらないものでした。また、このころの鏡は、今のように単に顔をうつすためのものではなく、祭りなどにつかわれる特別なものでした。ですから、こうした鏡を手にいれることは、各地の豪族《ごうぞく》にとってたいへん魅力的《みりょくてき》なことだったのです。

◀箸墓古墳《はしはかこふん》よりも少しあとにできた黒塚古墳《くろづかこふん》の石室《せきしつ》と木棺《もっかん》のようす。平成11（1999）年の調査で34面の鏡が出土した。このうち33面が三角縁神獣鏡《さんかくぶちしんじゅうきょう》で、卑弥呼《ひみこ》が中国からもらったものといわれている。

その後も、大和《やまと》の大王《おおきみ》は、各地の豪族《ごうぞく》をしたがえるために鏡や剣《けん》などをくばり、それとひきかえに国の力を強めていきました。

このように、前方後円墳《ぜんぽうこうえんふん》のような大きな古墳《こふん》があらわれた時期は、大和《やまと》に王権《おうけん》が誕生《たんじょう》した時代であり、古墳時代《こふんじだい》がはじまった時期であるといえるでしょう。

◀黒塚古墳《くろづかこふん》の木棺《もっかん》から出土した三角縁神獣鏡《さんかくぶちしんじゅうきょう》。中央の丸く出《で》っ張《ぱ》った部分には、横からひもを通す穴《あな》があり、まわりには中国の神話に登場する神や動物などが彫《ほ》られている。

（文化庁、写真提供：奈良県立橿原考古学研究所、撮影・阿南辰秀）

古墳時代

もっと知りたい!

石室《せきしつ》をつくって棺《ひつぎ》を安置

前方後円墳《ぜんぽうこうえんふん》の後円部の頂上《ちょうじょう》の下には石室《せきしつ》（石の部屋）があり、棺《ひつぎ》はそこに安置されています。前方後円墳《ぜんぽうこうえんふん》に遺体《いたい》をほうむるときは、つぎの手順をふんでいたと考えられています。

①後円部の頂上《ちょうじょう》の下に大きな穴《あな》をほり、遺体《いたい》をいれた棺《ひつぎ》をおさめる。

②棺《ひつぎ》の四方を、石をつみあげてつくった石壁《いしかべ》で囲い、石室《せきしつ》をつくり、その上に平たくて大きな石（ふた石）をのせ、天井《てんじょう》にする。

③その上から土をかけて、全体をおおいかくす。

この石室《せきしつ》は、土の下に穴《あな》をほってつくる点に特徴《とくちょう》があり、たて穴式石室《あなしきせきしつ》とよばれています。

のちには、斜面《しゃめん》の横にトンネルのような空間をもうけた横穴式石室《よこあなしきせきしつ》が多くつくられるようになります。たて穴式石室《あなしきせきしつ》が1人用であるのに対して、横穴式《よこあなしき》は入り口をおおうものをとりのぞけば、容易《ようい》に奥《おく》までいくことができるので、複《ふく》数《すう》の人をほうむることができました。

住む

農村の住まいとくらし

群馬県《ぐんまけん》の黒井峯遺跡《くろいみねいせき》は今から1500～1400年前ころの農村の跡《あと》です。ここの住居《じゅうきょ》や畑の跡《あと》から、農民のくらしや、農業のようす、栽培《さいばい》していた作物などを推測《すいそく》することができます。

火山灰《かざんばい》に埋《う》まっていた黒井峯遺跡《くろいみねいせき》

▼黒井峯遺跡《くろいみねいせき》の村の復元模型《ふくげんもけい》

古墳時代《こふんじだい》の庶民《しょみん》のくらしがわかる遺跡《いせき》に、群馬県《ぐんまけん》の黒井峯遺跡《くろいみねいせき》があります。ここは、500年代のなかごろに榛名山《はるなさん》の大噴火《だいふんか》によって火山灰《かざんばい》に埋《う》まってしまいました。昭和57（1982）年からの発掘調査《はっくつちょうさ》により、当時の人々のくらしがわかってきました。

ここでは、たて穴住居《あなじゅうきょ》1棟《むね》と、垣根《かきね》に囲まれた平《へい》地住居《ちじゅうきょ》の数棟《すうむね》が、ひとまとまりになっています。このひとまとまりは、家族や親せきの住居《じゅうきょ》の集まりだったようです。このようなまとまりが10か所ほどあって、それが1つの村になっていました。

たて穴住居《あなじゅうきょ》と平地住居《へいちじゅうきょ》が住まい

この遺跡《いせき》のそれぞれの住まいには、まとまりごとに特徴《とくちょう》があります。その特徴《とくちょう》をとって、「家畜飼《かちくが》いの家《いえ》」「稲穂《いなほ》の家《いえ》」「裏庭《うらにわ》のある家《いえ》」などと名前をつけて、調査《ちょうさ》がおこなわれました。そのうちの「家畜飼《かちくが》いの家《いえ》」のようすをみてみましょう。

この家のまとまりには、15棟《むね》の住居《じゅうきょ》や建物があります。たて穴住居《あなじゅうきょ》１棟《むね》、平地住居《へいちじゅうきょ》10棟《むね》、高床《たかゆか》の建物４棟《むね》です。

たて穴住居《あなじゅうきょ》は、８m四方の広さで、地表から床《ゆか》まで1m50cmほってあります。柱は12本たて、カヤと土でふいた寄棟屋根《よせむねやね》（４方向に傾斜《けいしゃ》した屋根）の重みをささえています。入り口から室内へは階段《かいだん》で出入りするようになっています。大きなかまどと、えんとつもあります。

10棟《むね》の平地住居《へいちじゅうきょ》は、４棟《むね》が住まい、１棟《むね》は作業小屋、５棟《むね》が家畜小屋《かちくごや》です。４棟《むね》の住まいのうち１棟《むね》に、小さめのかまどがもうけられています。食器や糸づくりの道具など、生活道具は、たて穴住居《あなじゅうきょ》よりもたくさんあります。

たて穴住居《あなじゅうきょ》と平地住居《へいちじゅうきょ》は、季節によって住みわけていたのかもしれません。

高床《たかゆか》の建物は、収穫《しゅうかく》した作物を保存《ほぞん》しておく倉庫だと思われます。

▶黒井峯遺跡《くろいみねいせき》のたて穴住居《あなじゅうきょ》（手前）の復元模型《ふくげんもけい》。

▶平地住居《へいちじゅうきょ》の復元模型《ふくげんもけい》。住居《じゅうきょ》には、板でできた窓《まど》もついていた。

ウシやウマを飼《か》い、畑作・稲作《いなさく》をおこなう

この家の家畜小屋《かちくごや》では、ウシやウマを飼《か》い、荷物の運搬《うんぱん》や農耕《のうこう》につかっていたようです。家畜小屋《かちくごや》の横には、くぼ地や溝《みぞ》があるので、そこに家畜《かちく》のふん尿《にょう》をためて、肥料《ひりょう》としてつかっていたと思われます。

住まいのまわりには、畑があり、川辺には水田がありました。畑のあとからは、わかい稲《いね》がたくさんみつかっていることから、そこは陸苗代《おかなわしろ》（稲《いね》の苗《なえ》をつくる畑）としてつかっていたと考えられます。

また、畑では、サトイモ、アズキ、ハトムギ、ヒョウタンなども栽培《さいばい》されていました。

▶家畜小屋《かちくごや》のひとつ、馬小屋。ウマを飼《か》うところは、板で囲った部分。

▶サトイモ畑のようす。垣根《かきね》で囲ってあった。（P60～61の復元模型：国立歴史民俗博物館蔵）

古墳《こふん》がはたした役割《やくわり》

王や豪族《ごうぞく》など、支配者《しはいしゃ》の墓《はか》である古墳《こふん》は、約400年以上にわたって各地でつくられ、多くの人々が古墳《こふん》づくりにかりだされました。古墳《こふん》は、人々のくらしに、いろいろな影響《えいきょう》をおよぼしました。

支配者《しはいしゃ》の力をしめした古墳《こふん》

古墳《こふん》は、小さなものでは直径または１辺の長さが２ｍくらいしかありませんが、大きなものになると500ｍ近くもあり、まるで小山のようです。

大きな古墳《こふん》は、おおぜいの人が働いても、完成するまでに、10～20年ほどの年月がかかったのではないかと推測《すいそく》されています。

このような大きな古墳《こふん》をつくれる支配者《しはいしゃ》は、たくさんの富《とみ》とともに、設計《せっけい》や土木技術《どぼくぎじゅつ》、測量《そくりょう》などの専門知識《せんもんちしき》をもった技術者《ぎじゅつしゃ》を召《め》しかかえることができ、さらに、数多くの労働者をあつめて、長期にわたっていろいろな労働につかせるだけの力をもっていたと思われます。

古墳《こふん》づくりのようす

古墳《こふん》をつくるときは、その地に、おおぜいの人があつめられました。土をほる・運ぶ・つみあげる・形をととのえる、河原《かわら》で石をあつめる・運ぶ・斜面《しゃめん》に石をはりつける、はにわの形をつくる・焼く・運ぶなどの作業にあたる人々です。

多くの人の力が結集し、長い年月をへて、やっと完成します。

はにわ（58ページ参照）をたてて ならべている人。

石を、斜面《しゃめん》にはりつけている人。

古墳《こふん》にみられる変化

古墳《こふん》にほうむられる人物の身分や、つくられる場所は、だんだん変化していきました。古墳《こふん》は、もともと支配者《しはいしゃ》が、自分が死んだあとも自分の力を人々にしめすためにつくる墓《はか》という意味をもっていたので、里からよくみえる、小高い場所を切りひらいてつくられました。

古墳時代《こふんじだい》のなかごろになると、王や有力な豪族《ごうぞく》が、平野部に巨大《きょだい》な古墳《こふん》をつくるようになります。そして、終わりころになると、役人や有力な農民の墓《はか》として小さい古墳《こふん》に変化していきました。

古墳《こふん》の形にも、右下の図のようにさまざまなものがあります。はじめのころは円墳《えんぷん》、前方後円墳《ぜんぽうこうえんふん》、前方後方墳《ぜんぽうこうほうふん》、その後は帆立貝式古墳《ほたてがいしきこふん》というように、年代によって変化していきました。

また、おなじ形でも、大きさにちがいがみられることから、小さな古墳《こふん》にほうむられた人物は、大きな古墳《こふん》にほうむられた人物よりも力が弱かったと考えられています。

奈良県桜井市《ならけんさくらいし》には、大きな前方後円墳《ぜんぽうこうえんふん》がたくさんあり、最初の前方後円墳《ぜんぽうこうえんふん》といわれる箸墓古墳《はしはかこふん》（58ページ参照）もあります。このことから、このあたりの地方が、日本を１つにまとめはじめた大和政権《やまとせいけん》が誕生《たんじょう》したところではないかといわれています。

弥生時代《やよいじだい》から古墳時代《こふんじだい》にうつるころは、各地の支配者《しはいしゃ》どうしの争いがたえず、世の中がみだれました。おちついた社会にするためには、ずばぬけた力をもつ支配者《しはいしゃ》が統制《とうせい》をはかる必要があります。古墳《こふん》には、力の差を人々にしめし、支配《しはい》する人と支配《しはい》される人の区別をあらわす役割《やくわり》もあったと考えることができます。

はにわを焼く窯《かま》。斜面《しゃめん》にそってつくられた窯《かま》で、登《のぼ》り窯《がま》とよばれる。斜面《しゃめん》の下から火をつけると、熱が上のほうにのぼっていき、内部にならべたもの全体を焼くことができるしくみ。

はにわをつくる人たち。

できあがったはにわを、背《せ》負《お》って運んでいる人たち。

河原《かわら》であつめた石を運んでいる人たち。２人１組になり、棒《ぼう》でかついで運んだ。

もっと知りたい!

古墳《こふん》の形のいろいろ

円墳《えんぷん》

上からみた形が円形。

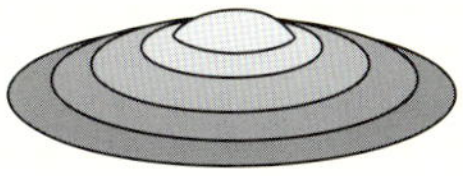

前方後円墳《ぜんぽうこうえんふん》

四角形と円形を組みあわせた形。

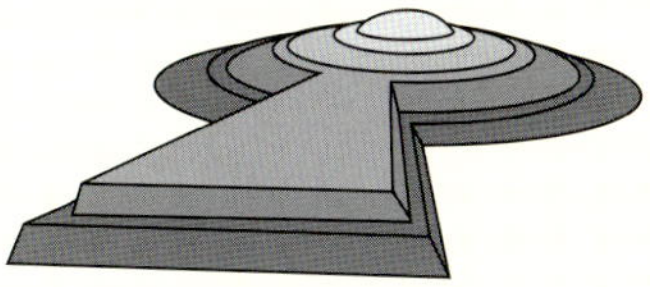

前方後方墳《ぜんぽうこうほうふん》

大きな四角形と小さな四角形を組みあわせた形。

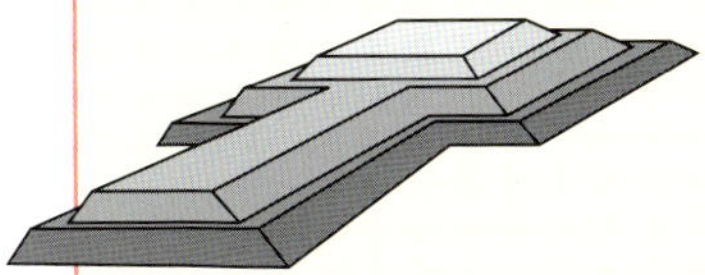

帆立貝式古墳《ほたてがいしきこふん》

前方後円墳より四角形部分が短い形。

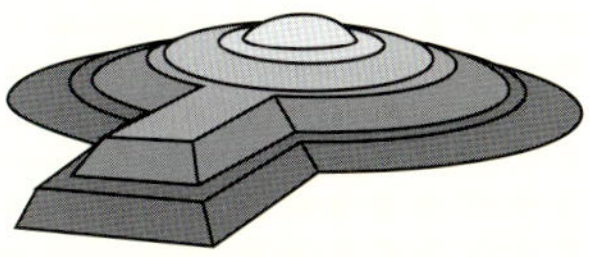

上円下方墳《じょうえんかほうふん》

上からみた形が四角形の中に円形。

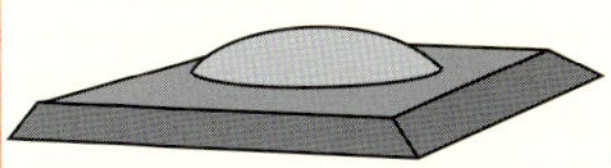

方墳《ほうふん》

上からみた形が四角形。

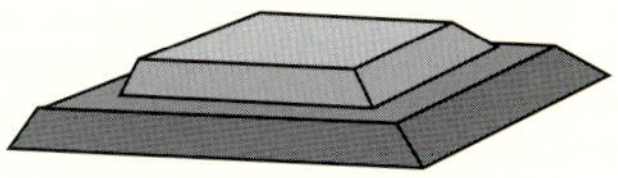

食べる

米を蒸《む》す方法が広まる

古墳時代《こふんじだい》には、北海道と沖縄《おきなわ》などの一部をのぞいた各地で、米などの穀物《こくもつ》を、かまどとこしきで蒸《む》して食べるようになりました。身分の差が弥生時代《やよいじだい》より大きくなり、支配者《しはいしゃ》とふつうの人々の食べ物に大きな差がでてきました。

かまどとこしきで穀物《こくもつ》を蒸《む》す

稲作《いなさく》が東日本よりはやくはじまった西日本では、弥生時代《やよいじだい》に、米や麦や雑穀《ざっこく》を、かまどとこしきをつかって蒸《む》して食べていたようです。

しかし、東日本の中部地方、関東地方の人々が、かまどとこしきをつかうようになるのは、古墳時代《こふんじだい》にはいってからです。

かまどは、土で囲った中で火を燃《も》やすので、たき火のような炉《ろ》にくらべて熱がにげず、食べ物にはやく火がとおります。こしきというのは、底に穴《あな》があいた土器で、水をいれたかめにかさねてつかいます。今の蒸《む》し器《き》とおなじしくみです。

穀物《こくもつ》は、煮《に》ると、おかゆのようにやわらかくなりますが、蒸《む》すと赤飯《せきはん》のようにかためにできあがるので、かみごたえのあるごはんができます。煮《に》るより蒸《む》すほうがおいしかったので、蒸《む》す方法が広まったと思われます。

かまどは、湯をわかしたり、食べ物を煮《に》たりするのにもつかわれました。かまどは住居《じゅうきょ》の内部のすみにそなえられたものや、外でも煮炊《にた》きできるように持ち運びできるものもありました。

▲壁《かべ》ぎわにすえつけられたかまどのようす。かまどの正面からまきをくべて火を燃《も》やすと、けむりは、地中の煙道《えんどう》をとおって、外に排出《はいしゅつ》される。かまどに、水をいれたかめをかけ、その上に米をいれたこしきをのせて、蒸《む》した（右の図参照）。部屋《へや》の中はとても暗かった。（平出博物館蔵）

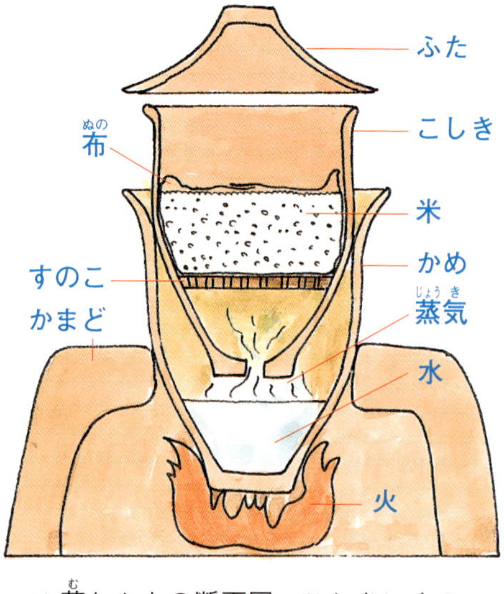

▲蒸《む》しかたの断面図。こしきにすのこ（細い竹や木を編《あ》んだもの）を敷《し》き、その上に布《ぬの》につつんだ米をのせる。かまどに水をいれたかめをのせ、火をおこす。かめから蒸気《じょうき》がでてきたら、こしきをのせ、ふたをして蒸《む》す。

魚も肉も、よく食べていた

古墳時代《こふんじだい》にも、海や川の魚がよく食べられていました。イワシや、北の海にいるサケやマス、河口《かこう》に多くいるスズキやボラ、ウナギ、川のフナやコイなどが食べられていました。

山にいるシカやイノシシも、弥生時代《やよいじだい》とおなじくよくとり、その肉を食べていました。イヌやブタも弥生時代《やよいじだい》と同様に飼育し、その肉を食べていたと考えられています。

各地の支配者《しはいしゃ》は、自分たちの食料として、人々にイヌやブタ、ニワトリ、ウマ、ウシを飼《か》わせて、その肉を食べていたようです。

ウシの乳《ちち》の牛乳《ぎゅうにゅう》ものんでいました。牛乳《ぎゅうにゅう》は、そのままでは、いたみやすいので、長く保存《ほぞん》できるチーズのようなものにしていたようです。しかし、多くの人がウマやウシの肉やチーズのようなものを食べていたかどうかは、わかっていません。

イヌは、支配者《しはいしゃ》のなかには、食料として飼《か》うのではなく狩猟《しゅりょう》の手伝《てつだ》いをする動物として飼《か》っていて、そのイヌが死んだら手厚《てあつ》くほうむっていた人もいたようです。

食器や調理道具に、土師器《はじき》と須恵器《すえき》を使用

古墳時代《こふんじだい》には、食器や調理道具として、土師器《はじき》と須恵器《すえき》とよばれる焼き物も、つかわれるようになりました。

土師器《はじき》とは、かんたんなかまどをつかって800℃くらいの火で焼く焼き物で、かまどやこしき、食器などがつくられました。

須恵器《すえき》は、朝鮮半島《ちょうせんはんとう》から技術《ぎじゅつ》がつたわった焼き物で、ろくろをつかい、登《のぼ》り窯《がま》（63ページ参照）という大きな窯《かま》の中で、1000℃以上の温度で焼きます。厚《あつ》みがうすく、水がもれないので、水がめや酒をいれるつぼなどにつかわれました。今の大阪《おおさか》あたりで、1600年前ごろからつくられはじめ、古墳時代《こふんじだい》の終わりころになって全国に広まりました。

▲土師器《はじき》。（❶こしき、❷かまど、❸かめ、❹～❻食べ物を盛《も》るうつわ）

▲須恵器《すえき》。（❶・❹食べ物を盛《も》るうつわ、❷・❸酒などをいれるつぼ、❺酒をそそぐいれもの）

もっと知りたい!

米の酒がつくられる

酒は、縄文時代《じょうもんじだい》にはニワトコやヤマブドウ、キイチゴなどを発酵《はっこう》させたワインのような酒（33ページ参照）があり、弥生時代《やよいじだい》には米をつかった酒がつくられるようになったと考えられています。

稲作《いなさく》をおこなう地域《ちいき》が弥生時代《やよいじだい》より多くなった古墳時代《こふんじだい》には、各地で米の酒がつくられるようになったようです。酒をいれる容器《ようき》を持った巫女《みこ》のはにわが、1600～1500年前ごろの古墳《こふん》にならべられていることからわかります。

酒を長くおいておくと、発酵《はっこう》してすっぱくなります。酢《す》は、このような発見からうまれました。米の酒と酢《す》のつくりかたは、稲《いね》が伝来するころに日本につたわってきたようです。

着る

はにわがしめす人々の服装《ふくそう》

古墳時代《こふんじだい》の人々の衣服は、長い年月のあいだにぼろぼろになり、くさってしまったのか、遺跡《いせき》から出土されていません。しかし、古墳《こふん》のまわりにならべられた、人をかたどったはにわの服装《ふくそう》から推測《すいそく》をすることができます。

身分の高い男女の服装《ふくそう》

古墳《こふん》のまわりには、古墳《こふん》にほうむられた人物を守るようにして、はにわ（58、62～63ページ参照）がたてでならべられています。はにわは、最初は円筒《えんとう》の形をしていましたが、1550～1500年前ごろから人のすがたをした人物はにわがつくられるようになり、前方後円墳《ぜんぽうこうえんふん》のくびれの部分にならべられるようになりました。

古墳《こふん》にならべられる人物はにわの多くは、身分の高い人の特別の服装《ふくそう》をあらわしています。これには男性《だんせい》と女性《じょせい》のはにわがあります。

人物はにわの多くは、男女ともに、上下にわかれた服を着ています。男女とも、上着は袖《そで》がついた丈《たけ》の短いもので、えりは、左前（着る人にとって左側の生地《きじ》の上に、右側の生地《きじ》を重ねあわせること）にあわせて、ひもで結ぶ形式のものが、多くみられます。

下半身には、男性《だんせい》は、ゆったりしたズボンをはき、ひざのあたりをひもでくくっています。女性《じょせい》は、長いスカートをはいています。

ズボンをはく形式の衣服は、中国北方の騎馬民族《きばみんぞく》が着ていた衣服に似《に》ています。乗馬用の衣服として朝鮮半島《ちょうせんはんとう》を経由《けいゆ》してつたわったと思われます。このころの日本では、乗馬の風習は、支配者《しはいしゃ》とそのまわりの身分の高い人々だけに限《かぎ》られていました。

このような衣服をつくるには、高度な裁断《さいだん》と縫製《ほうせい》（ぬってつくること）の技術《ぎじゅつ》を必要とします。そのため、裁縫技術《さいほうぎじゅつ》もつたわったと考えられています。

男性《だんせい》の豪族《ごうぞく》のはにわ
帽子《ぼうし》
耳飾《みみかざ》り
みずら
こて（腕《うで》を守るもの）
太刀《たち》
ゆったりしたズボン
足結《あゆい》
女性《じょせい》の豪族《ごうぞく》のはにわ
まげ
くし
耳飾《みみかざ》り
玉《ぎょく》の首飾《くびかざ》り
スカート
（東京国立博物館蔵・右 重文）

農民の服装《ふくそう》は質素《しっそ》だった

人物はにわの多くは、身分の高い人をかたどったものですが、なかには、農民などをかたどったものもあります。農民のはにわは、農業につかうくわやかまをもったすがたをしています。このようなはにわの服装《ふくそう》は、弥生時代《やよいじだい》の貫頭衣《かんとうい》（52〜53ページ参照）のようなワンピースの衣服です。上着の丈《たけ》が長く、下半身には、ズボンもスカートも身につけていません。

神さまのことばをつたえる巫女《みこ》をかたどったはにわもあります。幅《はば》の広い布《ぬの》をまとい、たすきをかけ、首や腕《うで》、足首に玉飾《たまかざ》りをしています。玉飾《たまかざ》りは、神さまと関係がある装身具《そうしんぐ》のようです。

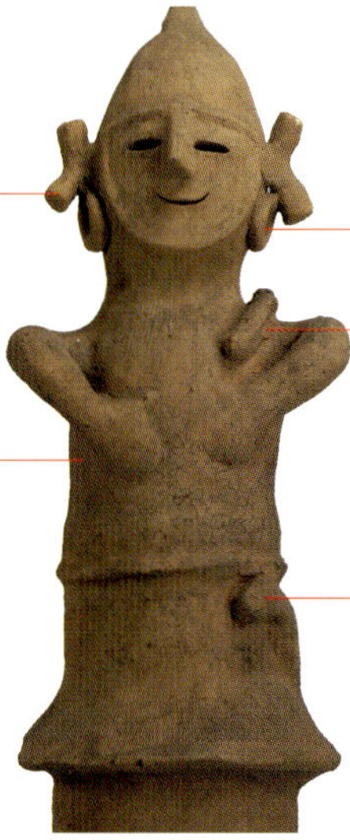
農民（男性《だんせい》）のはにわ
みずら
耳飾《みみかざ》り
くわ
貫頭衣《かんとうい》
かま

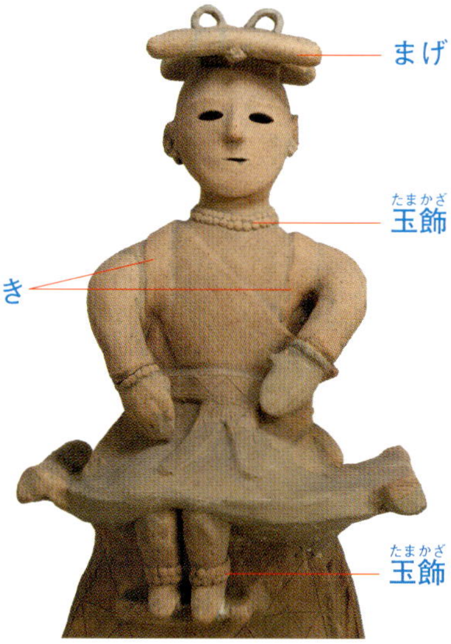
巫女《みこ》（女性《じょせい》）のはにわ
まげ
玉飾《たまかざ》り
たすき
玉飾《たまかざ》り

髪《かみ》を長くのばし、結《ゆ》っていた

男性《だんせい》は、長い髪《かみ》をふたつにふりわけて、両耳のあたりでたばねて下に垂《た》らした、みずらという髪形《かみがた》をしています。女性《じょせい》は、長い髪《かみ》を頭の上でひとつにまとめてまげを結《ゆ》い、くしをさしています。

身分のちがいにかかわらず、このような髪形《かみがた》をしていたようで、髪《かみ》を結《ゆ》うことが広くおこなわれていたことがわかります。

また、帽子《ぼうし》をかぶったはにわも、みつかっています。

装身具《そうしんぐ》は、おもに身分の高い人が、玉石《ぎょくせき》や金属《きんぞく》でできた、首飾《くびかざ》り、耳飾《みみかざ》り、腕輪《うでわ》、足飾《あしかざ》りなどをつけていました。装身具《そうしんぐ》は、権威《けんい》の象徴《しょうちょう》としてつける意味あいが強まり、権威《けんい》をしめすために身につける人が多くなっていったようです。

もっと知りたい!

技術者《ぎじゅつしゃ》がつくる玉類《ぎょくるい》

古墳時代《こふんじだい》は、いろいろな種類の玉類《ぎょくるい》が多くつくられ、古墳《こふん》におさめられています。玉類《ぎょくるい》には、勾玉《まがたま》、短い管《くだ》の形をした管玉《くだたま》などがあり、首飾《くびかざ》りや腕輪《うでわ》、足飾《あしかざ》りなどにもちいられました。

材料には、ヒスイという緑色の石、碧玉《へきぎょく》という濃《こ》い緑色の石、ガラスのような水晶《すいしょう》、滑石《かっせき》という灰色《はいいろ》の石などがつかわれました。

それぞれの石を玉類《ぎょくるい》に加工するのは、その技術《ぎじゅつ》をもった人でした。石は、現在《げんざい》の新潟《にいがた》や島根、和歌山、千葉、岩手などが産地でしたが、近畿地方《きんきちほう》の古墳《こふん》にたくさんおさめられています。そのことから、近畿地方《きんきちほう》の支配者《しはいしゃ》は、産地から玉類《ぎょくるい》をとりよせたり、技術者《ぎじゅつしゃ》を召《め》しかかえたりする力があったことがわかります。

▲玉類《ぎょくるい》の装身具《そうしんぐ》

（はにわ：東京国立博物館蔵・巫女重文／装身具：国立歴史民俗博物館蔵）

飛鳥《あすか》・奈良《なら》時代《じだい》のくらし

592年（今から約1400年前）に飛鳥地方《あすかちほう》（奈良県《ならけん》）で推古天皇《すいこてんのう》が即位《そくい》してから、奈良《なら》に平城京《へいじょうきょう》がおかれる710年までを飛鳥時代《あすかじだい》といい、それから京都《きょうと》に平安京《へいあんきょう》がおかれる794年までを奈良時代《ならじだい》といいます。

飛鳥時代《あすかじだい》は、天皇《てんのう》を中心とする国づくりがはじまった時代で、奈良時代《ならじだい》は、天皇《てんのう》が律令《りつりょう》という政治《せいじ》の決まりを定め、古代国家のしくみがととのった時代です。

住む

庶民《しょみん》の住居《じゅうきょ》と貴族《きぞく》の住居《じゅうきょ》

飛鳥時代《あすかじだい》になり天皇中心《てんのうちゅうしん》の国づくりがはじまると、法律で身分が定められ、古墳時代《こふんじだい》よりさらに貧富《ひんぷ》の差が大きくなりました。上級役人の貴族《きぞく》は、りっぱな住居《じゅうきょ》に住みましたが、庶民《しょみん》は、そまつな家のままでした。

庶民《しょみん》の住居《じゅうきょ》と都でのくらし

飛鳥時代《あすかじだい》の農民をはじめとする庶民《しょみん》は、古墳時代《こふんじだい》と同様、住んでいる地域《ちいき》の環境《かんきょう》にあわせて、たて穴住《あなじゅう》居《きょ》や平地住居《へいちじゅうきょ》、高床住居《たかゆかじゅうきょ》に住んでいました。

たて穴住居《あなじゅうきょ》は、奈良時代《ならじだい》になると、近畿地方《きんきちほう》では建てられなくなり、平地住居《へいちじゅうきょ》にかわっていきました。しかし、東日本では、中世（鎌倉時代《かまくらじだい》、室町時《むろまちじ》代《だい》）までたて穴住居《あなじゅうきょ》がつかわれていました。

いっぽう、奈良時代《ならじだい》の都《みやこ》であった平城京《へいじょうきょう》（奈良《なら》県《けん》）には、天皇《てんのう》が住む内裏《だいり》（皇居《こうきょ》）や政治《せいじ》をおこなう建物などがある平城宮《へいじょうきゅう》があるほか、貴族《きぞく》、位（身分の順位）の高い役人、庶民《しょみん》の住居《じゅうきょ》があり、10万人くらいが住んでいたといわれています。平城京《へいじょうきょう》に住む庶民《しょみん》は、身分の低い下級役人や平城宮《へいじょうきゅう》で下働きをする人、人夫《にんぷ》、兵士などでした。

身分により、宅地《たくち》（家と庭など）の広さと住む場所が、朝廷《ちょうてい》（政府《せいふ》）によって決められていました。身分の高い人ほど平城宮《へいじょうきゅう》に近い場所で宅地《たくち》が広く、身分が低くなるにしたがい、遠くなり、宅地《たくち》もせまくなりました。

平城京《へいじょうきょう》の庶民《しょみん》の家は、平地住居《へいちじゅうきょ》で、屋根は板ぶきか、カヤやアシなどの草ぶきでした。室内の床面《ゆかめん》は、土間《どま》の部分と、土座《どざ》（地面にワラや、板などを敷《し》いた部分）にわかれていて、土間《どま》には、水をいれたかめなど生活に必要なものを置き、人々は、土座《どざ》で寝《ね》たり、食事をしたりしていました。宅地《たくち》の奥《おく》は、畑にし、自分たちが食べる野菜などをつくっていました。

◀平城京《へいじょうきょう》に住む下級役人などの庶民《しょみん》の住居《じゅうきょ》の復元《ふくげん》模型《もけい》。庭や畑もあり、となりの家との境《さかい》には、溝《みぞ》や垣根《かきね》をもうけてくらしていた。

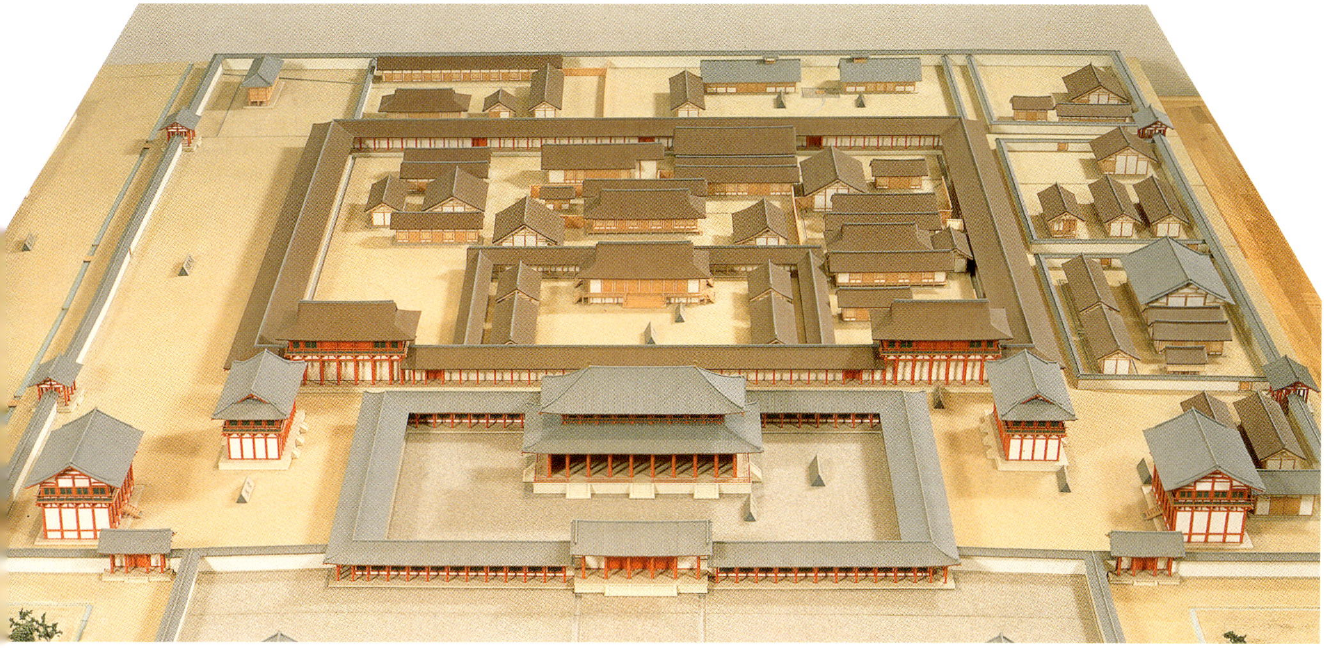

▲平城京《へいじょうきょう》の中心部平城宮《へいじょうきゅう》復元模型《ふくげんもけい》。

▲平城京《へいじょうきょう》の中央南端《ちゅうおうなんたん》の入り口にあった羅城門《らじょうもん》の復元模型《ふくげんもけい》。東西38m、南北20m、高さ24mもある大きくてりっぱな門だった。このような門をつくることで、天皇《てんのう》の力を、国内の人だけでなく、中国や朝鮮半島《ちょうせんはんとう》などからやってくる人々にもしめした。（P70～71の復元模型：国立歴史民俗博物館蔵）

もっと知りたい!

お風呂《ふろ》は湯屋《ゆや》、便所は厠《かわや》といった

平城宮《へいじょうきゅう》や大きな寺院には、お風呂《ふろ》がありました。湯屋《ゆや》、温《うん》室《じつ》などとよばれ、べつの釜《かま》でわかした湯を運びいれて、あびていました。

また、大きなお寺では、川や溝《みぞ》をまたぐように小屋を建て、そこから川や溝《みぞ》に直接用をたす形式の公衆便所《こうしゅうべんじょ》のようなものをもうけていたことが、記録からわかっています。便所のことを厠《かわや》といいましたが、この呼《よ》び名《な》は、川屋（川の上の小屋）からきているのではないかとも考えられています。

このころの庶民《しょみん》の住居《じゅうきょ》には、お風呂《ふろ》も便所もついていなかったと考えられています。

天皇《てんのう》の大きな力をしめす平城京《へいじょうきょう》

飛鳥時代《あすかじだい》からととのいはじめた天皇《てんのう》を中心とする国づくりは、奈良時代《ならじだい》になって完成しました。それが形になってしめされたのが平城京《へいじょうきょう》という都《みやこ》です。平城京《へいじょうきょう》は、中国や朝鮮半島《ちょうせんはんとう》、インドなどの外国にも天皇《てんのう》の力をしめすものでした。

平城京《へいじょうきょう》は、道路をたて横にきっちり区切り、幅《はば》70mもある大きな道路が天皇《てんのう》のいる平城宮《へいじょうきゅう》にむけて通っていました。平城宮《へいじょうきゅう》のまわりには、皇族《こうぞく》（天皇《てんのう》の親せき）や政治《せいじ》をおこなう貴族《きぞく》が住みました。

皇族《こうぞく》である長屋王《ながやおう》の屋敷《やしき》が、発掘《はっくつ》されています。広さは約6万7000平方メートルあり、周囲を築地《ついじ》（かわら屋根のついた壁《かべ》）や溝《みぞ》で囲い、真ん中に長屋《ながや》王《おう》が寝起《ねお》きしていた建物があります。屋根は檜皮《ひわだ》ぶきでした。檜皮《ひわだ》はスギやヒノキの樹皮《じゅひ》で、檜皮《ひわだ》でふいた家は冬あたたかく、夏はすずしくすごせたので、皇族《こうぞく》や貴族《きぞく》たちにこのまれました。お客をもてなすかわらぶきの建物や、使用人が仕事をする建物もありました。

また、平城京《へいじょうきょう》には市《いち》もあり、全国各地から送られてきた産物が売り買いされました。

住む

木造《もくぞう》の大規模《だいきぼ》な寺院建築《じいんけんちく》

古墳時代《こふんじだい》に仏教《ぶっきょう》がつたわり、飛鳥時代《あすかじだい》になると、仏《ほとけ》さまをまつる本格的な寺院が建てられるようになりました。奈良時代《ならじだい》には、都《みやこ》に大きな寺院がつぎつぎに建ち、地方には国ごとに国分寺《こくぶんじ》が建てられました。

豪族《ごうぞく》が仏教《ぶっきょう》の寺院を建てた

朝鮮半島《ちょうせんはんとう》の百済《ペクチェ(くだら)》という国から、538年（552年の説もある）に仏像《ぶつぞう》や経典《きょうてん》（仏教《ぶっきょう》の教えをしるした書物）が日本につたえられたといわれています。これに対し、外国からはいってきた宗教《しゅうきょう》に反対の豪族《ごうぞく》もいて、仏教《ぶっきょう》をめぐる争いがおこりました。

しかし、のちの権力者聖徳太子《けんりょくしゃしょうとくたいし》が仏教《ぶっきょう》をだいじにする人だったこともあり、仏教《ぶっきょう》に賛成《さんせい》の豪族《ごうぞく》は、聖《しょう》徳太子《とくたいし》と協力して反対の豪族《ごうぞく》をほろぼしました。

飛鳥時代《あすかじだい》には、豪族《ごうぞく》・蘇我氏《そがし》が、奈良《なら》の飛鳥《あすか》に、仏教《ぶっきょう》の寺院・飛鳥寺《あすかでら》（法興寺《ほうこうじ》）を完成させました（596年）。朝鮮半島《ちょうせんはんとう》から寺院づくりの技術者《ぎじゅつしゃ》をまねいて建てたといわれています。

遠い国の建築文化《けんちくぶんか》の影響《えいきょう》をしめす法隆寺《ほうりゅうじ》

聖徳太子《しょうとくたいし》は、607年に奈良《なら》の斑鳩《いかるが》に法隆寺《ほうりゅうじ》を建てました。法隆寺《ほうりゅうじ》には、五重塔《ごじゅうのとう》や、仏像《ぶつぞう》をまつる金堂《こんどう》がありました。

法隆寺《ほうりゅうじ》は、670年、火事にあい、焼け落ちてしまったため、ややはなれた場所に建てかえられました。今も、五重塔《ごじゅうのとう》と金堂《こんどう》が昔のすがたで残り、世界最古の木造建築《もくぞうけんちく》として知られています。

五重塔《ごじゅうのとう》も金堂《こんどう》も、柱は、従来の地面に穴《あな》をほってたてる掘立柱《ほったてばしら》ではなく、石の上にたてる技法《ぎほう》でたてられました。この柱を支《ささ》える石を礎石《そせき》といいます。この技法《ぎほう》は、仏教《ぶっきょう》とともに朝鮮半島《ちょうせんはんとう》からつたわった中国式の寺院建築《じいんけんちく》の技法《ぎほう》のひとつで、屋根がかわらでふかれていることと関係があります。

かわらは、粘土《ねんど》の板を焼いてつくるため、柱にかかる重さは、たいそうなものになります。そのため、柱が地面にしずんでいかないように、石でしっかり支《ささ》える必要があったのです。

金堂《こんどう》や中門《ちゅうもん》などの柱は円柱形の丸柱で、上部と下部はやや細く、中央部にエンタシスとよばれるやわ

▲法隆寺《ほうりゅうじ》の五重塔《ごじゅうのとう》
©田中眞知郎（写真提供：セブンフォト）

▲ 掘立柱《ほったてばしら》

▲ 礎石《そせき》の上にたてた柱。のちには、石に小さなほぞ穴《あな》をあけ、そこに柱をさしこんでたてることもあった。

▲ 鉄くぎをつかわない方法。ほぞ穴《あな》とほぞをつかって、つなぎあわせた。

らかなまるみがあります。これは、ギリシャ神殿《しんでん》にみられる形で、中国、朝鮮半島《ちょうせんはんとう》をへて、日本につたえられたと考えられています。

かわらのつくりかたも、朝鮮半島《ちょうせんはんとう》からやってきた技術者《ぎじゅつしゃ》からつたえられました。

建物の木材には、くさりにくいヒノキがつかわれています。また、鉄くぎが1本もつかわれていないので、くぎのさびで材木がくさる心配もありませんでした。

法隆寺《ほうりゅうじ》は、当時の最新の建築《けんちく》の技法《ぎほう》や知識《ちしき》をとりいれた、すぐれた木造《もくぞう》の建物ですが、これをつくるにあたっては、多くの庶民《しょみん》がかりだされました。

国ごとに国分寺《こくぶんじ》、都《みやこ》に東大寺《とうだいじ》

730年ころから、日照りや地震《じしん》などが毎年のようにつづき、天然痘《てんねんとう》などの病気も流行しました。庶民《しょみん》の生活は苦しく、飢《う》えや病気で死ぬ人がたくさんいました。また、貴族《きぞく》の権力争《けんりょくあらそ》いや天皇《てんのう》への反乱《はんらん》もおこりました。

聖武天皇《しょうむてんのう》は、そんなみだれた世の中を仏教《ぶっきょう》の力をかりておちつかせようと、国ごとに国分寺《こくぶんじ》（右のコラム参照）という寺を建て、さらに総国分寺《そうこくぶんじ》として、大仏《だいぶつ》を安置する東大寺《とうだいじ》を平城京《へいじょうきょう》に建てるように命令しました。

国分寺《こくぶんじ》は、740年代から780年ころまでに全国に建てられました。寺は、人々の心のよりどころになるだけでなく、都《みやこ》からつかわされたお坊《ぼう》さんによって学問や文化を地方につたえる役目ももっていました。

東大寺《とうだいじ》も740年代から建てられはじめました。大《だい》仏《ぶつ》と、大仏《だいぶつ》をおさめる大仏殿《だいぶつでん》（金堂《こんどう》）は巨大《きょだい》なものだったので、完成までに長い年月がかかり、約170万の人々が、かかわったといわれています。

大仏殿《だいぶつでん》は、今でも世界一大きな木造建築《もくぞうけんちく》です。このように大きな建物ができたのは、たくさんの工夫やすぐれた技術《ぎじゅつ》があったからでした。

もっと知りたい!

奈良時代《ならじだい》の「国」

奈良時代《ならじだい》には、天皇を中心とする朝廷《ちょうてい》（政府《せいふ》）によって、平城京《へいじょうきょう》という都《みやこ》がおかれ、地方の人々を支配《しはい》するしくみをとっていました。

地方はさらに多くの国にわけられ、それぞれの国には役所（国府《こくふ》）がおかれました。国には、都《みやこ》から国司《こくし》という役人が派遣《はけん》され、国司《こくし》のもとで地方の豪族《ごうぞく》が郡司《ぐんじ》に任命《にんめい》され、天皇《てんのう》の命令にしたがって、政治《せいじ》をおこないました。

国分寺《こくぶんじ》は、この国ごとに建てられたお寺です。

食べる

庶民《しょみん》の食事、貴族《きぞく》の食事

飛鳥《あすか》・奈良時代《ならじだい》になると、身分の差がますます広がり、都《みやこ》と地方の人々のくらしの差も大きくなりました。食事にも、さまざまなちがいがでてきました。

庶民《しょみん》の食生活を圧迫《あっぱく》した税《ぜい》

聖徳太子《しょうとくたいし》が亡《な》くなるころには、天皇《てんのう》の力は弱くなり、豪族《ごうぞく》の蘇我氏《そがし》が独裁政治《どくさいせいじ》をおこなうようになりました。そこで、中大兄皇子《なかのおおえのおうじ》らがたちあがり、645年、蘇我氏《そがし》をほろぼし、ふたたび天皇《てんのう》中心の新しい政治《せいじ》をはじめました（大化《たいか》の改新《かいしん》）。

大化《たいか》の改新《かいしん》で、すべての水田は国家のものになり、人が6歳《さい》になったときに、わけあたえられることになりました（班田収授法《はんでんしゅうじゅのほう》）。しかし、その人が亡《な》くなると、水田はかえさなければなりませんでした。

701年には大宝律令《たいほうりつりょう》という法律《ほうりつ》が定められ、人々にいろいろな税《ぜい》がかけられるようになりました。人々は、水田からとれた稲《いね》をおさめたり（租《そ》）、絹《きぬ》、真綿《まわた》、布《ぬの》、特産物などをおさめたり（調《ちょう》）、都《みやこ》の建設《けんせつ》や寺院づくり、道路づくり、都《みやこ》までの税運《ぜいはこ》びなどの労働につかなければならなくなりました（庸《よう》、雑徭《ぞうよう》）。労働につくのは男性《だんせい》だけでしたが、働いている期間は、その人は農作業や漁業ができないので、農民や漁民はこまりました。また、女性《じょせい》も、国におさめる布《ぬの》を織《お》ったりしなければなりませんでした（庸《よう》、調《ちょう》）。

743年、朝廷《ちょうてい》は、開墾《かいこん》をすすめるために、荒《あ》れた土地を開墾《かいこん》すれば、いつまでも私有《しゆう》してよいことにしました（墾田永年私財法《こんでんえいねんしざいのほう》）。これにより、財力《ざいりょく》のある貴族《きぞく》や寺社、郡司《ぐんじ》などは、農民をつかって開墾《かいこん》をおこない、私有地《しゆうち》をふやしたので、貴族《きぞく》はどんどんゆたかになっていきました。

そのため、税《ぜい》の負担《ふたん》に苦しむ庶民《しょみん》の食生活は、貴族《きぞく》や位の高い役人などとは大きなへだたりがありました（75ページ参照）。

おもな税《ぜい》

税《ぜい》の名称《めいしょう》	課税対象《かぜいたいしょう》	税《ぜい》の内容
租《そ》	水田	稲《いね》（収穫《しゅうかく》した稲《いね》の約3％）
調《ちょう》	17歳《さい》以上の男性《だんせい》	絹《きぬ》、生糸《きいと》、真綿《まわた》、布《ぬの》、特産物などのうち、1種類をおさめる
庸《よう》	21歳《さい》以上の男性《だんせい》	都《みやこ》で10日間働くか、布《ぬの》（麻布《あさぬの》）などをおさめる
雑徭《ぞうよう》	17歳《さい》以上の男性《だんせい》	1年間に、21～60〔のちに22～59〕歳《さい》は60日、17～20〔18～21〕歳《さい》は30日、61～65〔60～64〕歳《さい》は15日まで、労働する
兵役《へいえき》	21～60歳《さい》の男性《だんせい》（3人に1人）	1年（北九州の警備《けいび》にあたる防人《さきもり》は3年）。食料や武具《ぶぐ》は自分で負担《ふたん》
出挙《すいこ》		春に稲《いね》が貸《か》し付《つ》けられ、秋になったら5割《わり》の利息をつけて返す

もっと知りたい!

はしをつかいはじめた

食事をする「はし」が、いつごろ日本につたわったのかは、さまざまな説があり、はっきりしていません。しかし、奈良時代《ならじだい》には、広まりました。はじめは、細くけずった竹を、ピンセットのように2つ折りにしてつかっていたようです。

やがて、75ページの絵のように2本にわかれたはしに変化しました。

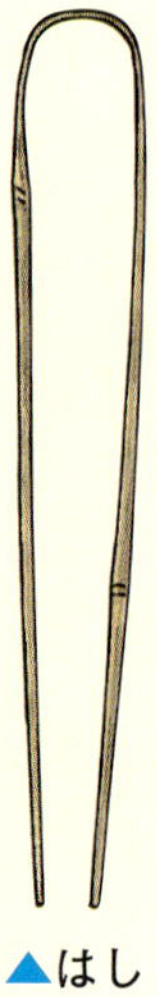

▲はし

都《みやこ》の人の食事は豪華《ごうか》だった

600年から遣隋使《けんずいし》が、630年からは遣唐使《けんとうし》が、中国に何度も派遣《はけん》され、中国の制度《せいど》や文化をとりいれるようになりました。これにより、中国のナスやキュウリ、エンドウ、コンニャクなどの食べ物や、かりんとうのような油をつかった調理法が、日本につたわりました。

奈良時代《ならじだい》になると、都《みやこ》に、いろいろな地方の特産物が税《ぜい》としてあつまりました。発掘《はっくつ》された荷札《にふだ》の木簡《もっかん》（文字を書きしるした木札《きふだ》）には、塩、酒、タイ、サバ、サメ、クラゲ、アワビ、ウニ、ワカメ、アユ、フナなどの食品名が書かれています。

宮殿《きゅうでん》からも木簡《もっかん》や文書（紙に書かれたもの）が発掘《はっくつ》され、白米、赤米、麦、キビ、ダイズ、アズキ、ナス、ダイコンなどの食品名があります。

朝廷《ちょうてい》で働く貴族《きぞく》や、位の高い役人たちは、庶民《しょみん》が税《ぜい》としておさめた稲《いね》や食べ物などを支給《しきゅう》されたので、地方の特産物を食べることができました。

▲位の高い役人の食事。蒸《む》した白米のごはん、ワカメの汁物《しるもの》、アワビのウニあえ、アユの塩焼き、シカの肉のなます（生肉《なまにく》をこまかく切ったもの）のほかに、デザートとして、クリやシイ、ヒシの実、枝豆、サトイモ、小ミカンがついた、豪華《ごうか》なものだった。

庶民《しょみん》の食生活は質素《しっそ》

庶民《しょみん》の食事は、おもに、蒸《む》した玄米《げんまい》のごはんを主食とし、野菜や山菜、海そうなどの汁物《しるもの》、あるいは野菜や海そうなどの煮物《にもの》をおかずとする質素《しっそ》なものでした。また、塩もおかずでした。

イヌやブタ、シカの肉もときどきは食べていたと考えられています。しかし、動物を殺すことはよくないとする仏教《ぶっきょう》の教えが根づき、675年には、ウシ、ウマ、サル、イヌ、ニワトリを、春から秋までは食べてはいけないという命令が朝廷《ちょうてい》からくだされました。

奈良時代《ならじだい》には、天皇《てんのう》から動物を殺すことを禁《きん》じる命令が何度もでました。それにより、都《みやこ》の人々は家畜《かちく》の肉を食べなくなりました。そして、だんだん地方の人たちも野山の動物や家畜《かちく》の肉を食べなくなり、穀物《こくもつ》と魚類、野菜が中心の食事になっていきました。

▲位の低い役人の食事。蒸《む》した玄米《げんまい》のごはん、ヒジキの煮物《にもの》、塩。身分のちがいは、食生活にも大きな影響《えいきょう》をおよぼした。

（資料：福武書店『日本歴史探険①古代を発掘する』）

着る

衣服の色でわかる身分

飛鳥《あすか》・奈良時代《ならじだい》には、朝廷《ちょうてい》で働く人の位を、冠《かんむり》や衣服の色でわけました。これは、天皇《てんのう》を中心とする政治《せいじ》のしくみを、目でみてわかるようにした制度《せいど》です。

位をあらわす冠《かんむり》や衣の色

593年、聖徳太子《しょうとくたいし》は天皇《てんのう》をささえる摂政《せっしょう》になり、天皇中心《てんのうちゅうしん》の国づくりをはじめました。そして、朝廷《ちょうてい》で働く人たちの位を12にわけ、それぞれの位の人たちがつける冠《かんむり》の色を決めました。ただし、どの位がどんな色の冠《かんむり》だったのは、よくわかっていません。

この制度《せいど》は、中国の隋《ずい》のやりかたをまねたもので、「冠位十二階《かんいじゅうにかい》」といい、603年に定められました。身分によって身につけるものを国家が定めた、はじめてのできごとです。その後、冠《かんむり》だけでなく、衣服の色も決められるようになりました。

飛鳥《あすか》・奈良時代《ならじだい》になると、古墳時代《こふんじだい》に身分の高い人たちがつけていた装身具《そうしんぐ》がみられなくなりました。それは、冠《かんむり》や衣服の色で身分がわかるようになったからだと考えられています。

はかまは飛鳥時代《あすかじだい》からはじまった

飛鳥時代《あすかじだい》の身分の高い人は、男女ともに丈《たけ》の短い上着をつけ、スカートのようなものをはいていたようです。

1972年に奈良県《ならけん》の明日香村《あすかむら》で発掘《はっくつ》された高松塚古墳《たかまつづかこふん》の壁画《へきが》は、飛鳥時代《あすかじだい》の終わりころに描《えが》かれたものです。ここに描《えが》かれている役人の男性《だんせい》は、はかまをつけています。朝廷《ちょうてい》の身分の高い役人にはかまをはくよう定めたのは、685年とされています。しかし、役人でも、日常着、私服としては、はかまをはく習慣《しゅうかん》はありませんでした。

いっぽう、庶民《しょみん》は、えりぐりのゆったりした、ひざまでの丈《たけ》の衣服を着ていたようです。

▶高松塚古墳《たかまつづかこふん》の女性像《じょせいぞう》が描《えが》かれている壁画《へきが》。あらたまったときには、すそに襴《らん》という横ぎれをつけて丈《たけ》を長くした上着をまとった。（文部科学省・明日香村教育委員会蔵）

えりのあわせかたを、律令《りつりょう》という決まりで変更《へんこう》

奈良時代《ならじだい》は、中国の唐《とう》の国にならって、いろいろな制度をとりいれました。衣服についても律令《りつりょう》（律《りつ》は刑罰《けいばつ》の決まり、令《りょう》は政治《せいじ》をおこなううえでの決まり）でこまかく定められました。たとえば、朝廷《ちょうてい》で仕事をするときの正式な服として、事務《じむ》を担当《たんとう》する文官《ぶんかん》や、朝廷《ちょうてい》の警護《けいご》などにあたる武官《ぶかん》、女性《じょせい》の役人である女官《にょかん》それぞれに、礼服《らいふく》、朝服《ちょうふく》、制服《せいふく》の３つが区別されて決められました。

礼服《らいふく》は、天皇《てんのう》が即位《そくい》するときなど、特に重要な儀《ぎ》式《しき》のときに身分の高い人々が着る服、朝服《ちょうふく》は位をもらっている人たちが朝廷《ちょうてい》の行事で着る服、制服《せいふく》は位をもたない人たちの朝廷《ちょうてい》での仕事着です。このうち、朝服《ちょうふく》は、つぎの平安時代の衣服を形づくったといわれています。

このような衣服は、位によって色が決まっていました。飛鳥時代《あすかじだい》とちがうのは、礼服《らいふく》も朝服《ちょうふく》も制服《せいふく》も、男の人は、はかまをつけることが定められたことです。しかし、ふだんの下半身に着る衣服は、スカートのようなものでした。

718年には、右前にあわせて着るよう、決まりがだされたとつたえられています。中国の唐《とう》では、右前に着ていたので、それにならったようです。

男女ともに右前に着る方法は、明治時代になって洋服を着るようになるまでつづきました。

朝服《ちょうふく》

文官《ぶんかん》

頭巾《ときん》
4本のひもがついた、袋状《ふくろじょう》のかぶりもの。左右の２本を引きしめて結び、あまったひもを垂《た》らした。

笏《しゃく》
（87ページ参照）

袍《ほう》
上着。位によって色がちがう。

腰帯《ようたい》
黒漆塗《くろうるしぬ》りの革製《かわせい》で金属《きんぞく》や玉石《ぎょくせき》の飾《かざ》りがついている。

白袴《しろのはかま》

襪《しとうず》
くつした。

くつ
牛革製《ぎゅうがわせい》で黒漆塗《くろうるしぬ》りの浅ぐつ。

武官《ぶかん》

頭巾《ときん》

袍《ほう》

腰帯《ようたい》

太刀《たち》

くつ

女官《にょかん》

背子《からぎぬ》
袖《そで》のない丈《たけ》の短い上着。

裙《も》
ひだのあるスカート。

紕帯《そえおび》
縁飾《ふちかざ》りのある帯。

くつ

もっと知りたい!

左前と右前

▶左前（66ページ参照）。718年までは、このあわせかたで着てもよかった。

◀718年からは右前に。着る人は、右側の生地《きじ》の上に左側の生地《きじ》をあわせる。

平安時代《へいあんじだい》のくらし

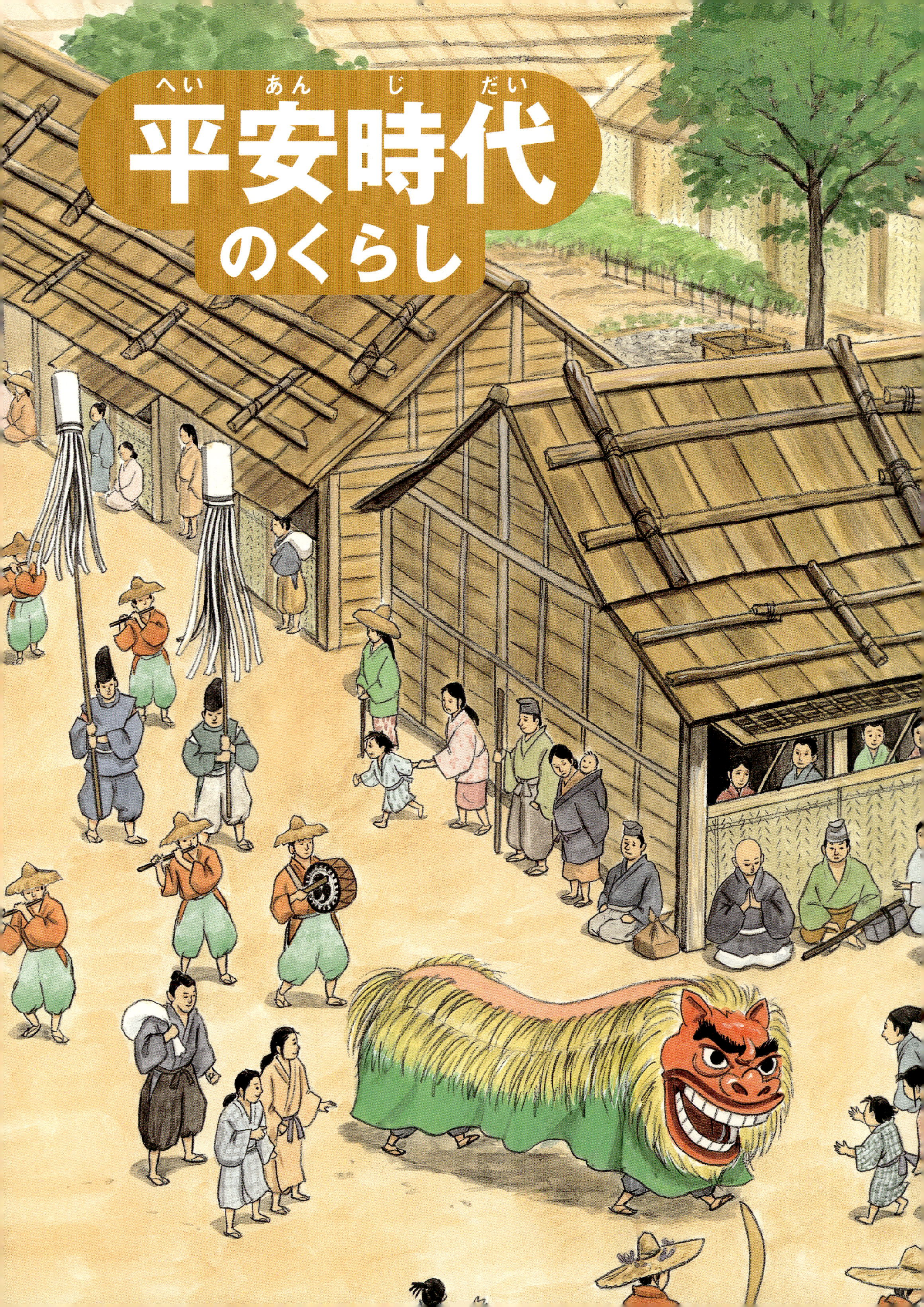

京都《きょうと》に平安京《へいあんきょう》という都《みやこ》がおかれた794年から約400年間を平安時代《へいあんじだい》といいます。この時代のはじめは、天皇《てんのう》が政治《せいじ》の実権《じっけん》をにぎっていましたが、やがて、天皇《てんのう》をしのぐ力をもつ貴族《きぞく》がでてきて、貴族《きぞく》が政治《せいじ》の中心をになうようになり、ぜいたくなくらしをはじめました。

都《みやこ》や人のあつまるところでは市《いち》がひらかれ、物の売り買いがさかんになりました。

都《みやこ》では、商人や職人《しょくにん》が独立《どくりつ》して生活するようになりました。

住む

平安《へいあん》時代《じだい》の庶民《しょみん》の住居《じゅうきょ》

平安時代《へいあんじだい》の都《みやこ》の平安京《へいあんきょう》には10～15万人の人が住んでいたといわれます。その多くが庶民《しょみん》でした。都《みやこ》でくらす庶民《しょみん》の住居《じゅうきょ》は、掘立柱《ほったてばしら》の平地住居《へいちじゅうきょ》でした。

平安京《へいあんきょう》の町屋《まちや》は、風通しのよい住居《じゅうきょ》

平安京《へいあんきょう》では、市《いち》がひらかれ、商売が活発におこなわれるようになりました。そのなかから商人や職人《しょくにん》がうまれ、その人たちの住まいである町屋《まちや》ができていきました。

町屋《まちや》のようすは、絵巻《えまき》に1100年代ころの庶民《しょみん》の家が描《えが》かれているので、この絵から知ることができます（下の絵参照）。

庶民《しょみん》の家の屋根は板ぶきで、木の棒《ぼう》を横にわたして板が風でとばされないようにとめてありました。壁《かべ》は、板や土の壁《かべ》です。

入り口の板戸は、日中は内側におさめ、大きくあけておくことができるつくりになっていたようです。それにより、外の明かりや風を室内にとりいれることができました。入り口には、丈《たけ》の短いのれんがかかっていました。

家の中は、土間《どま》の部分と、土間《どま》より一段《いちだん》高い板の床《ゆか》の部分があり、そのほかに、土間《どま》にむしろやござをしいた土座《どざ》の部分もあったと考えられます。土間《どま》は、糸をつむいだり、食事のしたくをしたりするのにつかい、土座《どざ》や床《ゆか》の部分は食事をしたり、寝起《ねお》きしたりする場としてつかっていたようです。また、床《ゆか》の部分の側にも窓《まど》があり、床《ゆか》の部分を店にし、道ゆく人を相手に商売をしていたとも考えられます。

家の側面には板でできた突《つ》き上《あ》げ窓《まど》がもうけられていました。昼間、天気のよい日には、窓《まど》を外に突《つ》き上《あ》げて、はね上《あ》げ棒《ぼう》で支《ささ》えておきます。夜になるとその棒《ぼう》をはずし、窓《まど》をしめて戸締《とじ》まりをしました。窓《まど》には、明かりと風をとりいれる役目がありました。

◀平安京《へいあんきょう》の町屋《まちや》のようす。入り口の敷居《しきい》には、この家をおとずれた人が腰《こし》をかけ、土間《どま》で作業をしている人と会話をかわしている。突《つ》き上《あ》げ窓《まど》からは、この家のあるじらしき男性《だんせい》が、木の棒《ぼう》でイヌをおいはらっている。この時代、イヌは放《はな》し飼《が》いにされていたようだ。家の中には、母親と2人の子どももいる。『信貴山縁起絵巻《しぎさんえんぎえまき》』（信貴山朝護孫子寺蔵）

西日本は、平地住居《へいちじゅうきょ》

地方に住む庶民《しょみん》の住居《じゅうきょ》は、西日本では平地住居《へいちじゅうきょ》がつかわれていましたが、東日本ではまだたて穴住居《あなじゅうきょ》でした。

庶民《しょみん》が住む建物のようすは、絵から知ることができます（右の絵参照）。貴族《きぞく》の住居《じゅうきょ》には、礎石《そせき》の上にたてる柱（73ページ参照）がつかわれるようになりましたが、庶民《しょみん》の住居《じゅうきょ》の柱は、これまでどおりの、地面に穴《あな》をほり、柱を地面に固定させてたてる掘立《ほったて》柱《ばしら》でした。

屋根は、平安京《へいあんきょう》の町屋《まちや》とおなじ板ぶきで、家のまわりにはかんたんな垣根《かきね》がめぐらされていました。なかには、屋根をふいた板が風でとばされないように、その上に石をのせた家もありました。

▲庶民《しょみん》の住む建物は、小さい家が多かった。
「一遍聖絵《いっぺんひじりえ》」（東京国立博物館蔵）

もっと知りたい!

庶民《しょみん》の便所は道ばた

平安時代《へいあんじだい》の庶民《しょみん》の住居《じゅうきょ》には、まだ便所はついていなかったようです。平安時代《へいあんじだい》の庶民《しょみん》が路地で排《はい》便《べん》（便をすること）しているようすが描《えが》かれている絵があります（下の絵参照）。

人々は、しきりも何もない道ばたにしゃがみこみ、排便《はいべん》しています。まわりには、すでに用をすませた人がお尻《しり》をふくのにつかった紙や籌木《ちゅうぎ》（杉《すぎ》などの木をうすく割《わ》った細長い板）が散乱《さんらん》しています。

排便《はいべん》している人は、高げた（歯の高いげた）をはいています。このころ、げたや高げたはとても高価《こうか》で、庶民《しょみん》のほとんどははだしで生活していました。ワラで編《あ》んだわらじがはければよいほうでした。そのため、この高げたは、ふん尿《にょう》で足がよごれないように、ここに排便《はいべん》をしにくる人たちが共同でつかっていたと考えられます。

平安時代《へいあんじだい》には、この絵と同様、道ばたを便所として利用していた庶民《しょみん》がいたようです。

◀「餓鬼草紙《がきぞうし》」に描《えが》かれている「伺便餓鬼《しべんがき》」の場面。はだかで、あばら骨《ぼね》がうきだし、おなかがでているのは、人間のふんを食べあさる餓鬼《がき》で、おなじ場で排便《はいべん》をしている人間からはみえない存在《そんざい》として描《えが》かれている。人間としてこの世でくらしていたとき、おこないが悪かったため、死後、餓《が》鬼《き》になってしまったという設定《せってい》になっている。（東京国立博物館蔵）

住む

貴族《きぞく》の住居《じゅうきょ》は寝殿《しんでん》づくり

平安京《へいあんきょう》では、800年代のなかごろから、上級貴族《じょうきゅうきぞく》が、寝殿《しんでん》づくりという豪華《ごうか》な住まいをつくってくらしはじめました。ここでは、天皇《てんのう》や貴族《きぞく》との交流や行事がはなやかにおこなわれました。

寝殿《しんでん》づくりの東三条殿《ひがしさんじょうでん》は、藤原氏《ふじわらし》の住居《じゅうきょ》

858年、9歳《さい》の天皇《てんのう》のおじいさんである藤原良房《ふじわらのよしふさ》が、天皇《てんのう》にかわって政治《せいじ》をおこなう摂政《せっしょう》になり、はなやかなくらしをするようになりました。

良房《よしふさ》の住まいは、寝殿《しんでん》とよばれる大きな建物を中心とする寝殿《しんでん》づくりという豪華《ごうか》なつくりで、東三条《ひがしさんじょう》殿《でん》とよばれました。広さは、庶民《しょみん》の宅地《たくち》の約60倍もあり、良房《よしふさ》の子孫《しそん》の藤原氏《ふじわらし》も、代々ここでくらしました。

東三条殿《ひがしさんじょうでん》には天皇《てんのう》がたずねてくることもありました。また、貴族《きぞく》たちとの宴会《えんかい》や、藤原氏《ふじわらし》の子どもたちの元服《げんぷく》の儀式《ぎしき》（成人式）などもおこなわれました。

良房《よしふさ》のように、朝廷《ちょうてい》の政治《せいじ》にたずさわる位の高い貴族《きぞく》を上級貴族《じょうきゅうきぞく》といいます。上級貴族《じょうきゅうきぞく》は、きそうように、住まいを寝殿《しんでん》づくりにしました。寝殿《しんでん》づくりという建築《けんちく》がどのような経過《けいか》でうまれてきたのかは、よくわかっていません。

東三条殿《ひがしさんじょうでん》のようす

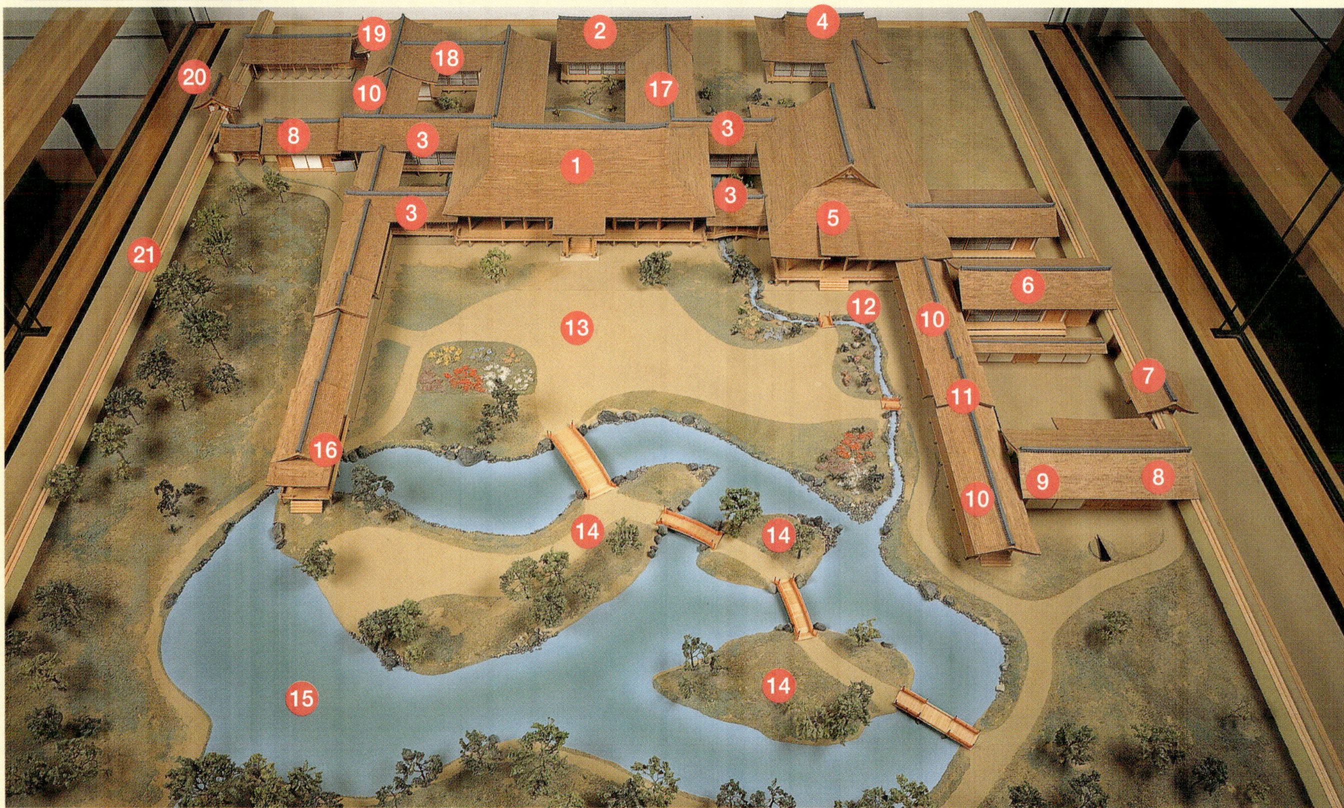

▲東三条殿《ひがしさんじょうでん》（復元模型《ふくげんもけい》）（国立歴史民俗博物館蔵）

寝殿《しんでん》づくりは、開放的な建物

寝殿《しんでん》（本殿《ほんでん》）や東対《ひがしのたい》、北対《きたのたい》、東北対《ひがしきたのたい》などの建物（対屋《たいのや》）の中は、広い板の間で、人がすわるところだけに、たたみが1～3畳《じょう》くらい置いてありました（置きだたみ）。たたみにすわる生活は平安時代《へいあんじだい》からはじまったのです。また、円座《えんざ》（ワラやスゲでつくったうずまき状《じょう》のもの）も敷物《しきもの》としてつかいました。

屋根は檜皮《ひわだ》ぶき（71ページ参照）でした。部屋《へや》は、外の明かりを室内にとりいれられるように、すだれで外としきり、雨や風をふせぐために、外部と部屋《へや》とは、板戸やしとみ戸（格子《こうし》の裏《うら》に板を打ちつけた戸）でしきりました。部屋《へや》と部屋《へや》は、布《ぬの》をたらして壁《かべ》のようにした壁代《かべしろ》でしきっていました。また、部屋《へや》の内部は、几帳《きちょう》（ついたての一種）やびょうぶ、御簾《みす》（すだれの一種）などでしきりました。このような開放的なつくりの建物は、夏はすずしいのですが、冬は寒くてたいへんでした。部屋《へや》や体をあたためるものは、火ばちくらいしかなかったので、着物を何枚《なんまい》も重ね着し、寒さをしのいでいたようです。

夜は、灯台《とうだい》に油をいれ、糸をよりあわせてつくった灯心《とうしん》に火をつけて、明かりにしました。しかし、灯台《とうだい》の光は豆電球くらいの明るさなので、夜の部屋《へや》はうすぐらいものでした。

便所はなく、几帳《きちょう》やびょうぶなどをたてたり、御簾《みす》をつったりして樋殿《ひどの》とよばれる空間をつくり、そこを便所にし、まり箱という移動できる容器を置き、そこに用をたし、あとで農地や川にすてたようです。

▲寝殿《しんでん》づくりの部屋《へや》の中のようす。御簾《みす》や、几帳《きちょう》でしきられているだけだった。「源氏物語絵巻《げんじものがたりえまき》・柏木第二段《かしわぎだいにだん》」の一部。

（愛知県・徳川美術館蔵）

※数字は復元模型《ふくげんもけい》の数字と対応《たいおう》しています。

1 **寝殿《しんでん》**：あるじが住む、中心となる建物。客をもてなしたり、いろいろな行事をおこなったりもする。

2 **北対《きたのたい》**：妻《つま》やおさない子どもが住む。

3 **渡殿《わたどの》**：建物と建物をつなぐ廊《ろう》下《か》の役目をする建物。屋根がついている。

4 **東北対《ひがしきたのたい》**：あるじの大きな子どもなど、家族が住む。

5 **東対《ひがしのたい》**：娘《むすめ》やそのむこが住む。この時代の結婚生活《けっこんせいかつ》は、男性《だんせい》が女性《じょせい》のもとに通い、子どもが何人かうまれると、同居《どうきょ》する形式が多かった。

6 **侍廊《さぶらいろう》**：あるじにつかえるものがひかえているところ。

7 **東門**：あるじや客がでいりする門。

8 **随身所《ずいじんどころ》**：護衛《ごえい》の詰《つ》め所《しょ》。

9 **車宿《くるまやどり》**：あるじや客の牛車《ぎっしゃ》などを置くところ。

10 **中門廊《ちゅうもんろう》**：対屋《たいのや》からのびる建物。

11 **中門《ちゅうもん》**：玄関《げんかん》

12 **遣《や》り水《みず》**：庭に水をみちびきいれてつくった水の流れ。

13 **中庭**：儀式《ぎしき》や遊びなどをおこなった。

14 **中島《なかじま》**：庭の池の中につくった島。橋をかけて、中庭からわたれるようにした。

15 **池**：船遊びなどをおこなった。

16 **釣殿《つりどの》**：池にはりだした建物。客をまねいて、月をながめたり、和歌をつくったりした。

17 **台盤所廊《だいばんどころろう》**：台所。

18 **上客料理所《じょうきゃくりょうりどころ》**：台所。

19 **蔵人所《くろうどどころ》**：あるじにつかえ、身のまわりの世話をする蔵人《くろうど》の詰《つ》め所《しょ》。

20 **西門**：使用人などがでいりする門。

21 **築地塀《ついじべい》**：土でつくった塀《へい》。

▶御帳台《みちょうだい》（復元模型《ふくげんもけい》）。天皇《てんのう》などの位の高い人が、寝起《ねお》きにつかった、平安時代《へいあんじだい》のベッドといえるもの。
（国立歴史民俗博物館蔵）

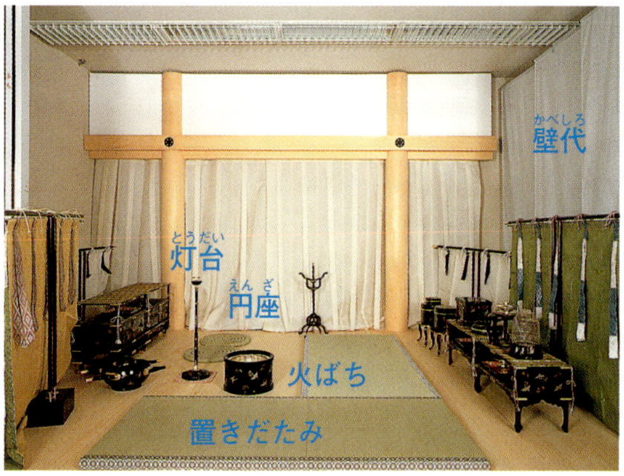

▲寝殿《しんでん》の部屋《へや》の中（復元模型《ふくげんもけい》）（国立歴史民俗博物館蔵）

食べる

質素《しっそ》な食事と豪華《ごうか》な食事

平安時代《へいあんじだい》になって貴族《きぞく》が大きな力をもつようになると、上級貴族《じょうきゅうきぞく》の食事は豪華《ごうか》なものになりました。しかし、食べる物にかたよりもありました。

庶民《しょみん》は、質素《しっそ》でもバランスのとれた食事をとっていました。

売り買いする食べ物がふえた

平安京《へいあんきょう》には、朝廷《ちょうてい》がひらく東市《ひがしのいち》と西市《にしのいち》があり、そのほかにも、町の商人たちがひらく民間の市《いち》もありました。また、都《みやこ》近くの農村、漁村、山村からは、産物を売りにくる行商人もあらわれました。

平安時代《へいあんじだい》の終わりころになると、旅をする人々がよく通る場所や、人々がおまいりにくる寺の前などでも、月に3回というふうに市《いち》が定期的にひらかれるようになりました。

市《いち》や行商人がふえたのは、自分で食べる物をつくったり、魚をとったりしない商人や職人《しょくにん》がふえたからだと思われます。

食べる物を買う人がふえると、農村や漁村では売るための野菜や果物《くだもの》、魚などを一所懸命《いっしょけんめい》つくったり、とったりするようになりました。

漁業の技術《ぎじゅつ》や漁具《ぎょぐ》が発達する

漁民たちは、漁獲量《ぎょかくりょう》をふやそうと、漁業のしかたや漁具《ぎょぐ》などに工夫をこらしました。

遠浅《とおあさ》の海岸では、先が袋《ふくろ》のようになった大きな網《あみ》をしかけ、魚が袋《ふくろ》にはいりこんだころをみはからって、おおぜいの人で網《あみ》をひいてとる地引《じび》き網《あみ》、川では「ウケ」や「ヤナ」をつかった漁がおこなわれるようになり、漁獲量《ぎょかくりょう》やとれる魚の種類がふえました。

いっぽう、奈良時代《ならじだい》に墾田《こんでん》の私有《しゆう》がゆるされた（74ページ参照）結果、各地に貴族《きぞく》や寺社が所有するたんぼがふえ、米が多くとれるようになりました。

もっと知りたい!

漁具《ぎょぐ》をつかった漁

ウケをつかった漁

ウケは、細い竹を縄《なわ》で編《あ》んでつくったもので、ウナギなどをとるのにつかう。先を縄《なわ》でしばり、水中にしずめておくと、ウケにはいりこんだ魚はでられなくなる。縄《なわ》をほどけば、中の魚をとりだすことができるしくみになっている。

ヤナとヤナスをつかった漁

川《かわ》の瀬《せ》に、木や竹の杭《くい》をならべてさす（ヤナ）。流れの中央部に細い木や竹、アシなどで編《あ》んでつくったすのこ（ヤナス）を張《は》る。川の水は、ヤナやヤナスのあいだを通って流れるが、魚はヤナスにひっかかるので、それを手でとる。アユなどをとるのにつかう。

庶民《しょみん》は質素《しっそ》で健康、貴族《きぞく》は豪華《ごうか》で不健康な食生活

庶民《しょみん》は、体をつかって働くため、おなかがすくので、1日に3～4回は食事をとることがありました。

庶民《しょみん》の食事は、玄米《げんまい》や麦や雑穀《ざっこく》のごはんに、野菜や魚のおかずが1品か2品くらいでした。

都《みやこ》には、農業をしない庶民《しょみん》が住んでいますが、自分の家で食べる野菜は、たいてい庭でつくっていたので、農民でなくても、野菜は新鮮《しんせん》なものを食べることができました。

庶民《しょみん》は質素《しっそ》な食事でしたが、新鮮《しんせん》なものをすききらいなく食べて体を動かしていたので、健康的な食生活でした。

それに対して、体をつかわないくらしをしていた貴族《きぞく》は、回数多く食べるのははしたないとし、1日に2回しか食事をとりませんでした。

貴族《きぞく》のごはんは玄米《げんまい》にふくまれている栄養分のビタミン類などの大部分をとりさった白米を蒸《む》したものでした。おかずは各地からとどくいろいろな産物をつかい、庶民《しょみん》より品数多く食べていましたが、遠いところからとどく海産物は、干物《ひもの》や塩漬《しおづ》けにしてありました。塩分が多い食べ物は、血圧《けつあつ》をあげるなど、体によくありませんでした。

また、庶民《しょみん》が食べるイワシなどは、「卑《いや》し」につうじるときらって食べないなど、食事にかたよりがありました。

上級《じょうきゅう》貴族《きぞく》の宴会《えんかい》は、魚や貝、野菜、果物《くだもの》などの料理を20～30皿もならべた、豪華《ごうか》なものでした。運動不足の貴族《きぞく》のこのような食生活は、健康的ではなく、皮膚病《ひふびょう》や脚気《かっけ》、夜盲症《やもうしょう》などの病気にかかったり、はやく亡《な》くなったりする人が多かったようです。

獣《けもの》の肉は、肉食を禁止されていたため、庶民《しょみん》も貴族《きぞく》もほとんど食べなくなりましたが、狩猟《しゅりょう》でとった鳥はときどきは食べていたようです。

貴族《きぞく》の儀式《ぎしき》のときの食事

このころは、料理をつくるときに、味つけをする習慣《しゅうかん》がありませんでした。食べるときに、自分で塩や酢《す》、ひしおなどをつけて、味をつけて食べました。

強飯《こわいい》
白米を蒸《む》したもの。宴会《えんかい》などでは、こんもりと高く盛《も》りあげてだされた。
はちみつ
あまみをつけるのにつかった。
クリとミカン
唐菓子《とうがし》
(油であげたかりんとうのようなお菓子《かし》)
蒸《む》しアワビ
海そう
酢《す》
焼き鳥
キジ、カモ、ウズラなどがつかわれた。煮《に》て食べることもあった。
しいたけの煮物《にもの》
カブの煮物《にもの》
魚の切り身
塩
ひしお
米や豆、麦などを塩につけ、発酵《はっこう》させたもの。調味料としてつかった。

（資料：小学館『日本文化の歴史』）

着る

男性《だんせい》の衣服と帽子《ぼうし》

平安時代《へいあんじだい》の庶民《しょみん》の男性《だんせい》は働きやすい衣服、貴族《きぞく》の男性《だんせい》は優雅《ゆうが》な衣服でしたが、どちらも身分によってデザインが決まっていました。また、庶民《しょみん》も貴族《きぞく》も、おとなの男性《だんせい》はいつも帽子《ぼうし》をかぶっていました。

庶民《しょみん》の男性《だんせい》は、水干《すいかん》や直垂《ひたたれ》

平安時代《へいあんじだい》には、庶民《しょみん》のほとんどが、袖《そで》のある衣服を着ていました。

男性《だんせい》は、水干《すいかん》や直垂《ひたたれ》という、袖《そで》のある衣服を着て、短いはかまをはいていました。

水干《すいかん》と直垂《ひたたれ》のどちらを着るかは、都市部と地方、身分の上下でおおよそ決まっていました。水干《すいかん》を着たのは、都市部に住み、朝廷《ちょうてい》や貴族《きぞく》につかえる人々でした。地方では、直垂《ひたたれ》が多く着られました。また、身分が下になるほど、直垂《ひたたれ》を着る傾向《けいこう》にありました。

庶民《しょみん》のなかには、袖《そで》のない衣服を着る人も、わずかですがいました。そのような衣服は庶民《しょみん》のなかでもかなり身分が下の人々が着ていました。

庶民《しょみん》の衣服には、麻《あさ》をはじめ、植物からとった糸で織《お》った布《ぬの》がつかわれました。

平安時代《へいあんじだい》になると、おとなの男性《だんせい》は、身分に関係なく帽子《ぼうし》をかぶるようになりました。庶民《しょみん》の帽子《ぼうし》は、なえ烏帽子《えぼし》というものです。

この時代には、男性《だんせい》は頭を他人にみせることをはずかしいこととし、寝《ね》るときもかぶっていたようです。

▲水干《すいかん》すがた。水干《すいかん》のすそを、はかまの中にいれて着たので、動きやすかった。

▲直垂《ひたたれ》すがた。直垂《ひたたれ》は、えりをななめに交差させて着る衣服で、袖《そで》はつつ袖《そで》（つつ状《じょう》の袖《そで》）だった。

朝廷《ちょうてい》につかえる公家《くげ》の衣服

朝廷《ちょうてい》につかえ、天皇《てんのう》のもとで政治《せいじ》の仕事をする上《じょう》級貴族《きゅうきぞく》の男性《だんせい》を、平安時代《へいあんじだい》には公家《くげ》とよぶようになりました。公家《くげ》の衣服は、奈良時代《ならじだい》に法律《ほうりつ》で定められた役人の衣服のうち、朝服《ちょうふく》（77ページ参照）がもとになって完成しました。

奈良時代《ならじだい》には、さまざまな面で中国の唐《とう》の文化をとりいれ、それが平安時代《へいあんじだい》にもひきつがれました。しかし、894年に遣唐使《けんとうし》が廃止《はいし》されると、日本独自の文化（国風文化《こくふうぶんか》）がうまれるようになり、衣服もそれまでの唐風《とうふう》から、和様化《わようか》（日本風化）していきました。

そのようにして完成したのが、束帯《そくたい》、直衣《のうし》、狩衣《かりぎぬ》です。これらの衣服の特徴《とくちょう》は、ゆったりしていること、何枚《なんまい》も重ね着するようになったこと、重ねた衣服の色の組みあわせを考えるようになったことなどがあげられます。

束帯《そくたい》は、朝廷《ちょうてい》で仕事をするときや儀式《ぎしき》のときに着る正装用《せいそうよう》の衣服です。束帯《そくたい》という名称《めいしょう》は、何枚《なんまい》も重ねあわせた衣服を腰《こし》のところで帯で束《たば》ねて着ることから、つきました。公家《くげ》の位によって、色、もよう、生地《きじ》の種類が定められていました。

天皇《てんのう》も、儀式《ぎしき》のときには束帯《そくたい》でのぞみました。

直衣《のうし》は、私服としてもちいられました。袍《ほう》の色やもよう、生地《きじ》の種類は位に関係なく自由でした。

狩衣《かりぎぬ》は、狩猟《しゅりょう》や、野外にでかけるときに着る衣服でした。

公家《くげ》の衣服には、豪華《ごうか》なもようを織《お》りこんだ織物《おりもの》や、絹《きぬ》などもつかわれました。

束帯《そくたい》

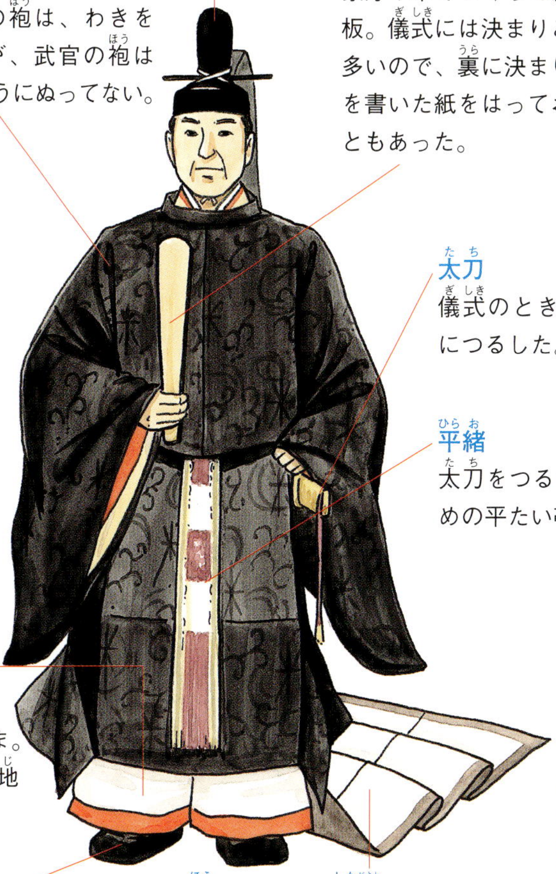

袍《ほう》
いちばん上に着る衣服。袍《ほう》の下に半臂《はんぴ》、その下に下襲《したがさね》、その下に衵《あこめ》、その下に単《ひとえ》と、何枚《なんまい》も重ね着していた。袍《ほう》はゆったりとしたつくりで、えりは立ちえり、袖口《そでぐち》は広くあいていた。事務《じむ》の仕事をする文官の袍《ほう》は、わきをぬってあるが、武官の袍《ほう》は動きやすいようにぬってない。

冠《かんむり》
束帯《そくたい》のとき、かならずかぶった。冠《かんむり》がとれないように、こうがいという棒《ぼう》で、髪《かみ》にとめていた。

笏《しゃく》
儀式《ぎしき》のときに右手に持つ、象牙《ぞうげ》や木でつくった細長い板。儀式《ぎしき》には決まりごとが多いので、裏《うら》に決まりごとを書いた紙をはっておくこともあった。

太刀《たち》
儀式《ぎしき》のときに腰《こし》につるした。

平緒《ひらお》
太刀《たち》をつるすための平たい帯。

表袴《うえのはかま》
束帯《そくたい》を着たとき、はくはかま。表地は白、裏地《うらじ》は赤。

くつ
動物の革《かわ》や木でつくったもの。

袍《ほう》の下に着た下襲《したがさね》の一部
位によって長さが決まっていた。大臣は3mくらいあり、外出するときは、人に持たせた。

直衣《のうし》

烏帽子《えぼし》
ふだんは烏帽子《えぼし》をかぶり、あらたまったときは、冠《かんむり》をかぶった。

袍《ほう》

指貫《さしぬき》
長く、ゆったりしたはかま。

狩衣《かりぎぬ》

烏帽子《えぼし》

狩衣《かりぎぬ》
上着。袖《そで》は、背中のほうで軽くぬいつけてあるだけで、前身頃の側はぬってない。袖口《そでぐち》にひもがあらくぬうように通してあり、そのひもをしぼると、動きやすいつつ袖《そで》にすることができた。

着る

女性《じょせい》の衣服

庶民《しょみん》の女性《じょせい》は、働きやすいつつ袖《そで》のついた衣服に、エプロンのような布《ぬの》を腰《こし》にまいていました。宮廷《きゅうてい》につかえる女性《じょせい》は、衣服を何枚《なんまい》も重ね着し、その配色を考え、センスをきそいました。

庶民《しょみん》の女性《じょせい》は、身動きのらくな衣服

庶民《しょみん》の女性《じょせい》は、おもにつつ袖《そで》で、丈《たけ》の短い小袖《こそで》や帷子《かたびら》を着ていました。小袖《こそで》も帷子《かたびら》も袖口《そでぐち》が小さい点で共通しています。小袖《こそで》は裏地《うらじ》がつき、綿《わた》がはいっている衣服です。いっぽう帷子《かたびら》は裏地《うらじ》のついていない単《ひとえ》の衣服でした。働くときは、エプロンのような布《ぬの》を腰《こし》にまいていました。

◀庶民《しょみん》の女性《じょせい》の衣服。丈《たけ》が短いので歩きやすかった。

もっと知りたい!

洗濯《せんたく》に、木の実が活躍《かつやく》

平安時代《へいあんじだい》に衣服を洗濯《せんたく》するとき、よごれを落とすのにつかったのは、ムクロジやサイカチという植物の実を煮《に》だした液《えき》です。これらには、サポニンというよごれを落とす成分がふくまれていました。

川の岩の上などに水でぬらした衣服をおき、この液《えき》をつけて足で踏《ふ》みながら、よごれを落としました。

▲ムクロジの実

▼サイカチの実

女房装束《にょうぼうしょうぞく》は、色の美しさ

平安時代《へいあんじだい》、宮廷《きゅうてい》につかえた身分の高い貴族《きぞく》の女性《じょせい》(女房《にょうぼう》)が着る衣服は、女房装束《にょうぼうしょうぞく》といい、のちに、十二単《じゅうにひとえ》とよばれるようになりました。

女房装束《にょうぼうしょうぞく》の基本となるのは、単《ひとえ》とはかまです。単《ひとえ》は裏地《うらじ》のついていない着物です。上に重ねて着る衣服のえりもとや袖口《そでぐち》が直接肌《ちょくせつはだ》にふれてよごれないように、小袖《こそで》の上から肌着《はだぎ》として着ました。はかまは、丈《たけ》が長く、2mくらいあるものがほとんどでした。室内では、ひざをついて移動するのがふつうで、歩くときは、ひきずって歩いていました。

はかまに、単《ひとえ》をはおっただけのすがたが、もっとも簡略《かんりゃく》なよそおいで、日常着としては、その上から袖《そで》の長さが単《ひとえ》よりも短くて、単《ひとえ》よりもひとまわり小さい袿《うちき》を何枚《なんまい》も重ねて着ました。これを、重《かさ》ね袿《うちき》といいます。

女房《にょうぼう》たちは、重《かさ》ね袿《うちき》の色の組みあわせに工夫をこらし、たがいにはなやかさ、美しさをきそいあいました。最初は重ねる袿《うちき》の枚数《まいすう》に決まりはなく、20枚《まい》も重ねて着たこともあったようですが、平安時代《へいあんじだい》の終わりころに、5枚《まい》重ねて着る五衣《いつつぎぬ》に定着しました。

袿《うちき》を重ねた上に、裳《も》と唐衣《からぎぬ》をつけると、女房装束《にょうぼうしょうぞく》としてのふだんのよそおいになり、これを、唐衣《からぎぬ》裳《も》、あるいは、裳唐衣《もからぎぬ》といいました。唐衣《からぎぬ》には、身分に応《おう》じた、色やもようの生地《きじ》がつかわれました。

もっと知りたい!

女房装束《にょうぼうしょうぞく》の着かた

白い小袖《こそで》を着て、赤いはかまをつける。

単《ひとえ》をはおる。
単《ひとえ》は、上に重ねる袿《うちき》よりも、ひとまわり大きくつくられていた。小袖《こそで》と単《ひとえ》は、肌着《はだぎ》。

袿《うちき》を数枚《すうまい》重ねてはおる。これは、日常《にちじょう》のくつろぎのよそおい。
袿《うちき》の形は単《ひとえ》とおなじだが、袖《そで》やすその長さが単《ひとえ》よりも短い。袿《うちき》が重なりあう色の組みあわせは、着る人のセンスのみせどころだったが、色の重ねかたは、しだいに決まっていった。

丈《たけ》の短い袿《うちき》を小袿《こうちき》といい、いちばん上にはおると、日常生《にちじょうせい》活《かつ》のあらたまった衣服になった。

袿《うちき》の上に、唐衣《からぎぬ》と裳《も》をつけると、宮廷《きゅうてい》でのふだんのよそおいになる。
唐衣《からぎぬ》は、儀式《ぎしき》などの場では、身分によって色やもようが定められていた。裳《も》は、腰《こし》から下の後ろにだけまとうもの。

袿《うちき》の上に打衣《うちぎぬ》と表着《うわぎ》をはおり、唐衣《からぎぬ》と裳《も》をつけると、晴れの場で着る正装《せいそう》となった。
打衣《うちぎぬ》は袿《うちき》の一種で表着《うわぎ》より小さく、外から見えない。表着《うわぎ》は、はなやかな織物《おりもの》でつくられた。

平安時代《へいあんじだい》の行事

平安時代《へいあんじだい》には、朝廷《ちょうてい》や貴族《きぞく》を中心に、いろいろな年中行事《ねんちゅうぎょうじ》がおこなわれていました。行事をおこなう日は、月の動きを基準《きじゅん》にしてつくった暦《こよみ》（陰暦《いんれき》）をもとにしていました。

上巳《じょうし》——のちの、ひな祭り

上巳《じょうし》とは、陰暦《いんれき》3月のはじめての巳《み》（十二支《じゅうにし》のヘビ）の日をいいます。2000年以上前の中国では、この日は1年でもっともよくない日とされ、水辺で身をきよめる風習がありました。

この風習が日本につたわり、平安時代《へいあんじだい》には公家《くげ》が、上巳《じょうし》の日に、形代《かたしろ》（紙でできた人形《ひとがた》）で体をなで、体の悪いものを人形《ひとがた》にうつして水に流しました。

この行事は1300年代ころから、陰暦《いんれき》3月3日におこなわれるようになり、また、公家《くげ》の子どもの人形遊《にんぎょうあそ》びと結びつき、ひな祭りに変化していったようです。

端午《たんご》の節句

端午《たんご》の端《たん》は「はじめ」という意味で、陰暦《いんれき》5月のはじめての午《うま》（十二支《じゅうにし》のウマ）の日を端午《たんご》といいます。このころは暑くなってきて、ばい菌《きん》がふえやすくなり、感染症《かんせんしょう》にかかる人や毒虫の害が多くなります。2000年以上前の中国では、この日、ショウブやヨモギで、邪気《じゃき》（悪いもの）をはらいました。

この風習は日本にもつたわり、平安時代《へいあんじだい》には5月5日に、公家《くげ》が年中行事《ねんちゅうぎょうじ》としておこなっていました。

今は、5月5日には鯉《こい》のぼりをたて、武者人形《むしゃにんぎょう》をかざり、ショウブ湯にはいったり、ちまきやかしわもちやよもぎもちを食べたりします。

乞巧奠《きこうでん》——のちの七夕《たなばた》

乞巧奠《きこうでん》は、2000年以上前の中国でおこなわれていた魔《ま》よけの行事です。それが、いつのまにか、天《あま》の川《がわ》の両側にある牽牛星《けんぎゅうせい》と織女星《しょくじょせい》が1年にいちど7月7日に会うという伝説に結びついた行事になりました。

乞巧奠《きこうでん》の乞《き》は「乞《こ》いねがう」、巧《こう》は「うまさ」、奠《でん》は「祭り」という意味で、乞巧奠《きこうでん》とは「技術《ぎじゅつ》や芸がうまくなるようにねがう祭り」のことをいいます。

この行事が日本につたわり、平《へい》安時代《あんじだい》には宮中《きゅうちゅう》でおこなわれていました。

乞巧奠《きこうでん》は、今は七夕《たなばた》というようになり、男の子も女の子も、ともにねがいごとを書いたたんざくを葉のついた竹に結びつけるようになりました。

中世

鎌倉《かまくら》時代《じだい》
室町《むろまち》時代《じだい》

鎌《かま》倉《くら》時《じ》代《だい》のくらし

鎌倉時代《かまくらじだい》は、武士《ぶし》の源頼朝《みなもとのよりとも》が関東地方の鎌倉《かまくら》に幕府《ばくふ》をひらき、政治《せいじ》をおこなうようになった1100年代終わりから、鎌倉幕府《かまくらばくふ》がほろびる1333年までをいいます。

鎌倉時代《かまくらじだい》になっても京都には朝廷《ちょうてい》があり、武士《ぶし》と公《く》家《げ》との対立はつづきましたが、1221年の承久《じょうきゅう》の乱《らん》で幕《ばく》府《ふ》が勝利をおさめると、社会が安定していきました。その結果、農民は農業に打ちこめるようになり、また、農具をつくる鍛冶屋《かじや》などの職人《しょくにん》もうまれました。

住む

地方の武士《ぶし》の住まいは館《やかた》

地方の有力な武士《ぶし》は、開墾《かいこん》した土地を領地《りょうち》にし、領主《りょうしゅ》となって館《やかた》とよばれる住まいを建ててくらしていました。館《やかた》は、戦《いくさ》にそなえるつくりになっていました。

館《やかた》のまわりは堀《ほり》、門はやぐら門

地方の農村に領地《りょうち》をもつ武士《ぶし》は、自分が領主《りょうしゅ》となり、自分の領地《りょうち》がみわたせる場所や、領地《りょうち》の中心部などに館《やかた》を建てて住みました。館《やかた》のまわりには、自分の一族や、家来《けらい》の武士《ぶし》の住まいがあり、まずしい農民のなかには、領主《りょうしゅ》にやとわれて、館《やかた》の敷地《しきち》のすみに住んで領主《りょうしゅ》の田畑で働く人もいました。

領主《りょうしゅ》の住む館《やかた》は、敵《てき》の侵入《しんにゅう》にそなえて、まわりに堀《ほり》をめぐらし、土塁《どるい》を築《きず》き、さらに塀《へい》をめぐらしてありました。また、敵《てき》をいちはやくみつけられるように、門はやぐら門になっていました。

関東地方の領主《りょうしゅ》の館《やかた》と周辺のようす

※数字はイラストの数字と対応《たいおう》しています。

（国立歴史民俗博物館蔵）

1 **主殿《しゅでん》**：領主《りょうしゅ》が生活する建物。客と会い、さまざまな儀礼《ぎれい》をおこなうのにもつかった。この建物は、平安時代《へいあんじだい》の寝殿《しんでん》づくりを質素《しっそ》にしたつくりになっていたのではないかと考えられている。寝殿《しんでん》づくりの屋根は檜皮《ひわだ》ぶき（71ページ参照）だが、領主《りょうしゅ》の館《やかた》の屋根は、カヤぶきと板ぶきだったようだ。主殿《しゅでん》の内部は板の間で、特別な儀礼《ぎれい》のときは、置きだたみがつかわれた。

2 **対屋《たいのや》**：領主《りょうしゅ》の家族が住むところ。

3 **たきぎ小屋**

4 **厨《くりや》（台所）**

5 **井戸《いど》**

6 **やぐら門**：遠くをみわたすための物見台をやぐらといい、やぐらのついた門をやぐら門という。領主《りょうしゅ》の家来《けらい》の武士《ぶし》がやぐらにのぼって、周囲をみはっていた。ここには、弓矢や盾《たて》を置き、敵《てき》がやってきたとき、攻撃《こうげき》の矢を射《い》られるように準備《じゅんび》していた。

7 **木橋**

8 **堀《ほり》（水路）**

9 **土塁《どるい》**：敵《てき》の攻撃《こうげき》から館《やかた》を守るために盛《も》ってある土。

10 **板塀《いたべい》**

11 **小屋**：領主《りょうしゅ》の田畑をたがやす農民が住むところ。

12 **畑**

13 **垣根《かきね》**

14 **侍廊《さぶらいろう》**：家来《けらい》の武士《ぶし》がいるところ。

15 **馬屋**：農耕用《のうこうよう》や乗馬用の馬小屋。

16 **倉**：武器《ぶき》やよろいなどを保管した。

武士《ぶし》の住まいの工夫

館《やかた》のような武士《ぶし》の住まいには、戦《いくさ》にそなえた武士《ぶし》のくらしの工夫や、日常《にちじょう》のくらしの工夫がいろいろみられました。

館《やかた》のまわりの堀《ほり》は、守りのためだけでなく、川の水や湧《わ》き水《みず》などをひきいれて、水量や水温を調節し、館《やかた》の周辺にある領地《りょうち》の水田などにつかう農業用水の水路としての役割《やくわり》もはたしていました。

堀《ほり》にかけたせまい木橋は、いざ戦《いくさ》というときには、とりはずして館《やかた》の内部にひきいれ、館《やかた》を守りました。橋がなければ、敵《てき》がせめこむのをふせぐことができるからです。

館《やかた》の敷地《しきち》には、竹のさくや竹やぶがありました。これも、いざ戦《いくさ》というときには、さくは引き抜《ぬ》いて、また、竹やぶの竹は伐採《ばっさい》して、竹やりをつくり、武器《ぶき》としてつかうためでした。

館《やかた》では、戦《いくさ》のときにつかう馬を飼育《しいく》していました。館《やかた》のまわりには、馬場《ばば》があり、武士《ぶし》は、日ごろから乗馬の鍛練《たんれん》をしていました。

また、氏神《うじがみ》をまつったり、氏寺《うじでら》を建てたりして、一族の安全や繁栄《はんえい》を祈願《きがん》しました。武士《ぶし》は、いつ戦《いくさ》があるかわからない不安な毎日をすごしていたので、ここは、たいせつな信仰《しんこう》の場でした。

館《やかた》の周辺には、領主《りょうしゅ》の家来《けらい》（家人《けにん》や郎党《ろうとう》とよばれる武士《ぶし》）がくらしていました。ふだんは、田畑をたがやし、農作物をつくっていましたが、戦《いくさ》がはじまると武器《ぶき》を手にし、兵士としてたたかいました。

◀館《やかた》のまわりは、乗馬のけいこにつかわれた。

▼館《やかた》のまわりにある家《け》来《らい》の住まいは、数軒《すうけん》ずつかたまって建っていた。稲作《いなさく》などの農業は、共同でやる作業が多く、何軒《なんげん》かで協力しあわないとできなかったからだ。

住む

庶民《しょみん》の住居《じゅうきょ》は、平地住居《へいちじゅうきょ》

鎌倉時代《かまくらじだい》の町の住居《じゅうきょ》は、ほとんどが地面に少し穴《あな》をほって柱をたててつくる掘立柱《ほったてばしら》の平地住居《へいちじゅうきょ》か、掘立柱《ほったてばしら》で床面《ゆかめん》が地面より高い高床住居《たかゆかじゅうきょ》でした。

板ぶき、板壁《いたかべ》の平地住居《へいちじゅうきょ》

鎌倉時代《かまくらじだい》の町の住居《じゅうきょ》のようすは、絵から知ることができます。下の絵に描《えが》かれている住居《じゅうきょ》は、掘立柱《ほったてばしら》の平地住居《へいちじゅうきょ》になっています。

屋根は、板や樹皮《じゅひ》（樹木《じゅもく》の皮）でふき、木の棒《ぼう》を横にわたし、風でとばないようにとめてありました。屋根には、修理《しゅうり》した跡《あと》があります。日本は雨が多いので、板や樹皮《じゅひ》でふいた屋根はくさりやすく、くさると雨もりがします。そのため、くさった部分を新しいものととりかえるなど、こまめに修理《しゅうり》をしながら、できるだけ長く住めるように心をくばっていたことがわかります。

家の中は、土間《どま》の部分と、土間《どま》より一段《いちだん》高い板敷《いたじ》きの床《ゆか》の部分にわかれています。板敷《いたじ》きの床《ゆか》の上には、たたみらしきものが敷《し》かれています。このほうが、板の間の床《ゆか》にくらべて、すわっていても足が冷えないので、すごしやすく、寝《ね》るときもあたたかく寝《ね》ることができました。

壁《かべ》は板壁《いたかべ》で、柱は、細い角材がもちいられています。板や角材は、鎌倉時代《かまくらじだい》には、木目にそってのみを木づちで打ちこんでたてに割《わ》り、ちょうなややりがんなという道具で表面をきれいに仕上げてつくっていました（110～111ページ参照）。

このように、板や角材がつかわれるようになったのは、樹木《じゅもく》を切りたおしたり、木材を加工したりするのに必要な鉄の刃《は》のおの（54ページ参照）や、のこぎり、やりがんななどの大工道具《だいくどうぐ》が普及《ふきゅう》したことと関係しています。

製鉄《せいてつ》は、奈良時代《ならじだい》からさかんにおこなわれるようになりましたが、鎌倉時代《かまくらじだい》になると、人々の生活用品にまで鉄製品《てつせいひん》がとりいれられるようになったのです。

下の絵の住居《じゅうきょ》には、左側のひさしの下に、板ぶきの屋根、板壁《いたかべ》の小さな部屋が建てましされ、入り口にはすだれがかけられています。

◀平地住居《へいちじゅうきょ》が描《えが》かれている絵。この住居《じゅうきょ》の左側には、門と土のへいがめぐらされたりっぱな建物がある。「春日権現験記絵《かすがのごんげんけんきえ》」（宮内庁三の丸尚蔵館蔵）

▲鎌倉《かまくら》の町並みのようす。町に住む人の住居《じゅうきょ》は、掘立柱《ほったてばしら》の平地住居《へいちじゅうきょ》になっている。一遍上人《いっぺんしょうにん》が鎌倉《かまくら》に布教《ふきょう》にやってきて、路上で執権北条時宗《しっけんほうじょうときむね》とであう場面。「一遍聖絵《いっぺんひじりえ》」（清浄光寺蔵）

もっと知りたい!

定期的に市《いち》がたち、にぎわう

荘園《しょうえん》（私有地《しゆうち》）をもつ貴族《きぞく》の住まいや、寺や神社には、荘園《しょうえん》の生産物を運搬《うんぱん》する人や、その管理をする人などが出入りしていました。

そういう人たちは、おなじ仕事をする人どうしで座《ざ》（組合）をつくり、貴族《きぞく》や寺や神社のゆるしを得て共同の市《いち》をひらき、荘園《しょうえん》などの生産物や織物《おりもの》、農具などを売るようになりました。

市《いち》は、ほかにも交通の便がよいところや、寺や神社の門前、所有者のはっきりしない川原《かわら》などで定期的にひらかれるようになりました。

そうなると、まずしかった農民も、自分の作物を市《いち》で売ることができたので、くらしがらくになっていきました。

◀備前国《びぜんのくに》（今の岡山県《おかやまけん》）の福岡《ふくおか》という港でひらかれた市《いち》のようす。市《いち》がひらかれる日には、多くの人がつめかけ、にぎわった。「一遍聖絵《いっぺんひじりえ》」（清浄光寺蔵）

鎌倉時代

食べる

庶民《しょみん》と武士《ぶし》の食事

鎌倉時代《かまくらじだい》、農民と武士《ぶし》はおなじ地域《ちいき》でくらし、武士《ぶし》も農業にかかわっていました。食事の内容《ないよう》は、農民と武士《ぶし》で大きな差はなかったものの、量は、武士《ぶし》のほうが多く食べていたようです。

庶民《しょみん》のごはんは、固《かた》がゆや汁《しる》がゆ

鎌倉時代《かまくらじだい》の庶民《しょみん》の食事は、ふだんは固《かた》がゆという、やわらかなごはんか、汁《しる》がゆという水分の多いおかゆに、野菜や魚のおかずが1品か2品くらいでした。そして、米を蒸《む》して食べる強飯《こわいい》は、祭りなどの特別の日に食べました。

米は、玄米《げんまい》や、玄米《げんまい》を臼《うす》ときねでついてぬかの層《そう》を少しとったものを食べていたようです。

農民は、かゆをつくるとき、米に大麦や、アワなどの雑穀《ざっこく》、いもや野菜などをいれて量をふやし、米を節約していたと考えられています。稲《いね》は、収穫《しゅうかく》した一部を税《ぜい》としておさめなければならなかったからです。

各地で市《いち》がひらかれるようになったので、少し裕《ゆう》福《ふく》な庶民《しょみん》は、市《いち》で買った食べ物を食べる機会もふえたと推測《すいそく》できます。市《いち》で売られたものとしては、鎌《かま》倉《くら》の漁民が、とれた貝のなかから大きな貝を鎌倉《かまくら》の町の市《いち》に出荷していたことがわかっています。

庶民《しょみん》のくらしが、わりに落ちついていた鎌倉時代《かまくらじだい》ですが、1200年代には飢饉《ききん》がつづき、生きていくことがたいへんだった時期もあります。

武士《ぶし》の食事は、強飯《こわいい》や固《かた》がゆ

武士《ぶし》のふだんの食事

焼き鳥
狩猟《しゅりょう》でとったキジの肉や、魚類などを食べた。

ごはん
玄米《げんまい》の強飯《こわいい》や固《かた》がゆをたくさん食べた。玄米《げんまい》には、白米よりビタミン類が多くふくまれていて、脚気《かっけ》になるのをふせぐはたらきもしている。

塩とひしお

コンブの煮物《にもの》
コンブやゴボウのように繊維《せんい》が多いものを煮《に》物《もの》にして食べた。よくかんで食べる食品が中心だったので、歯やあごがじょうぶになった。

かぶの汁物《しるもの》
畑からとれたばかりの新鮮《しんせん》な野菜をつかった汁物《しるもの》をよく食べた。

梅干《うめぼ》し
梅干《うめぼ》しにふくまれているクエン酸《さん》には、疲労《ひろう》を回復《かいふく》させる効果《こうか》や、だ液《えき》をださせて、食欲《しょくよく》を高める効果《こうか》などがあり、よく食べられた。

荘園《しょうえん》をもつ貴族《きぞく》は、白米を蒸《む》して食べ、おかずの品数も多く、豪華《ごうか》な食事でした。

武士《ぶし》は、玄米《げんまい》か玄米《げんまい》のぬかの層《そう》を少しとりのぞいた米を、強飯《こわいい》や固《かた》がゆにしたりして食べ、おかずは魚や野菜、海そう、汁物《しるもの》、梅干《うめぼ》し、塩やひしおくらいでした。ひしおは、米や麦を発酵《はっこう》させたみそのようなものでした。

武士《ぶし》は、貴族《きぞく》のように格式《かくしき》や決まりにこだわらないので、川やたんぼの水路で魚や貝がとれれば、農民とともにおかずにして食べていました。また、狩猟《しゅりょう》で鳥がとれれば、その肉もときどき食べていました。

鎌倉時代《かまくらじだい》には、禅宗《ぜんしゅう》という中国からつたわった仏《ぶっ》教《きょう》の一派《いっぱ》が武士《ぶし》に影響《えいきょう》をあたえ、禅宗《ぜんしゅう》のお寺でつくられるようになったみそを、上級の武士《ぶし》が酒のさかなやみそ汁《しる》などにして、食べたりのんだりするようになりました。

上級の武士《ぶし》は、また、幕府《ばくふ》の将軍《しょうぐん》を食事にまねいてもてなすなど、貴族《きぞく》の風習をまねた武士《ぶし》の交際《こうさい》もおこなうようになりました。そして、そのなかから、客の料理をつくる包丁人《ほうちょうにん》というプロの男の料理人がうまれました。

戦陣食《せんじんしょく》に梅干《うめぼ》しがもちいられる

武士《ぶし》の世になり、ひんぱんに戦《いくさ》をするようになると、戦《いくさ》におもむいた先で食事をとって、体力をつけることが重要な意味をもつようになりました。この食事を戦陣食《せんじんしょく》といいます。

戦陣食《せんじんしょく》には、焼き米、干《ほ》し飯《いい》（水にひたしたもち米やアワ、キビなどを蒸《む》し、乾燥《かんそう》させたもの）のように保存《ほぞん》がきき、いつでも、どこでも食べられるものがつかわれたほか、おにぎりも手軽な食事としてよく食べられました。

1221年におきた、朝廷《ちょうてい》と幕府《ばくふ》との争い・承久《じょうきゅう》の乱《らん》では、関東の武士《ぶし》に梅干《うめぼ》しいりのおにぎりがくばられました。ごはんに味があっておいしいと好評《こうひょう》だったため、それ以後、戦陣食《せんじんしょく》としてだけでなく、田植えなどの農作業のときの食べ物、旅にでるときの弁当《べんとう》など、幅広《はばひろ》く食べられるようになりました

梅干《うめぼ》しにふくまれるクエン酸《さん》には、殺菌作用《さっきんさよう》があり、ごはんをくさりにくくするはたらきもしているため、蒸《む》し暑い季節でも重宝《ちょうほう》しました。

もっと知りたい!

二毛作《にもうさく》・輪作《りんさく》がはじまる

鎌倉時代《かまくらじだい》のなかごろになると、大きな戦《いくさ》がなくなり、落ちついて農業をすることができるようになりました。鉄製《てっせい》の農具が全国にいきわたり、ウシやウマをつかってたがやすようになったため、作業がはかどるようになりました。

肥料《ひりょう》も、人のふん尿《にょう》のほか、草を干《ほ》したものや草木の灰《はい》などをつかうようになりました。

また、毎年稲《いね》を収穫《しゅうかく》したあと、裏作《うらさく》として麦などをつくる二毛作《にもうさく》や、おなじ畑で一定の年限《ねんげん》をおいて、雑穀《ざっこく》、豆類、野菜というようにちがう作物を順番にそだてる輪作《りんさく》がはじまりました。

どちらも一定の場所で異《こと》なる作物を収穫《しゅうかく》できるしくみです。また、畑でおなじものを何年もつくりつづけると、土の性質《せいしつ》がかたより、土地がやせてきますが、輪作《りんさく》は土地をやせさせないようにする工夫でもありました。

こうして鎌倉時代《かまくらじだい》は、農業の技術《ぎじゅつ》が発達し、稲《いね》をはじめとする作物の生産が多くなりました。

二毛作《にもうさく》

輪作《りんさく》

着る

男性《だんせい》は直垂《ひたたれ》、女性《じょせい》は小袖《こそで》

鎌倉時代《かまくらじだい》のはじめころの服装《ふくそう》は、平安時代《へいあんじだい》の身分による衣服のちがいを反映《はんえい》していましたが、しだいに、より着やすいものが男性《だんせい》のあいだでも、女性《じょせい》のあいだでも広まりました。

男性《だんせい》は武士《ぶし》も庶民《しょみん》も直垂《ひたたれ》に

鎌倉時代《かまくらじだい》のはじめに武士《ぶし》となった人たちには、大きくわけてつぎの3つの出身がありました。

①土地を開墾《かいこん》し、地方の領主《りょうしゅ》となったもの。

②そのなかから役人となって貴族《きぞく》や社寺などと関《かか》わりをもつようになったもの。

③貴族《きぞく》の警護《けいご》をしていたもの。

そして、出身のちがいによって、着る衣服もちがっていました。

領主《りょうしゅ》となった武士《ぶし》は直垂《ひたたれ》を着ることが多く、役人となった武士《ぶし》は水干《すいかん》を着ていました。また、貴族《きぞく》の警護《けいご》をしていた武士《ぶし》は水干《すいかん》や狩衣《かりぎぬ》（86～87ページ参照）を着ていました。つまり、都《みやこ》や貴族《きぞく》に近い武士《ぶし》は、格《かく》の高い衣服を着て、都《みやこ》から遠い地方の武士《ぶし》は、庶民《しょみん》に近い、格《かく》の低い衣服を着ていたのです。

しかし、鎌倉時代《かまくらじだい》もなかごろになると、直垂《ひたたれ》が一般的《いっぱんてき》な武士《ぶし》の衣服になり、水干《すいかん》はしだいに着られなくなりました。

庶民《しょみん》も、鎌倉時代《かまくらじだい》になると、ほとんどの人が直垂《ひたたれ》を着るようになりました。平安時代《へいあんじだい》には、都《みやこ》の住人や上層《じょうそう》の庶民《しょみん》は水干《すいかん》を着て、地方の住人や下層《かそう》の人たちは直垂《ひたたれ》を着ていましたが、鎌倉時代《かまくらじだい》にはそのような区別がなくなり、直垂《ひたたれ》が標準的《ひょうじゅんてき》な衣服と考えられるようになっていきました。そして、水干《すいかん》は庶民《しょみん》のあいだでも着られなくなっていきました。

●出身によって異《こと》なる武士《ぶし》の衣服

出身	衣服	格《かく》
貴族《きぞく》の警護《けいご》	水干《すいかん》や狩衣《かりぎぬ》	高い
役人	水干《すいかん》	中間
地方の領主《りょうしゅ》	直垂《ひたたれ》	低い

◀肩脱《かたぬ》ぎし、巻物《まきもの》を手に持つ男性《だんせい》をはじめ、庶民《しょみん》の直垂《ひたたれ》すがたが多く描《えが》かれている。「石山寺縁起《いしやまでらえんぎ》絵巻《えまき》」巻《まき》五（石山寺蔵・重文）

女性《じょせい》はうごきやすい衣服に

女性《じょせい》の衣服の形は、平安時代《へいあんじだい》からあまり大きな変化はありません。

公家《くげ》の女性《じょせい》の十二単《じゅうにひとえ》はずいぶん簡略化《かんりゃくか》されました。

武家《ぶけ》の女性《じょせい》の衣服は、より活動的になり、小袖《こそで》とはかまの上に袿《うちき》(88～89ページ参照)という広い袖《そで》の上着を着る「衣袴《きぬばかま》」や、小袖《こそで》を2、3枚《まい》重ねてはかまをはく「小袖袴《こそでばかま》」に、唐衣《からぎぬ》(89ページ参照)や薄衣《うすぎぬ》という衣服を重ねたすがたが正装《せいそう》になりました。

ふだんは「小袖袴《こそでばかま》」すがたでしたが、やがて小袖《こそで》だけを着るようになり、はかまをあまりはかなくなっていきました。

庶民《しょみん》の女性《じょせい》の衣服も、平安時代《へいあんじだい》からあまり変化はなく、小袖《こそで》や帷子《かたびら》(88ページ参照)を着て、腰《こし》に布《ぬの》を巻《ま》いていました。ただし、平安時代《へいあんじだい》よりも色やもようがゆたかになりました。貴族《きぞく》や武家《ぶけ》の女性《じょせい》が小《こ》袖《そで》を上着としても着るようになったため、格《かく》が高くなって、小袖《こそで》にもようをつけるようになり、それが庶民《しょみん》にも広まったからだと考えられています。

衣袴《きぬばかま》
小袖《こそで》
袿《うちき》
はかま

小袖袴《こそでばかま》

庶民《しょみん》の小袖《こそで》
小袖《こそで》
平安時代《へいあんじだい》と変わらないが、色やもようがゆたかになった。
腰布《こしぬの》
エプロンのようなもの。

着る

武家風《ぶけふう》の服装《ふくそう》が確立《かくりつ》

鎌倉時代《かまくらじだい》の武士《ぶし》は、平安時代《へいあんじだい》の貴族《きぞく》や庶民《しょみん》の服装《ふくそう》をとりいれ、それらを武家《ぶけ》風《ふう》に変化させた服を着ていました。服は、礼服《れいふく》からふだん着までありました。

束帯《そくたい》、狩衣《かりぎぬ》、水干《すいかん》は、武士《ぶし》の正装《せいそう》

鎌倉時代《かまくらじだい》の武士《ぶし》が着た衣服には、束帯《そくたい》、狩衣《かりぎぬ》、水干《すいかん》、直垂《ひたたれ》の4種類があります。そのうち、束帯《そくたい》と狩衣《かりぎぬ》は、平安時代《へいあんじだい》の貴族《きぞく》の服装《ふくそう》を、水干《すいかん》と直垂《ひたたれ》は庶《しょ》民《みん》の服装《ふくそう》をそれぞれとりいれたものでした。

束帯《そくたい》

束帯《そくたい》は、将軍《しょうぐん》がもっとも重要な儀式《ぎしき》などにもちいる正装《せいそう》です。将軍《しょうぐん》以外の武将《ぶしょう》にはあまり必要のないものでした。

狩衣《かりぎぬ》

狩衣《かりぎぬ》は、もともと狩猟用《しゅりょうよう》の服でしたが、しだいにふだんでも着るようになり、貴族《きぞく》も着たため、高級化しました。そこで、武士《ぶし》が重要な儀式《ぎしき》に着る正装《せいそう》としてもちいるようになりました。

狩衣《かりぎぬ》は、ひもでとめる丸首のえりと、背中《せなか》の部分に軽くぬいつけただけの袖《そで》が特徴《とくちょう》です。

狩衣《かりぎぬ》のすそは、はかまの中にいれずに、垂《た》らして着ました。

▲束帯《そくたい》すがたの武将《ぶしょう》。衣服の線やひだをぴんと強く張《は》って着るようになった。これを強装束《こわしょうぞく》という。

▶狩衣《かりぎぬ》すがたの武将《ぶしょう》。はかまは、すそにひもを通してつぼめてはく、くくり袴《ばかま》。（称名寺蔵・国宝・神奈川県立金沢文庫保管）

水干《すいかん》

水干《すいかん》は、平安時代《へいあんじだい》には上層《じょうそう》の庶民《しょみん》や都会に住む人々の衣服でした。鎌倉時代《かまくらじだい》には武士《ぶし》の正装《せいそう》となり、狩衣《かりぎぬ》のつぎに格《かく》の高い服装《ふくそう》になりました。もともと、水張《みずば》り（布《ぬの》を流れのある水にさらしたのち、板に張《は》って天日で干《ほ》すこと）にした麻布《あさぬの》で仕立てていたので「水干《すいかん》」とよばれたのですが、このころには、高級な絹織物《きぬおりもの》でもつくられるようになりました。

直垂《ひたたれ》

平安時代《へいあんじだい》には、直垂《ひたたれ》は一般庶民《いっぱんしょみん》の衣服でした。鎌倉時代《かまくらじだい》になると、武士《ぶし》もふだん着として着るようになりました。そのため、しだいに、高級な生地《きじ》もつかわれるようになりました。

烏帽子《えぼし》
菊綴《きくとじ》
胸《むね》や背《せ》の縫《ぬ》い目《め》、袖口《そでぐち》などにつけた飾《かざ》り。
水干《すいかん》
着丈《きたけ》は狩衣《かりぎぬ》より短く、すそをはかまの中にいれて着た。また、胸元《むなもと》はくつろいで、えりを垂《た》らして着ることもできた。
くくり袴《ばかま》

侍烏帽子《さむらいえぼし》（折烏帽子《おりえぼし》）
折りたたんだ形の烏帽《えぼ》子《し》で、武士《ぶし》がかぶった。
胸《むな》ひも
えりの左右につけて結ぶ。
直垂《ひたたれ》
袖《そで》が前後の身ごろにぬいつけてあり、えりをななめに交差させて着るのが特徴《とくちょう》。
はかま
上衣とおなじ生《き》地《じ》でつくられ、上下あわせて直《ひた》垂《たれ》とよばれるようになった。

もっと知りたい!

「月代《さかやき》」のはじまり

額《ひたい》から頭の中央にかけて半月形《はんげつがた》に髪《かみ》の毛をそり落とした部分を、「月代《さかやき》」といいます。

男性《だんせい》は、平安時代《へいあんじだい》からいつも帽子《ぼうし》をかぶるようになりました。それにともない、身分の高い人のなかで頭部のむれになやむ人が、月代《さかやき》をはじめたといいます。

武士《ぶし》も戦《いくさ》のときは、かぶとを長時間ぬぐことができないため、むれないように髪《かみ》をそるようになりました。やがて、月代《さかやき》をそることがふつうとなり、しだいに庶民《しょみん》のあいだにも広まっていきました。

◀月代《さかやき》をした武士《ぶし》。

室町時代《むろまちじだい》のくらし

室町時代《むろまちじだい》は、1300年代なかごろから1500年代の後半までです。この時代には、武士《ぶし》による新しい政治《せいじ》が京都《きょうと》ではじまりました。また、各地で商業や手工業《しゅこうぎょう》、文化が発達しました。

1467年にはじまった応仁《おうにん》の乱《らん》のころから約100年間は戦乱《せんらん》がつづき、戦国時代ともよばれています。この時期には、飢饉《ききん》もたびたびおき、戦乱《せんらん》と飢饉《ききん》は特に農民のくらしをおびやかしました。農民は村人どうしでたすけあい、ときには団結《だんけつ》して一揆《いっき》を結ぶなどし、領主《りょうしゅ》や幕府《ばくふ》に対抗《たいこう》する力もつけてきました。

住む

河口《かこう》にできた市場町《いちばまち》

室町時代《むろまちじだい》には、都市と地方を結ぶ街道《かいどう》が発達したほか、海や川の交通も発達しました。港に近い河口《かこう》には大きな町も誕生《たんじょう》しました。

市場町《いちばまち》・草戸千軒町《くさどせんげんちょう》のようす

広島県の草戸千軒町遺跡《くさどせんげんちょういせき》は、室町時代《むろまちじだい》にさかえた大きな港町・市場町《いちばまち》の跡《あと》です。ここから、たくさんの住居跡《じゅうきょあと》、生活用品などがみつかっています。

この町には、石敷《いしじ》きの道路が南北と東西にはしっています。町の中には溝《みぞ》がたくさんあり、これは排水溝《はいすいこう》と考えられています。

港の船着き場のそばには市場《いちば》があり、道路の両側には町屋《まちや》(80ページ参照)が広がっています。町屋《まちや》には、鍛冶屋《かじや》(鉄の道具をつくる家)、足駄《あしだ》(げた)屋、漆器《しっき》のうるしを塗《ぬ》る塗師《ぬし》、大工《だいく》などの専門技術《せんもんぎじゅつ》をもった職人《しょくにん》たちが住み、住宅《じゅうたく》は作業場もかねていました。

多くは掘立柱《ほったてばしら》の平地住居《へいちじゅうきょ》でしたが、なかには、礎《そ》石《せき》をつかった柱(73ページ参照)の家もありました。

畑や井戸《いど》、お堂、お墓《はか》などもあり、町の南のほうには、市《いち》をとりしきっていた人の家と思われる大きな住居跡《じゅうきょあと》もみつかっています。

市《いち》のたつ日には、穀物《こくもつ》や野菜、魚貝や鳥、油、食器などを売る商人もやってきてにぎわったほか、市《いち》には、この町に住む職人《しょくにん》たちがつくった品物もならべられました。

草戸千軒町《くさどせんげんちょう》の町屋《まちや》のようす

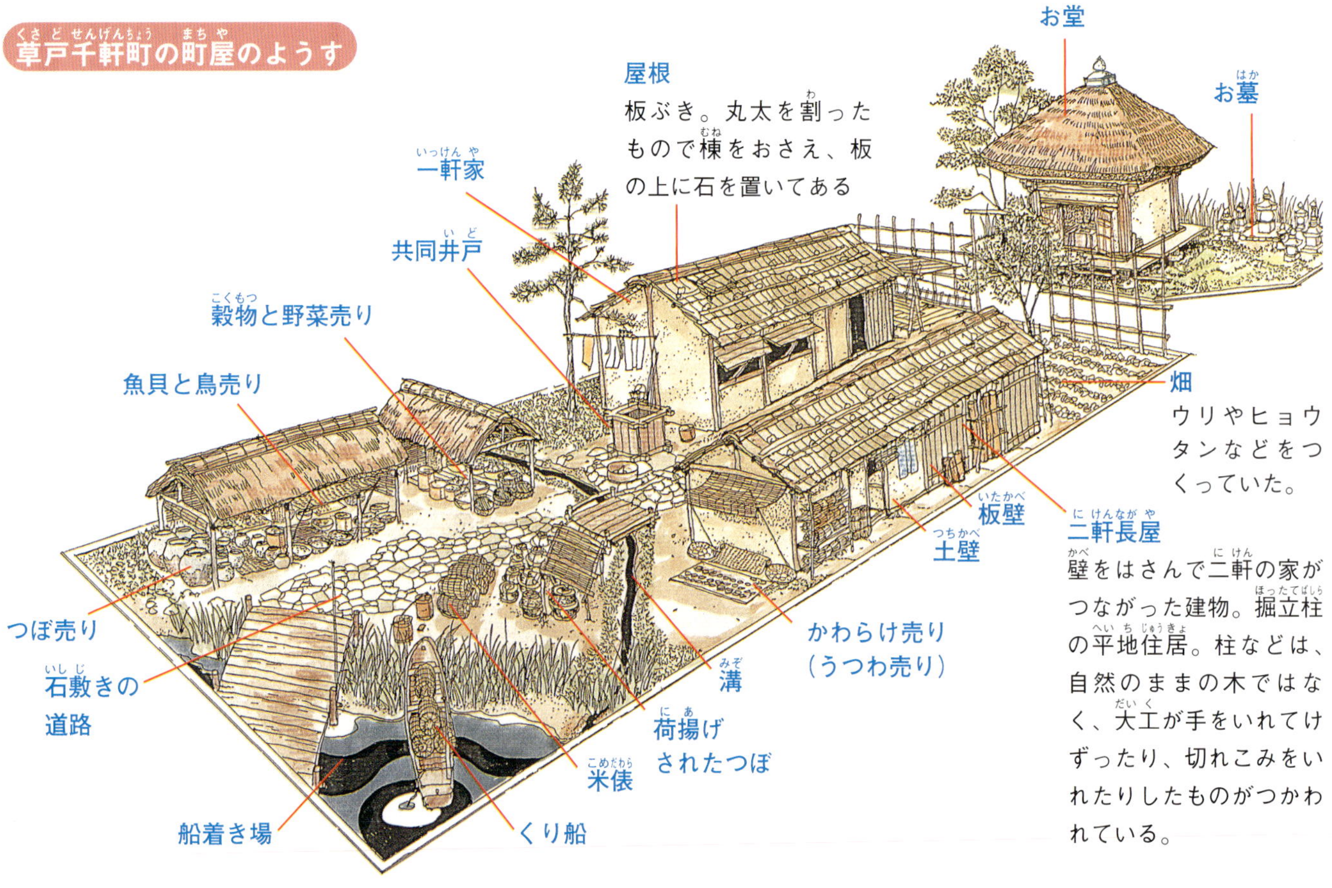

お堂
お墓《はか》
屋根
板ぶき。丸太を割《わ》ったもので棟《むね》をおさえ、板の上に石を置いてある
一軒家《いっけんや》
共同井戸《いど》
穀物《こくもつ》と野菜売り
魚貝と鳥売り
畑
ウリやヒョウタンなどをつくっていた。
板壁《いたかべ》
二軒長屋《にけんながや》
土壁《つちかべ》
壁《かべ》をはさんで二軒《にけん》の家がつながった建物。掘立柱《ほったてばしら》の平地住居《へいちじゅうきょ》。柱などは、自然のままの木ではなく、大工《だいく》が手をいれてけずったり、切れこみをいれたりしたものがつかわれている。
つぼ売り
石敷《いしじ》きの道路
かわらけ売り（うつわ売り）
溝《みぞ》
荷揚《にあ》げされたつぼ
米俵《こめだわら》
船着き場
くり船

一軒家《いっけんや》の内部のようす

土間《どま》と板の間にわかれ、土間《どま》のほうが広い。家業《かぎょう》の仕事の道具と、生活に必要な道具が置かれている。この一軒家《いっけんや》の住人は、鍛冶屋《かじや》の一家。

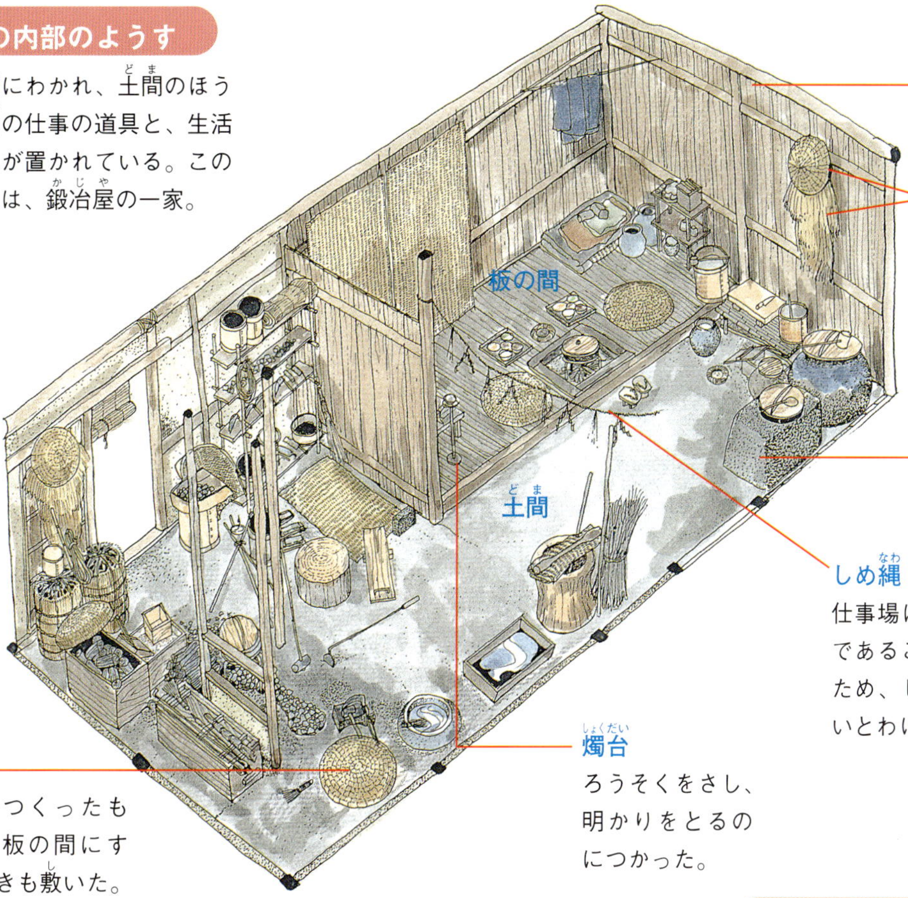

板壁《いたかべ》
板の間
土間《どま》
かまど

笠《かさ》とみの
雨や雪の日に外で作業をしたり、でかけたりするときに、笠《かさ》を頭にかぶり、みのを背中《せなか》にはおった。

しめ縄《なわ》
仕事場は神聖《しんせい》な場所であることをしめすため、しめ縄《なわ》で住まいとわけている。

燭台《しょくだい》
ろうそくをさし、明かりをとるのにつかった。

円座《えんざ》
ワラでつくったもので、板の間にすわるときも敷《し》いた。

二軒長屋《にけんながや》の内部のようす

二軒《にけん》とも内部は土間《どま》と板の間にわかれている。それぞれ家業《かぎょう》の仕事の道具と、生活に必要な道具が置かれている。この長屋の住人は、足駄《あしだ》（げた）づくりの職人《しょくにん》の一家（左）と、うるし塗《ぬ》りの職人《しょくにん》（塗師《ぬし》）の一家（右）。

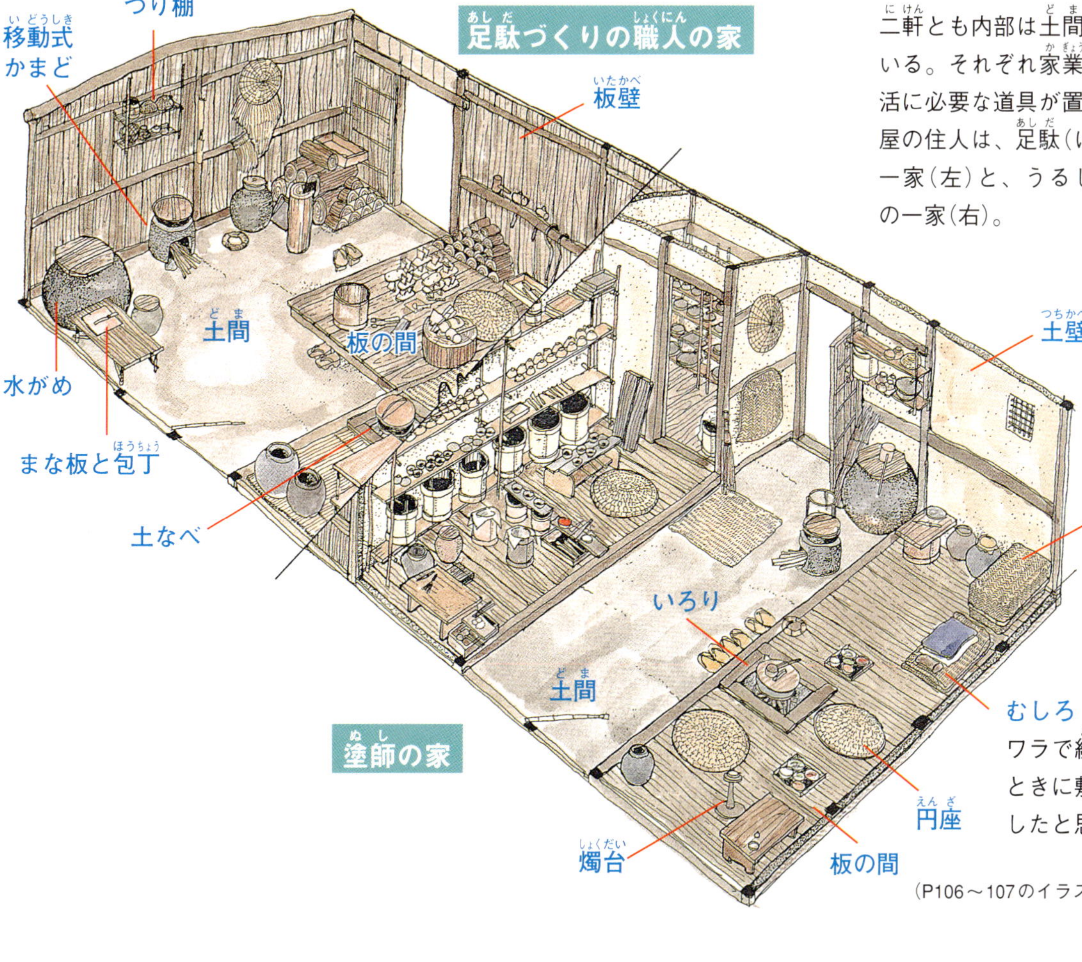

つり棚《だな》
移動式《いどうしき》かまど
足駄《あしだ》づくりの職人《しょくにん》の家
板壁《いたかべ》
土間《どま》
板の間
水がめ
まな板と包丁《ほうちょう》
土なべ
土壁《つちかべ》
いろり
土間《どま》
塗師《ぬし》の家
燭台《しょくだい》
板の間
円座《えんざ》

こうり
ヤナギで編《あ》んでつくったいれもの。衣服などをいれるのにつかった。

むしろ
ワラで編《あ》んだ敷物《しきもの》。寝《ね》るときに敷《し》いたりかけたりしたと思われる。

（P106～107のイラスト：広島県立歴史博物館蔵）

住む

京都《きょうと》の町屋《まちや》のようす

幕府《ばくふ》がおかれた京都《きょうと》には、国の政治《せいじ》にたずさわる将軍《しょうぐん》や大名《だいみょう》の住まい、寺社、武士《ぶし》の家、町屋《まちや》などがあつまっていました。町屋《まちや》には、すぐれた技術《ぎじゅつ》をもつ職《しょく》人《にん》や商人が住んでいました。

職人《しょくにん》や商人の家がたちならぶ

室町時代《むろまちじだい》の京都《きょうと》の特産物は、刀やよろいなどの武《ぶ》具《ぐ》、仏具《ぶつぐ》、絹織物《きぬおりもの》や染物《そめもの》、扇《おうぎ》や金屏風《きんびょうぶ》、漆器《しっき》などの工芸品などでした。工芸品は古代から貴族《きぞく》が必要としたので、京都《きょうと》には、すぐれた工芸技術《こうげいぎじゅつ》をもつ職人《しょくにん》がおおぜい住んでいました。

室町時代《むろまちじだい》の終わりころにかかれた「洛中洛外図屏《らくちゅうらくがいずびょう》風《ぶ》」には、京都《きょうと》の四条室町《しじょうむろまち》の家並《いえな》みが描《えが》かれ、復元《ふくげん》模型《もけい》もつくられています。

四条室町《しじょうむろまち》は、東西に通る四条通りと、南北に通る室町通《むろまちどお》りの交差点付近をいい、このあたりには、工芸品を売る店がたくさんたちならんでいました。材木屋や呉服屋《ごふくや》（着物に仕立てる反物《たんもの》を売る店）、米屋、薬屋、為替屋《かわせや》（銀行のようなところ）、紙屋（文《ぶん》房具屋《ぼうぐや》のようなところ）などもありました。

通りから奥《おく》にはいる小路《こうじ》の奥《おく》には、表の通りの店に奉公《ほうこう》する人々が住む長屋がありました。

四条室町《しじょうむろまち》の町並みのようす

扇屋《おうぎや》のようす

通りに台をだし、商品をならべた。店の入り口にのれんや看《かん》板《ばん》をかけ、何を売る店屋かが客にすぐわかるようにしてあった。屋根は板ぶきで、上に「井《い》」の形に竹を組み、竹や板が風でとばされないように、石をのせた。

為替屋《かわせや》の断面

右側は客が出入りする店の部分。商売に必要なものを置くための棚《たな》がもうけられている。真ん中と左側は家族の生活する場。この家には屋根裏《やねうら》があり、お金や米、高価《こうか》な衣類や道具類などを保管《ほかん》するのにつかった。

通りの裏《うら》のようす

井戸《いど》や外便所、小さな庭があり、洗濯物《せんたくもの》は庭に干《ほ》した。庭の一部を畑にし、野菜をつくる家もあった。便所はくみ取り式。

長屋のようす

おなじつくりの家がならび、井戸《いど》や外便所は共同でつかった。

木戸《きど》

大きな通りに面した路地には、木戸《きど》があった。木戸《きど》は、夜になるとしめ、人がはいりこむのをふせいだ。昼間も、何か事があったときにはしめて、盗賊《とうぞく》や乱暴《らんぼう》をはたらく武士《ぶし》たちがはいらないようにした。

（P108～109の復元模型：国立歴史民俗博物館蔵）

もっと知りたい!

町の団結《だんけつ》をしめす山鉾巡行《やまほこじゅんこう》

京都《きょうと》の八坂神社《やさかじんじゃ》の祇園祭《ぎおんまつり》は、人々が神さまに病気にかからないようにお願いする祭りで、平安時《へいあんじ》代《だい》にはじまりました。1467年からの応仁《おうにん》の乱《らん》で、とだえていましたが、町の人々の力により、1500年ころ復活《ふっかつ》しました。この祭りでは、各町から鉾《ほこ》や山という飾《かざ》り物《もの》をだして町中《まちなか》を練《ね》り歩《ある》く山鉾巡《やまほこじゅん》行《こう》がおこなわれます。

京都《きょうと》の町は、各町に住む人たちが、自分たちで決まりをつくり、管理していました。これを自治《じち》といいます。京都《きょうと》の町の富《とみ》や住人たちの団結《だんけつ》の力、自治《じち》の力をしめしたものが、豪華《ごうか》な鉾《ほこ》や山でした。

住む 書院《しょいん》づくりの建物が誕生《たんじょう》

室町時代《むろまちじだい》になって将軍《しょうぐん》や武士《ぶし》が京都《きょうと》に住むようになると、禅宗《ぜんしゅう》の精神《せいしん》をとりいれた武士《ぶし》の気風《きふう》と、貴族《きぞく》のくらしかたが結びついて、武士《ぶし》の住まいに書院《しょいん》づくりという新しい建物の様式がうまれました。

日本間のはじまり、書院《しょいん》づくり

書院《しょいん》とは、もともとは、禅宗《ぜんしゅう》の寺のお坊《ぼう》さんが書物を読むために縁側《えんがわ》に張《は》りださせてつくった小部屋《こべや》（学問所・書斎《しょさい》）をいいました。お坊《ぼう》さんは、室内の床《ゆか》よりも一段《いちだん》高くはった付書院《つけしょいん》の床板《ゆかいた》の上に経典《きょうてん》を置いて読んだり、写経《しゃきょう》（経《きょう》を書きうつすこと）をしたりしました。正面には、室内が明るくなるように、明かりしょうじをいれていました。

武士《ぶし》の住まいにとりいれられた書院《しょいん》づくりでは、客をもてなす部屋《へや》を座敷《ざしき》とよび、付書院《つけしょいん》や明かりしょうじ、ちがい棚《だな》をもうけ、天井《てんじょう》に板をはり、床《ゆか》にはたたみを敷《し》きました。これが日本間のはじまりです。書院《しょいん》づくりの建物は、部屋《へや》を壁《かべ》やふすま、しょうじ、遣《や》り戸《ど》（板製《いたせい》の引き戸）などでしきり、それぞれが独立《どくりつ》した部屋《へや》としてつかえるようになっていました。

書院《しょいん》づくりの座敷《ざしき》

◀室町幕府《むろまちばくふ》の将軍《しょうぐん》がつくった慈照寺銀閣《じしょうじぎんかく》の書院《しょいん》づくりの一室を描《えが》いた絵。

鎌倉時代《かまくらじだい》の板づくりのようす

鎌倉時代《かまくらじだい》には、板は次の手順でつくった。

1. 木材に、すみをつけた糸で直線をひく。
2. 直線にそって、のみを木づちで打《う》ち込《こ》み、木材を割《わ》る。
3. ちょうな（曲がった柄《え》に手前向きに刃《は》のついた道具）であらけずりする。
4. やりがんな（長い柄《え》の先に刃《は》のついた道具）で表面を平らにする。

※数字は絵の数字と対応《たいおう》しています。

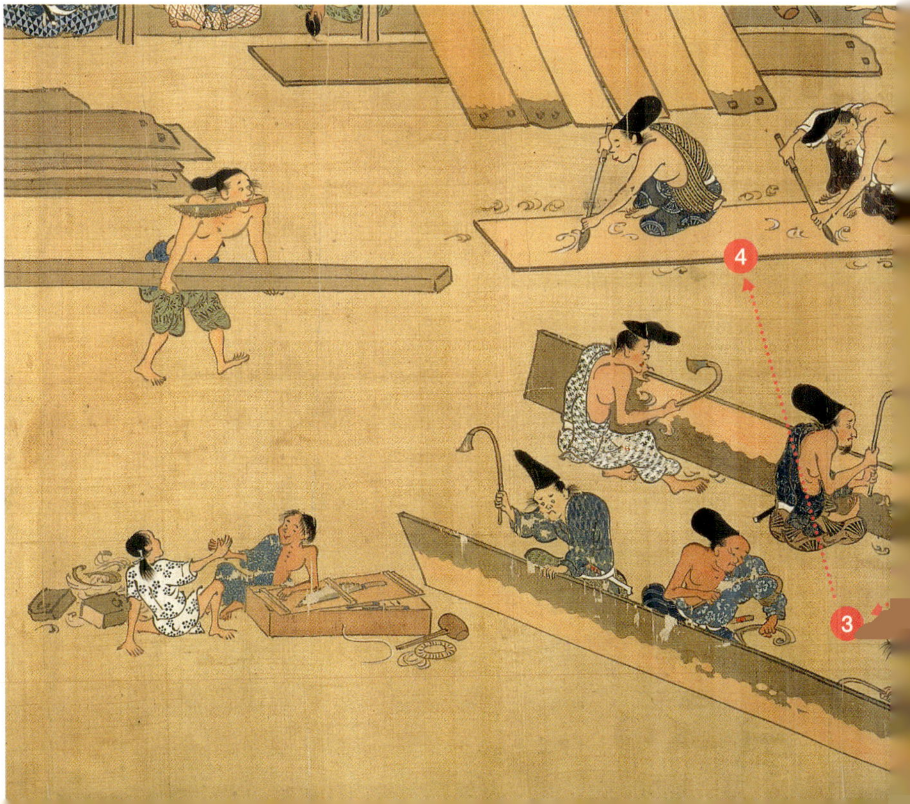

▶「春日権現験記絵《かすがのごんげんけんきえ》」

（宮内庁三の丸尚蔵館蔵）

便利な大工道具《だいくどうぐ》が書院《しょいん》づくりに貢献《こうけん》

書院《しょいん》づくりの建物には、うすい板や細い角材などがたくさんつかわれています。それまでののこぎりは、木目《もくめ》を直角に切る、横びきのものしかありませんでした。そのため、長くてうすい板をつくるには、木材の木目《もくめ》にそってのみやくさびを打《う》ち込《こ》み、たてに割《わ》ってから、ちょうなややりがんなで形をととのえるという、たいへんな手間と労力が必要でした（下の大きな絵参照）。しかも、この方法は、木目《もくめ》の通ったヒノキやスギなどの大木《たいぼく》にしかつかえませんでした。

室町時代《むろまちじだい》になってつかわれはじめた大鋸《おが》という、2人びきの大きなのこぎりは、木材をたて方向にらくに切ることができました。これにより、うすい板が、少ない人数で短時間に大量につくれるようになりました。

また、室町時代《むろまちじだい》のなかごろには、今とおなじ台がんなもつかわれるようになり、大鋸《おが》で切った板の表面をすばやくきれいに平らにしあげられるようになりました。木材をのこぎりでけずったときにでるけずりくずを「おがくず」といいますが、この「おが」は、「大鋸《おが》」からきています。

◀室町時代《むろまちじだい》のはじめに中国から輸《ゆ》入《にゅう》された2人びきの大鋸《おが》の復元模《ふくげんも》型《けい》。鎌倉時代《かまくらじだい》にくらべて、たやすくうすい板をつくることができた。

（国立歴史民俗博物館蔵）

食べる

姫《ひめ》飯《いい》としょうゆ

室町時代《むろまちじだい》には、鉄釜《てつがま》で今のようなごはんをたくことが庶民《しょみん》に広まりました。また、しょうゆもつくられるようになり、日本の食事の基礎《きそ》ができました。

鉄釜《てつがま》で姫飯《ひめいい》をたくようになる

鎌倉時代《かまくらじだい》に土の釜《かま》で煮《に》てつくっていた固《かた》がゆ(98ページ参照)は、しだいに鉄釜《てつがま》で「たく」ようになりました。このごはんは姫飯《ひめいい》といい、今のごはんとおなじものです。

ごはんをたくというのは、まず米に水をいれて煮《に》て、米が水分をほぼ吸《す》いこんだら、つぎに釜《かま》の中の蒸気《じょうき》で蒸《む》すようにして加熱することをいいます。土の釜《かま》は、水分の少ない状態《じょうたい》で加熱すると割《わ》れてしまうので、煮《に》ることはできても、たくことはできませんでした。加熱に強い鉄釜《てつがま》ができたので、姫飯《ひめいい》がうまれたのです。

ごはんをたくときは、強い火が必要なので、まきを燃《も》やします。室町時代《むろまちじだい》には、住居《じゅうきょ》などを建てるためにたくさんの木を切りだすようになったので、まきが売られるようになり、都市に住む人も、手にいれやすくなりました。

しかし、鉄釜《てつがま》もまきも買えない、まずしい庶民《しょみん》や武士《ぶし》は、室町時代《むろまちじだい》になっても、まだ土の釜《かま》で米を煮《に》て食べていたと思われます。

室町時代《むろまちじだい》ころから、食事の回数が1日3回が一般《いっぱん》的《てき》になりました。米やほかの農作物の生産量がふえたために、食事の回数をふやすことができたと考えられます。

◀かまどに鉄釜《てつがま》をかけ（左）、姫飯《ひめいい》をたいているようす。

◀室町時代《むろまちじだい》のプロの料理人・包丁人《ほうちょうにん》の料理づくりのようす。包丁《ほうちょう》をもち、まな板の上の魚や鳥を、長いはしで押《お》さえながら切った。このはしは、魚や鳥を人間の手でけがさないないようにするためのもので、まなばしとよんだ。104～105ページの絵は、宴会《えんかい》の料理の準備《じゅんび》をしている身分の高い武家《ぶけ》の台所のようす。

調味料としてしょうゆが登場

しょうゆの原料は、みそとおなじダイズです。みそのもとは、鎌倉時代《かまくらじだい》に禅宗《ぜんしゅう》の寺で、ダイズのひしお（ダイズ、塩、こうじ菌《きん》でつくる調味料）をヒントにつくられました。しみだす液《えき》がおいしいことを発見し、調味料としてつかいだしたのも、鎌倉時代《かまくらじだい》の禅宗《ぜんしゅう》のお坊《ぼう》さんでした。この液《えき》に工夫をくわえてしょうゆのもとがつくられたのは、室町時代《むろまちじだい》です。

それまでの調味料は、塩やひしお、酢《す》などで、皿にいれて、ごはんや魚貝につけて食べていました。

しょうゆが多くつくられるようになると、おもに煮物《にもの》や汁物《しるもの》やあえ物などの料理の味つけにつかわれ、また、魚のさしみにつけて食べたりもしました。そして、しょうゆは、日本料理の味の代表になっていきます。

しょうゆが広くつかわれるようになるのは室町時代《むろまちじだい》の終わりからで、最初は裕福《ゆうふく》な人たちだけの調味料だったようです。みそは、各家庭でつくることができますが、しょうゆをつくるのはむずかしく、液《えき》をしぼる機械も必要なので、しょうゆ屋がつくって売るのが一般的《いっぱんてき》でした。しょうゆを買うことができない庶民《しょみん》は、みそからしみだす液《えき》をしょうゆのように味つけにつかうこともありました。

庶民《しょみん》がみそ汁《しる》をのみだすのは、室町時代《むろまちじだい》からです。

◀室町時代《むろまちじだい》ころからしょうゆづくりをはじめた和歌山県・湯浅《ゆあさ》町の伝統的な湯浅《ゆあさ》しょうゆのしょうゆ蔵《ぐら》の中のようす。今も伝統的《でんとうてき》な製法《せいほう》でつくられている。

▶しょうゆづくりでつかわれているたるなどの道具。

もっと知りたい!

木製《もくせい》の大きなたるやおけ

木製《もくせい》のいれものは、鎌倉時代《かまくらじだい》までは木をくりぬいたものや、曲《ま》げ物《もの》といって、スギやヒノキの皮を円形にしてとじて底をつけたものでした。このような材料とつくりかたでは、大きないれものはつくることができませんでした。

室町時代《むろまちじだい》になって、木材からいろいろなうすさの板を大量につくりだせるようになると、竹のたがをつかって板をつなぎあわせ、木製《もくせい》の大きなたるやおけがつくられるようになりました。

このたるやおけは、みそ、しょうゆ、酒をつくったり、遠くまで運んだりするのに欠かせないいれものになりました。

また、家庭でつけものをつけたり、野菜や衣類をあらったり、田や畑の肥料《ひりょう》にするふん尿《にょう》を運んだりするのにも便利だったので、庶民《しょみん》もつかうようになりました。

たが　ならべた板がゆるまないように締《し》めておく輪。

▶職人《しょくにん》が、おけをつくっているようす。「三十二番職人歌合絵巻《しょくにんうたあわせえまき》」（徳島県立博物館蔵）

食べる

中国の食べ物が広まる

室町時代《むろまちじだい》には、とうふ、うどん、まんじゅうなどが庶民《しょみん》の食べ物になりました。どれも、中国の食べ物を禅宗《ぜんしゅう》のお坊《ぼう》さんが日本につたえて広まったものです。

とうふづくりがさかんになる

とうふは中国でうまれた食べ物で、平安時代《へいあんじだい》の終わりころに日本につたわりました。とうふは、水にひたしてふやかしたダイズを、よくすりつぶしてからつくります。しかし、当時は、すりつぶすのがたいへんで、とうふづくりは広まりませんでした。

室町時代《むろまちじだい》になって、ものをらくにすりつぶすことができる石臼《いしうす》とその技術《ぎじゅつ》が中国からつたわると、とうふづくりがさかんになりました。

お坊《ぼう》さんは、肉や魚を食べることを禁止《きんし》されているので、かわりに、肉や魚とおなじ栄養をもつとうふをよく食べました。そのおいしい食べかたが、庶《しょ》民《みん》にだんだん広まりました。

とうふ料理のひとつに田楽《でんがく》があります。とうふにくしをさして、みそを塗《ぬ》って、火にかざして焼いたものです。このころのとうふはかたくて、くしにさして焼いても、くずれることはありませんでした。

田楽《でんがく》とは、ほんらいは、田植えのときに神さまに豊作《ほうさく》をねがってささげる歌や踊《おど》りのことをいいます。白い装束《しょうぞく》の上から、色のあるものをはおり、たんぼの中にはいって踊《おど》る人のすがたと、くしにさしたとうふにみそを塗《ぬ》ったものが似《に》ていたので、料理に田《でん》楽《がく》という名がついたといわれています。

◀とうふの原料のダイズ。

▲とうふ。今のとうふよりかたかった。

▼田楽《でんがく》は、とうふをうすく切ってつくった。

▲田楽《でんがく》

まんじゅうのあんは、塩で味つけ

小麦の生産は、鎌倉時代《かまくらじだい》に二毛作《にもうさく》（99ページ参照）がはじまってから多くなりました。室町時代《むろまちじだい》には石臼《いしうす》が広まったので、小麦を手軽に粉にできるようになり、小麦粉で、うどんやそうめん、まんじゅうがつくられるようになりました。

どれも、中国の食べ物をヒントにして、禅宗《ぜんしゅう》のお坊《ぼう》さんが寺でつくっていたもので、しだいに庶民《しょみん》にも広まりました。

まんじゅうのあんは、中国では肉をよくいれますが、肉食を禁《きん》じられていた日本では煮《に》たアズキをつぶしていれました。室町時代《むろまちじだい》には、砂糖《さとう》は庶民《しょみん》には手にはいらなかったので、塩で味をつけたあんでした。塩は室町時代《むろまちじだい》に生産量がふえ、庶民《しょみん》もよくつかうようになりました。

▲塩田《えんでん》をつかった塩づくりのようす。海岸の砂地《すなち》を平らにならし、そこに海水を何回もまき、天日で乾燥《かんそう》させると、濃《こ》い塩分がついた砂《すな》ができる。この砂《すな》をあつめて、おけの中にいれ、ふたたび海水をかけて、濃《こ》い塩水をつくる。この塩水を大きな釜《かま》にいれて煮《に》つめると、塩ができた。「文正草子《ぶんしょうぞうし》」（宮内庁書陵部蔵）

もっと知りたい！

お返しの風習

室町時代《むろまちじだい》のころの領主《りょうしゅ》には、領地《りょうち》の田畑の水路をなおすためのお金をだしたり、日照りや長雨で作物がとれないときには、村人に食べ物をあたえたりするなどの役目がありました。

村人は、自分たちを守ってくれる領主《りょうしゅ》に、正月や、田植えや稲刈《いねか》りのあとなど、1年間の仕事の区切りになる時期に、米や作物などをとどけて、お礼をしました。

領主《りょうしゅ》も、村人に、もちや酒、ごはんや魚のおかずなどを、身分におうじてお返ししました。

お祝いや品物などをもらったら、お返しをするという、現在《げんざい》もおこなわれている風習のはじまりは、このころからです。

着る

小袖《こそで》が武士《ぶし》の上着に

鎌倉時代《かまくらじだい》に武士《ぶし》のあいだで広く着られるようになった直垂《ひたたれ》は、室町時代《むろまちじだい》になると、こまかいちがいがうまれてきました。また、上着の下に着る衣服だった小袖《こそで》は、表に着る衣服になりました。

直垂《ひたたれ》から大紋《だいもん》、素襖《すおう》ができる

室町時代《むろまちじだい》になると、直垂《ひたたれ》(86、103ページ参照)は高級化して武士《ぶし》の正装《せいそう》としてもちいられ、絹《きぬ》でも仕立てられるようになりました。また、大紋《だいもん》や素襖《すおう》とよばれる直垂《ひたたれ》のなかまもできました。

大紋《だいもん》は、大形の家紋《かもん》を、袖《そで》・背《せ》・胸《むね》などにつけた衣服です。生地《きじ》は麻《あさ》でした。胸《むな》ひもは絹糸《きぬいと》、はかまの腰《こし》ひもは白絹《しらぎぬ》でできていました。

素襖《すおう》は、大紋《だいもん》とおなじ素材と形で、家紋《かもん》もいれました。大紋《だいもん》との大きなちがいは、胸《むな》ひもや菊綴《きくとじ》が革《かわ》でつくられ、はかまの腰《こし》ひもがはかまとおなじ生地《きじ》でつくられた点にあります。

直垂《ひたたれ》、大紋《だいもん》、素襖《すおう》を身にまとって描《えが》かれた武士《ぶし》の肖像画が数多く残っているため、これらの衣服は、武家《ぶけ》が威儀《いぎ》を正したときに着る衣服としてつかわれていたことがわかります。ただし、「直垂《ひたたれ》—大紋《だいもん》—素襖《すおう》」という序列《じょれつ》があり、素襖《すおう》がもっとも日常的《にちじょうてき》な衣服でした。これは、直垂《ひたたれ》の格《かく》が以前よりかなり向上したことを意味しています。

いっぽう、肩衣《かたぎぬ》が武士《ぶし》のあいだでふだんによく着られるようになりました。肩衣《かたぎぬ》とは、肩《かた》までしかない袖《そで》なしの衣服です。

袖《そで》なしの衣服は古くからあり、下層階級《かそうかいきゅう》の着るものでした。しかし、室町時代《むろまちじだい》になって、うごきやすさから上層《じょうそう》の武士《ぶし》が戦《いくさ》のときに着るようになりました。それから、しだいにふだんにも着るようになりました。

▶大紋《だいもん》を着た三好長慶像《みよしながよしぞう》。浅葱色《あさぎいろ》の地《じ》に白の大きな桐紋《きりもん》がついている。(聚光院蔵・重文)

●直垂《ひたたれ》・大紋《だいもん》・素襖《すおう》の素材と格《かく》

衣服名		素材《そざい》	格《かく》
直垂《ひたたれ》		絹《きぬ》・麻《あさ》	高い
直垂《ひたたれ》のなかま	大紋《だいもん》	麻《あさ》	中間
	素襖《すおう》	麻《あさ》	低い

▲肩衣《かたぎぬ》を着た武士《ぶし》たち。この絵の武士《ぶし》のように、肩衣《かたぎぬ》とはかまの上下がおなじ生地《きじ》で仕立てられたものが、やがて正式とされるようになっていった。「洛中洛外図屏風《らくちゅうらくがいずびょうぶ》」。(国立歴史民俗博物館蔵・重文)

小袖《こそで》、帷子《かたびら》が主要な衣服になる

小袖《こそで》と帷子《かたびら》は、これまで庶民《しょみん》が上着として身につけることはあっても、貴族《きぞく》・武家階級《ぶけかいきゅう》は上着の下に着る衣服として着ていました。しかし、室町時代《むろまちじだい》になると、上層階級《じょうそうかいきゅう》の人たちも上着として着るようになり、あらゆる階級の人々に広まりました。ふだん着としても、また、儀式《ぎしき》の場でも着られる、中心的な衣服となりました。

小袖《こそで》も帷子《かたびら》も、袖口《そでぐち》を小さくぬって仕立てる衣服で、はじめのころはたもとがつつ状《じょう》になったつつ袖《そで》でしたが、このころには、たもとが少しふくらんだ形でつくられるようにもなりました。

これまでの主要な衣服の袖《そで》は、袖口《そでぐち》を広くあけて仕立てた大袖《おおそで》だったため、室町時代《むろまちじだい》は、衣服の中心が大袖《おおそで》から小袖《こそで》へと大きく転換《てんかん》した時代になります。

小袖《こそで》は、おおむね絹《きぬ》でつくられ、裏地《うらじ》をつけて中に綿《わた》をいれました。それに対して帷子《かたびら》は、はやくから麻《あさ》でつくられ、裏地《うらじ》をつけずに単《ひとえ》で仕立てていました。小袖《こそで》から、裏地《うらじ》つきで中に綿《わた》をいれない袷《あわせ》がつくられるようになると、春と秋には袷《あわせ》、夏には帷子《かたびら》、冬には小袖《こそで》を着るというように、ころも替《が》えの習慣《しゅうかん》ができました。

鎌倉時代《かまくらじだい》、直垂《ひたたれ》を着ていた庶民《しょみん》は、室町時代《むろまちじだい》には素襖《すおう》を着るようになりましたが、やがて小袖《こそで》や帷子《かたびら》を着て、はかまをつけるように変化しました。そして、さらに、はかまも省略して小袖《こそで》、または帷子《かたびら》だけを着るようになっていきました。

古くは、はかまをつけない格好《かっこう》は庶民《しょみん》のなかでも最下層《さいかそう》の人たちに限《かぎ》られていましたが、このころには、ほかの庶民《しょみん》にも広まったのです。

帷子《かたびら》

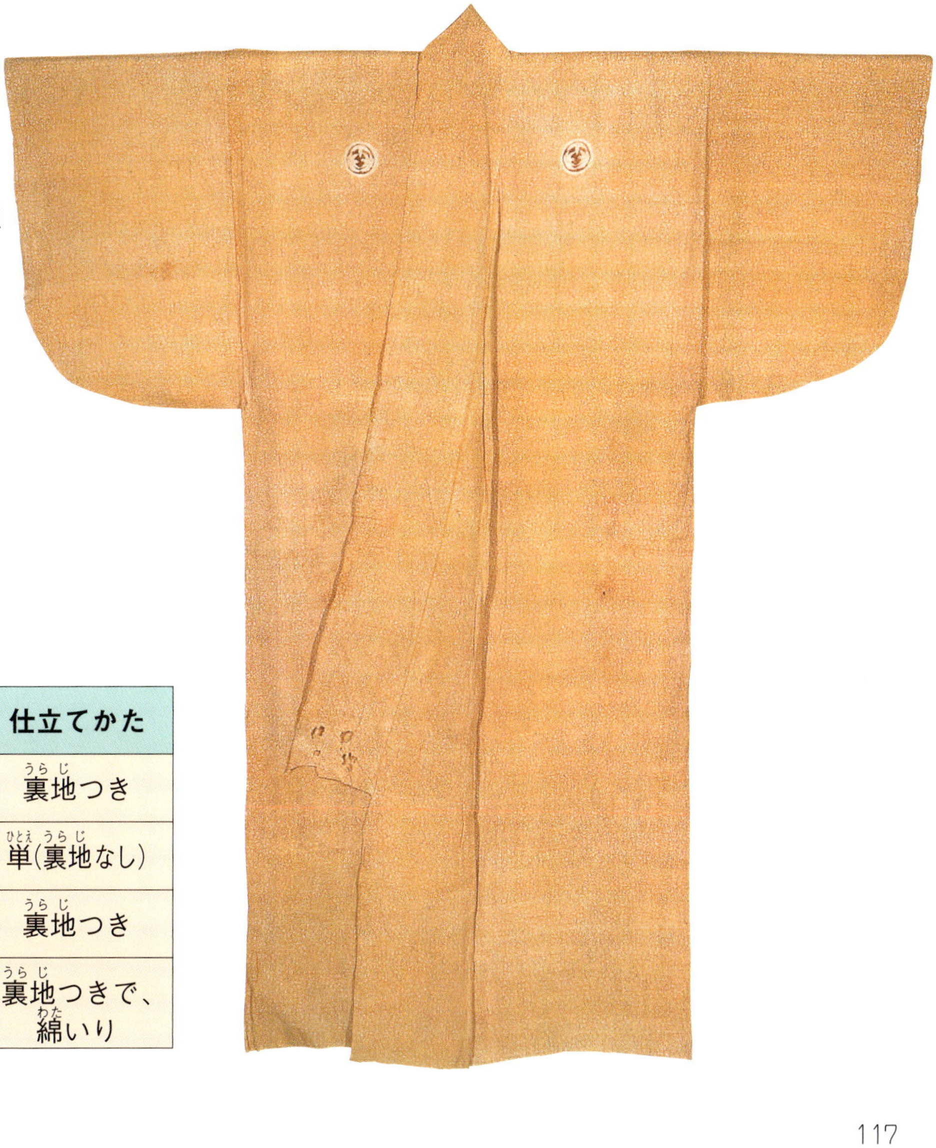

▶室町時代《むろまちじだい》の麻《あさ》でできた帷子《かたびら》。
（上杉神社蔵・重文）

●四季による衣服のちがい

季節	衣服名	おもな素材《そざい》	仕立てかた
春	袷《あわせ》	絹《きぬ》	裏地《うらじ》つき
夏	帷子《かたびら》	麻《あさ》	単《ひとえ》(裏地《うらじ》なし)
秋	袷《あわせ》	絹《きぬ》	裏地《うらじ》つき
冬	小袖《こそで》	絹《きぬ》	裏地《うらじ》つきで、綿《わた》いり

着る 女性《じょせい》の小袖《こそで》は多様化《たようか》

室町時代《むろまちじだい》には、女性《じょせい》も小袖《こそで》や帷子《かたびら》を着ることが主流になり、特に小袖《こそで》は着る人の身分や年齢《ねんれい》にあわせて、多様《たよう》な生地《きじ》やもようが選ばれました。

小袖《こそで》にも格《かく》と決まりごとがあった

鎌倉時代《かまくらじだい》までに、武家《ぶけ》の女性《じょせい》の衣服はずいぶん簡略化《かんりゃくか》され、小袖《こそで》を重ね着してはかまをつける小袖袴《こそでばかま》(101ページ参照)が主流になっていましたが、室町時代《むろまちじだい》になると、はかまもはぶき、小袖《こそで》、帷子《かたびら》のみですごすのがふつうになりました。

小袖《こそで》、帷子《かたびら》が主要な衣服になるにしたがって、上層《じょうそう》の武家《ぶけ》や公家《くげ》につかえる女性《じょせい》は、身分や年齢《ねんれい》にあわせて、生地《きじ》や色柄《いろがら》を選ぶようになり、小袖《こそで》のなかに格《かく》の高さ、年齢《ねんれい》の決まりごとができました。

小袖《こそで》につかわれるもようには、着る季節にあった動植物の柄《がら》か、常緑樹《じょうりょくじゅ》の松や橘《たちばな》といったおめでたい柄《がら》が選ばれました。そして、大柄《おおがら》のもようは、どちらかといえば若い人向きでした。

また、赤などのはなやかな色も若い人向きとされ、紫《むらさき》や黄色といった落ちついた色は年配者向きとされました。

●小袖《こそで》の格《かく》によるちがい

格《かく》	特徴《とくちょう》
もっとも高い	唐織《からおり》の小袖《こそで》。唐織《からおり》は刺繍《ししゅう》をほどこしたようにもようを織《お》りだした、多色づかいの絹織物《きぬおりもの》。ごく一部の上層階級《じょうそうかいきゅう》の女性《じょせい》だけが着ることをゆるされるものだった。
2番目に高い	織物《おりもの》の小袖《こそで》。特に格子柄《こうしがら》や細い縞《しま》を織《お》りだしたものが重んじられた。
3番目に高い	刺繍《ししゅう》の小袖《こそで》。このころの刺繍《ししゅう》は、生地《きじ》の表側だけに糸がでるように糸を長く浮《う》かせてわたし、裏側《うらがわ》にはなるべく糸がでないようにしている。
もっとも低い	染《そ》め物《もの》の小袖《こそで》。

▶もっとも格《かく》の高い唐織《からおり》の小袖《こそで》。片身替《かたみが》わり(119ページ参照)になっている。(毛利博物館蔵・重文)

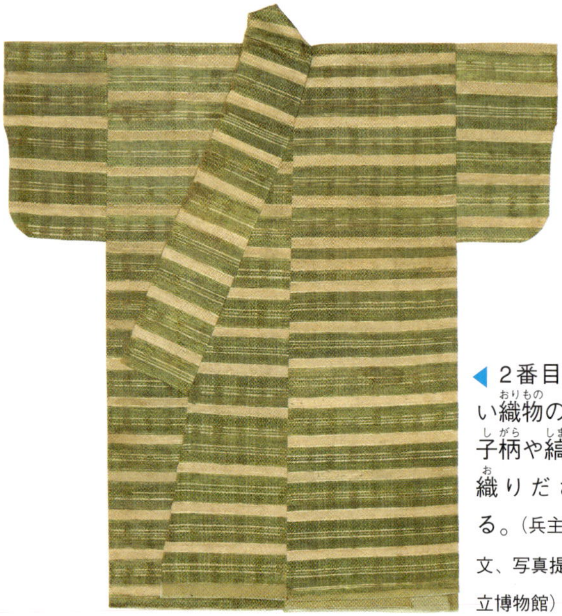

◀2番目に格《かく》の高い織物《おりもの》の小袖《こそで》。格子柄《こうしがら》や縞《しま》もようが織《お》りだされている。(兵主大社蔵・重文、写真提供:東京国立博物館)

武家《ぶけ》の女性《じょせい》のあいだでは、小袖《こそで》を正装《せいそう》としてもちいました。小袖《こそで》を着て帯をしめた上から、さらに小袖《こそで》を重ねて打掛《うちかけ》すがたとし、夏は打掛《うちかけ》を肩脱《かたぬ》ぎして腰《こし》に巻く腰巻《こしま》きすがたとなりました。

▶打掛《うちかけ》すがた。細い帯をしめた小袖《こそで》の上に、もう１枚《まい》小袖《こそで》をかけた打掛《うちかけ》すがたはこのころの正装《せいそう》だった。

▲腰巻《こしま》きすがた。小袖《こそで》の袖《そで》を通さずに腰《こし》に巻《ま》いた腰巻《こしま》きすがたが夏の正装《せいそう》となった。

単純《たんじゅん》で大胆《だいたん》なデザインが特徴《とくちょう》

室町時代《むろまちじだい》の武家《ぶけ》の女性《じょせい》が着た小袖《こそで》や帷子《かたびら》は、生地《きじ》やもようが多様《たよう》になったばかりでなく、デザインにもいろいろなものがあらわれました。

「肩形式《かたけいしき》」や「肩裾形式《かたすそけいしき》」とよばれるものは、肩《かた》の部分のみ、または肩《かた》とすその部分のみにもようをほどこし、そのほかは無地にするデザインで、このころに特徴的《とくちょうてき》なものです。

また、１着の小袖《こそで》をつくるのに、２種類以上の異《こと》なる生地《きじ》をつなぎ合わせて仕立てるデザインもありました。右半身と左半身とでそれぞれ異《こと》なった生地《きじ》をもちいて仕立てたものを「片身替《かたみが》わり」といい、左右だけでなく、上下の生地《きじ》もかえて仕立てたものを「四替《よつが》わり」といいました。さらにこまかく区切って「八替《やつが》わり」「十六替《じゅうろくが》わり」などにすることもありました。

室町時代《むろまちじだい》の小袖《こそで》や帷子《かたびら》は、単純《たんじゅん》で大胆《だいたん》な、しかも整然《せいぜん》としたデザインが特徴《とくちょう》となっています。

このころは、小袖《こそで》にたもとがつくられるようにもなっていましたが、上層階級《じょうそうかいきゅう》の子どもや若者の袖《そで》には、丈《たけ》の長い振《ふ》りがつけられることがありました。これを「わきあけ」といい、のちに「振《ふ》り袖《そで》」とよばれるようになりました。このころは、女性《じょせい》だけでなく、男性《だんせい》の衣服にもみられました。

庶民《しょみん》の女性《じょせい》は、これまでどおりの小袖《こそで》、帷子《かたびら》を着ていて、あまり大きな変化はありませんでした。

▲肩裾形式《かたすそけいしき》の小袖《こそで》。小袖《こそで》のなかでは3番目の格《かく》にあたる刺繍《ししゅう》をほどこした小袖《こそで》。（東京国立博物館蔵・重文）

生地《きじ》と技術《ぎじゅつ》

衣服の生地《きじ》には、おもに絹《きぬ》と麻《あさ》がつかわれていましたが、室町時代《むろまちじだい》に朝鮮《ちょうせん》や中国から木綿《もめん》がもたらされると、しだいに広まりました。染色技術《せんしょくぎじゅつ》も進歩し、さまざまな染《そ》め物《もの》がつくられました。

はじめは高級品だった木綿《もめん》

日本では古くから、衣服の生地《きじ》には、おもに絹《きぬ》と麻《あさ》がもちいられてきました。

室町時代《むろまちじだい》になって、木綿《もめん》がもたらされましたが、はじめは朝鮮《ちょうせん》や中国からの輸入品《ゆにゅうひん》だったので、貴族《きぞく》やお坊《ぼう》さんのあいだで貴重《きちょう》な布地《ぬのじ》としてあつかわれる高級品でした。

1500年代なかごろから、日本でも木綿《もめん》の生産がはじまりました。麻《あさ》よりやわらかくてじょうぶな木綿《もめん》は、いちはやく武士《ぶし》の戦《いくさ》のときの衣服につかわれました。

木綿《もめん》が武士《ぶし》のたたかうための衣服ではなく、一般《いっぱん》庶民《しょみん》の衣服の素材《そざい》として広まるのは、江戸時代《えどじだい》になってからのことです。

麻《あさ》や木綿《もめん》のほかに、葛《くず》もはかまの生地《きじ》としてしばしば利用されました。また、琉球《りゅうきゅう》（現在《げんざい》の沖縄県《おきなわけん》）や東南アジアからは、バショウという植物の繊維《せんい》からとった糸で織《お》った、張《は》りのある芭蕉布《ばしょうふ》ももたらされ、衣服につかわれました。

地方の庶民《しょみん》のあいだでは、さまざまな草木から繊維《せんい》をとって布《ぬの》を織《お》り、衣服をつくっていたと考えられています。

▲綿《わた》の実（上）がはじけると、綿花《めんか》（下）になる。綿花《めんか》は、木綿《もめん》の材料。

（写真提供：日本綿業振興会）

◀▲葛布《くずふ》をつかってつくったはかま（左）とその拡大写真（右）。上杉謙信《うえすぎけんしん》のものといわれている。葛布《くずふ》は、葛《くず》の繊維《せんい》からつくった糸をよこ糸にして織《お》った布《ぬの》。たて糸には、葛《くず》だけでなく、木綿《もめん》、麻《あさ》、絹《きぬ》がつかわれた。水に強くてじょうぶという特徴《とくちょう》をもつ。（上杉神社蔵・重文）

染色《せんしょく》の技術《ぎじゅつ》が進歩する

絹《きぬ》と、麻《あさ》などの植物繊維《しょくぶつせんい》の布《ぬの》とでは、生地《きじ》のやわらかさや吸水性《きゅうすいせい》などが異《こと》なっているため、染《そ》めかたもちがいました。

やわらかくて吸水性《きゅうすいせい》のよい絹《きぬ》には、絞《しぼ》り染《ぞ》めが多くおこなわれました。絞《しぼ》り染《ぞ》めは、生地《きじ》の一部をつまんで糸でくくったり、針《はり》でぬって糸をきつくしぼったりしてから、染料《せんりょう》の中に生地《きじ》をひたして染《そ》める技法《ぎほう》です。染《そ》めあがってから糸をほどくと、一部が染《そ》め残《のこ》ってもようとなってあらわれます。

絹《きぬ》よりやわらかさや吸水性《きゅうすいせい》がおとる植物繊維《しょくぶつせんい》の布《ぬの》には、糊染《のりぞ》めが多くつかわれました。糊染めは染《そ》め残《のこ》そうとする部分に糊（米を煮《に》てつくったもの）を置いて染《そ》める技法《ぎほう》です。染《そ》めあがったあと、糊《のり》を落とすと、染《そ》め残《のこ》った部分がもようとしてあらわれます。

染料《せんりょう》のなかには、絹《きぬ》と植物繊維《しょくぶつせんい》の布《ぬの》のいずれかいっぽうしか染《そ》めることができないものもありました。たとえば、藍《あい》の場合、生葉《なまは》をこまかくきざんだり、ジュース状《じょう》にしたりしたものを染料《せんりょう》としてつかうと、絹《きぬ》では美しい水色に染《そ》まりますが、植物繊維《しょくぶつせんい》の布《ぬの》では染《そ》まりません。植物繊維《しょくぶつせんい》の布《ぬの》を藍《あい》で染《そ》めるには、葉を乾燥《かんそう》させたり、発酵《はっこう》させたりと、複雑《ふくざつ》な加工が必要になります。

このころは、生地《きじ》の性質《せいしつ》にあわせて、もっともやりやすい方法で、染色《せんしょく》がおこなわれていました。

◀染《そ》め物屋《ものや》のようす。染料《せんりょう》のはいった大きなかめに生地《きじ》をひたしたり（右端《みぎはし》の女性《じょせい》）、型紙をつかって糊《のり》を置いたり（右から3番目の男性《だんせい》）、もようを染《そ》め終わった生地《きじ》の地《じ》を染《そ》めるために、はけで糊《のり》を置いたり（右から4番目の男性《だんせい》）している人々のすがたが描《えが》かれている。「職人尽絵《しょくにんづくしえ》」。

（喜多院蔵・重文、写真提供：川越市立博物館）

◀絞《しぼ》り染《ぞ》め（国立歴史民俗博物館蔵）

◀糊《のり》染《ぞ》め（「草花色紙散文素襖」春日神社蔵・重文、写真提供：国立能楽堂）

農民が団結《だんけつ》し、一揆《いっき》を結ぶ

室町時代《むろまちじだい》のなかごろになると、農民は村や自分たちの生活を守るために有力な農民を中心に団結《だんけつ》しました。そして、重税《じゅうぜい》で自分たちを苦しめる領主《りょうしゅ》や幕府《ばくふ》などに反抗《はんこう》しました。

農民も武器《ぶき》を持ってたたかう

室町時代《むろまちじだい》には、商業や手工業《しゅこうぎょう》が発展《はってん》し、貨幣《かへい》も流通するようになりました。そこで、年貢《ねんぐ》（税《ぜい》）を貨《か》幣《へい》でおさめることも、おこなわれるようになりました。

この時代のなかごろからは、戦乱や飢饉《ききん》がつづき、天然痘《てんねんとう》などの疫病《えきびょう》もはやったので、生活が苦しくなった農民や武士《ぶし》などがおおぜいいました。生活できずに、しかたなしに金融業者《きんゆうぎょうしゃ》から、年率で50～90％という高い利子《りし》で借金《しゃっきん》する人が続出しました。これは、今のお金でいうと、1万円借りたとき、1年後に利子《りし》を5000～9000円はらわなければいけないという過酷《かこく》なものです。

さらに領主《りょうしゅ》や大名《だいみょう》から重い年貢《ねんぐ》をかけられたため、懸命《けんめい》に働いても、借金《しゃっきん》はとうていかえすことはできませんでした。

このころ、田畑にひく水路の建設《けんせつ》、用水の配分、村のおきてなどを自分たちで話しあって決めるようになった農民たちは、生活苦からのがれるために団《だん》結《けつ》しました。この団結を一揆《いっき》といいます。そして、領主《りょうしゅ》に年貢《ねんぐ》をへらす交渉《こうしょう》をしたり、武器《ぶき》をとって金《きん》融業者《ゆうぎょうしゃ》をおそって借金《しゃっきん》の証文《しょうもん》をうばったり、借金《しゃっきん》はないことにするという徳政令《とくせいれい》をだすよう幕府《ばくふ》に要求したりしました。

◀室町時代《むろまちじだい》の田植えのようす。田植えや稲刈《いねか》りは、村人総出《そうで》の作業で、村人の団結力《だんけつりょく》を高めた。一揆《いっき》を結ぶときは、この、全員が一致団結《いっちだんけつ》するという力が必要だった。「月並風俗図屏風《つきなみふうぞくずびょうぶ》」（東京国立博物館蔵）

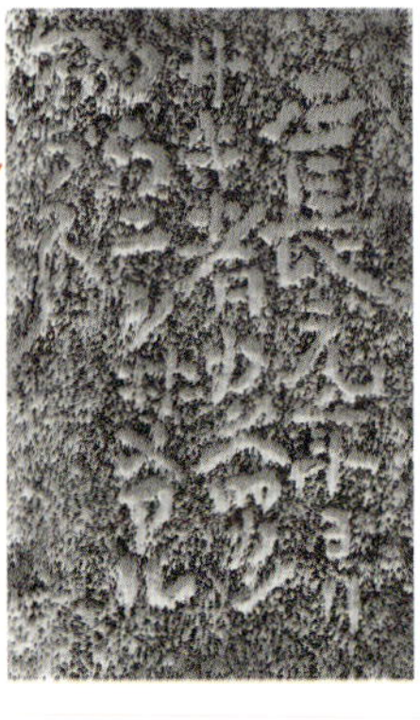

◀奈良県《ならけん》にある、お地蔵《じぞう》さんの彫《ほ》られた大きな石の片隅《かたすみ》には、「借金《しゃっきん》を帳消しにする」という意味のことばが刻《きざ》まれている。これは、1428年の徳政一揆《とくせいいっき》のとき、刻《きざ》まれたもの。（写真提供：奈良市教育委員会）

近世

安土桃山《あづちももやま》時代《じだい》

江戸《えど》時代《じだい》

安土桃山時代《あづちももやまじだい》のくらし

　安土桃山時代《あづちももやまじだい》は、織田信長《おだのぶなが》が天下統一《てんかとういつ》の基礎《きそ》を築《きず》き、豊臣秀吉《とよとみひでよし》が天下《てんか》統一《とういつ》をはたした時代で、1573年からの約30年間をいいます。
　南蛮《なんばん》とよばれたポルトガル、スペインとの交易《こうえき》もはじまり、はなやかな時代でした。そのいっぽうで、秀吉《ひでよし》は全国の農民に対する支配力《しはいりょく》を強め、刀狩《かたながり》をおこなって農民から武器《ぶき》をとりあげました。農村にいた武士《ぶし》は城下町《じょうかまち》にうつり、農民と武士《ぶし》の分離《ぶんり》がすすみました。

住む

豪華《ごうか》な城《しろ》と質素《しっそ》な茶室

織田信長《おだのぶなが》は、天下統一《てんかとういつ》の拠点《きょてん》として豪華《ごうか》な安土城《あづちじょう》を築《きず》き、信長《のぶなが》のあとをついで天下を統一《とういつ》した豊臣秀吉《とよとみひでよし》は、その前後に大坂城《おおさかじょう》や聚楽第《じゅらくだい》、伏見城《ふしみじょう》を築《きず》きました。いっぽう、茶人《ちゃじん》の千利休《せんのりきゅう》は、茶室をつくり、茶の湯をきわめました。

高層《こうそう》の天守《てんしゅ》をもつ安土城《あづちじょう》

1579年に、琵琶湖《びわこ》のほとりの小高い丘・安土《あづち》山に完成した安土城《あづちじょう》は、天下統一《てんかとういつ》を目前《もくぜん》にした織田信長《おだのぶなが》の力をしめすようにそびえていました。高層《こうそう》の天守《てんしゅ》(天守閣《てんしゅかく》・物見《ものみ》やぐら)をもつ城《しろ》で、天守《てんしゅ》は朱《しゅ》や金でいろどられ、光があたると金色にかがやいたといいます。

これまでの城《しろ》は、敵《てき》の攻撃《こうげき》をふせぐことを第一に考えた堅固《けんご》なつくりでしたが、安土城《あづちじょう》は、天守《てんしゅ》をもうけて敵《てき》にそなえているものの、城《しろ》全体は武士《ぶし》の頂《ちょう》点《てん》にたった信長《のぶなが》の権威《けんい》をしめすかのように豪華《ごうか》さをほこったものでした。

信長《のぶなが》は、城《しろ》のまわりに家臣を住まわせ、商人や職《しょく》人《にん》なども移住させ、城下町《じょうかまち》をつくって、政治《せいじ》や軍事、経済《けいざい》の中心地にしようとしました。

▶安土城《あづちじょう》の復元模型《ふくげんもけい》
(安土町蔵・内藤 昌 復元©)

秀吉《ひでよし》は、大坂城《おおさかじょう》、聚楽第《じゅらくだい》、伏見城《ふしみじょう》

信長《のぶなが》のあとをついで1590年に天下《てんか》を統一《とういつ》した豊臣秀吉《とよとみひでよし》は、信長《のぶなが》の方針《ほうしん》をうけつぎ、統一《とういつ》の前後に大坂《おおさか》（大阪《おおさか》）に大坂城《おおさかじょう》（大阪城《おおさかじょう》）、京都に聚楽第《じゅらくだい》、伏見城《ふしみじょう》を建てました。

大坂城《おおさかじょう》には安土城《あづちじょう》とおなじように天守《てんしゅ》が築《きず》かれました。築城《ちくじょう》された地は、攻撃《こうげき》されにくく、なおかつ交通の便がよい場所で、政治《せいじ》をおこないやすいところでした。

聚楽第《じゅらくだい》は、堀《ほり》に囲まれた天守《てんしゅ》をもつ城《しろ》のような邸宅《ていたく》で、金箔《きんぱく》をはったかわらもつかわれました。伏見城《ふしみじょう》も、豪華《ごうか》な城《しろ》でした。

大坂城《おおさかじょう》、聚楽第《じゅらくだい》、伏見城《ふしみじょう》の周辺には、武士《ぶし》、町人などが住む城下町《じょうかまち》がつくられました。

この時代の庶民《しょみん》の住まいは、室町時代《むろまちじだい》とほぼおなじだったと考えられています。

▶秀吉《ひでよし》が京都《きょうと》に築《きず》いた聚楽第《じゅらくだい》を描《えが》いた屏風絵《びょうぶえ》。「聚楽第図屏風《じゅらくだいずびょうぶ》」

（三井記念美術館蔵）

千利休《せんのりきゅう》が重んじた質素《しっそ》な茶室

中国からつたえられた茶の湯を、「わび茶」として完成させた千利休《せんのりきゅう》は、権力者《けんりょくしゃ》の力をみせつけるような城《しろ》がつくられた時代に、つつましい気持ちをたいせつにする「わび」の精神で、質素《しっそ》な茶室を建てました。

利休《りきゅう》は、秀吉《ひでよし》の茶の湯の先生でした。豪華《ごうか》さをこのむ秀吉《ひでよし》に命じられて1582年につくった茶室待庵《ちゃしつたいあん》は、秀吉《ひでよし》の権力《けんりょく》におもねることなく、わずかたたみ2畳《じょう》の広さで、装飾《そうしょく》をいっさいほどこさない、「わび」に徹《てっ》した精神性《せいしんせい》の高いものでした。

茶道《さどう》がさかんになると、たたみの上での歩きかたや座《すわ》りかたなどの所作《しょさ》や作法《さほう》が確立《かくりつ》してきました。

◀利休《りきゅう》が秀吉《ひでよし》に命じられて建てた茶室待庵《ちゃしつたいあん》を描《えが》いた絵。

安土桃山時代

食べる

南蛮《なんばん》からきた食べ物

安土桃山時代《あづちももやまじだい》の少し前くらいからポルトガル人やスペイン人が日本にやってくるようになり、この人たちを南蛮人《なんばんじん》とよび、南蛮《なんばん》からもたらされた食べ物を南蛮渡来《なんばんとらい》といってめずらしがりました。

たまごや砂糖《さとう》が材料のカステラ

ポルトガル人がつたえた食べ物の代表は、小麦粉にニワトリのたまごと砂糖《さとう》をいれてかきまぜ、オーブンで焼いてつくる南蛮菓子《なんばんがし》のカステラです。安土《あづち》桃山時代《ももやまじだい》の天正《てんしょう》年間（1573～1592年）ころに、ポルトガル人からカステラとその製造法《せいぞうほう》が日本につたわり、日本でも鉄なべと炭火をつかってつくられるようになりました。しかし、高価《こうか》だったので、食べることができたのはごく一部の人だけだったようです。つたわった当時は小麦粉の割合《わりあい》が多くてかためで、今のようなふんわりしたカステラになったのは、明治時代になってからといわれています。

ニワトリは、飛鳥《あすか》・奈良時代《ならじだい》に天皇《てんのう》がニワトリの肉を食べることを禁止《きんし》したこともあって、それ以後、肉やたまごを食べる習慣《しゅうかん》はおおやけにはありませんでした。

しかし、南蛮《なんばん》との交易《こうえき》がさかんになると、タイからシャモ、ベトナムからはチャボという品種のニワトリがもたらされ、日本でもそだてて肉やたまごを食べる人がでてきました。

砂糖《さとう》は、室町時代《むろまちじだい》に琉球《りゅうきゅう》（現在《げんざい》の沖縄県《おきなわけん》）の商人を経《へ》てタイなどから輸入《ゆにゅう》していましたが、南蛮《なんばん》との交易《こうえき》がさかんになると輸入量《ゆにゅうりょう》がふえました。

また、南蛮《なんばん》からは、コンペイトウ、カルメラ、ビスケット、タルト、ボーロなどのあまいお菓子《かし》もつたわりました。高価《こうか》だったので、庶民《しょみん》の口にはなかなかはいらなかったようです。

▲カステラ

▲コンペイトウ

▲カルメラ

カボチャやジャガイモも南蛮渡来《なんばんとらい》

南蛮《なんばん》からは、カボチャ、ジャガイモ、トウモロコシなどの作物もつたわりました。このような作物は、おなかにたまるので、米を節約するための食べ物としてそだてられるようになりました。

ジャガイモは、土の中にできるので日照りに強く、ほかの作物がとれないときにもとれました。そのため、江戸時代以降《えどじだいいこう》は、飢饉《ききん》をすくう「おたすけいも」ともよばれました。

トウガラシやコショウなどの香辛料《こうしんりょう》、スイカ、サトウキビもつたわりました。

トウモロコシやトウガラシのことを、のちに南蛮《なんばん》きび、南蛮《なんばん》がらしとよぶ地域《ちいき》もでてきました。

▲日本に上陸した南蛮人《なんばんじん》は色あざやかな衣服を着ていた。南蛮人《なんばんじん》は、鉄砲《てっぽう》、キリスト教、食べ物、衣類など、多くのものを日本につたえた。「南蛮人来朝図屏風《なんばんじんらいちょうずびょうぶ》」（国立歴史民俗博物館蔵）

油と鉄なべをつかう、てんぷら

料理では、「てんぷら」がつたえられました。しかし、「てんぷら」といっても、魚や鳥の肉を油でいためたものや、油であげたものなど、油をつかう料理を一般《いっぱん》にてんぷらとよんだようです。

日本人は油をつかう料理を、この時代までほとんどしてきませんでした。油は、なたね油（アブラナの種の油をしぼったもの）やイワシ油がありましたが、明かり用でした。食用には、最初はゴマ油をつかったようです。

室町時代《むろまちじだい》から、稲《いね》をつくって収穫《しゅうかく》したあとのたんぼに、裏作《うらさく》としてアブラナをつくる地域《ちいき》がでてきました。それにより、なたね油がたくさんとれるようになったので、南蛮料理《なんばんりょうり》がつたわると、なたね油も食用につかわれるようになりました。

安土桃山時代《あづちももやまじだい》には鉄なべがあったので、油をつかって高い温度で調理するてんぷらをつくることができたのです。

着る

はなやかに装《よそお》った武将《ぶしょう》たち

安土桃山時代《あづちももやまじだい》には天下統一《てんかとういつ》にむけて、織田信長《おだのぶなが》、豊臣秀吉《とよとみひでよし》などの有力な武将《ぶしょう》が活躍《かつやく》しましたが、2人のような身分の高い武士《ぶし》たちは、これまでになくはなやかな衣服をこのんで身につけました。

肩衣《かたぎぬ》が武士《ぶし》の正装《せいそう》に

安土桃山時代《あづちももやまじだい》になると、直垂《ひたたれ》・素襖《すおう》(116ページ参照)などが重大な儀式《ぎしき》のときの正装《せいそう》として着られるようになりました。室町時代《むろまちじだい》には武士《ぶし》のふだん着だった袖《そで》なしの肩衣《かたぎぬ》(116ページ参照)は、正装《せいそう》として着られるようになり、格《かく》が高くなるにしたがい、形も少しずつ変化し、りっぱなものになっていきました。

もともと肩衣《かたぎぬ》は上衣だけの衣服でしたが、おなじ生地《きじ》をつかってはかまを仕立てるようになりました。そして、麻《あさ》で仕立てるのが正式とされ、家紋《かもん》がつけられました。おなじ生地《きじ》でつくった肩衣《かたぎぬ》とはかまの組み合わせを、裃《かみしも》といいます。

▶白の小袖《こそで》の上に肩衣《かたぎぬ》をつけた織田信長像《おだのぶながぞう》。このころの肩衣《かたぎぬ》は、肩《かた》の張《は》りかたがあまり大きくなく、胸《むね》のひだは自然に折り、前を交差して引き合わせている。(長興寺蔵・重文、写真提供:豊田市郷土資料館)

はなやかな胴服《どうふく》

◀胴服《どうふく》。桐《きり》と矢の染《そ》めもようがほどこされている。豊臣秀吉《とよとみひでよし》のものといわれている。(京都国立博物館蔵・重文)

このころの男性《だんせい》をとりわけはなやかに彩《いろど》った衣服に胴服《どうふく》とよばれるものがあります。もともとは、旅行のときに、小袖《こそで》の上にはおって着るものでした。戦《いくさ》のときに陣営《じんえい》で着たりするようにもなり、しだいに武将《ぶしょう》たちがさまざまにこったデザインのものを着るようになりました。

形は小袖《こそで》に似《に》ていますが、袖口《そでぐち》をぬいとじずに、全体が開いた広袖《ひろそで》になっていました。袖《そで》をつけずに、袖《そで》なしとする場合もあります。上から帯をしめないことが多く、そのために胸《むね》ひもをつけて結びあわせました。

胴服《どうふく》には、ふつうの男性《だんせい》の小袖《こそで》にはみられないような色づかいやもようがほどこされ、デザインも大《だい》胆《たん》なものや奇抜《きばつ》なものが多く、このころの武将《ぶしょう》たちが競《きそ》って、ほかの人とはちがう衣装《いしょう》を身につけようとしたようすがうかがえます。胴服《どうぶく》は、関東では羽《は》織《おり》とよばれていました。

▶戦陣《せんじん》で、よろいの上にはおった「陣羽織《じんばおり》」。クジャク、シシ、シカなどのもようのつづれ織《お》りで、ペルシャのじゅうたんを切って仕立てたもの。豊臣秀吉《とよとみひでよし》のものといわれている。
（高台寺蔵・重文）

南蛮《なんばん》の衣服が流行

1500年代なかごろ、ポルトガルやスペイン（南《なん》蛮《ばん》）の人々が鉄砲《てっぽう》やキリスト教をもたらし、それとともに多くの外国の文化がつたえられました。安土《あづち》桃山時代《ももやまじだい》になると、織田信長《おだのぶなが》や、南蛮《なんばん》と貿易《ぼうえき》をおこなっていた大名《だいみょう》（各地の領主《りょうしゅ》）たちは、南蛮《なんばん》の文化を積極的にとりいれました。そのなかには、いろいろな衣服もありました。

南蛮《なんばん》からもたらされた衣服には、帽子《ぼうし》やカッパ、カルサン、ひだえりなどがあります。これらの衣服は豪華《ごうか》で目立ったので、武将《ぶしょう》たちが戦陣《せんじん》や晴れの場でこのんで身につけたほか、裕福《ゆうふく》な町人たちにも広まりました。

染織品《せんしょくひん》にはラシャ、ビロードといったものがありました。ラシャはイギリスなどで生産された羊毛《ようもう》の織物《おりもの》で、ビロードは表面の毛を立たせた織物《おりもの》です。どちらも、おもに胴服《どうぶく》の生地《きじ》としてもちいられました。ビロードは、イタリアが産地として名高いのですが、中国でもつくっていて、日本には中国産が多くもたらされました。

東南アジアやインドなどで生産された更紗《さらさ》や木綿《もめん》の縞織物《しまおりもの》もつたえられ、このころさかんだった茶の湯でめずらしいきれ地《じ》としてつかわれました。

もっと知りたい!

南蛮《なんばん》からつたわった衣服

カッパ

カッパはポルトガル語でマントのこと。のちに日本でもまねしてつくったのが雨がっぱ。

帽子《ぼうし》

南蛮人《なんばんじん》がかぶっていた帽《ぼう》子《し》は、南蛮笠《なんばんがさ》などとよばれた。

カルサン

南蛮人《なんばんじん》は、大きくふくらんだズボンをはいていた。これをまねた足首を細くしぼったはかまがつくられ、武将《ぶしょう》から庶民《しょみん》まで広くつかわれた。

ひだえり

南蛮人《なんばんじん》は、白や赤のひだえりがついた衣服を着ていた。これをまねて、ひだえりをつけるのが流行《りゅうこう》した。

女性《じょせい》の小袖《こそで》がより豪華《ごうか》に

安土桃山時代《あづちももやまじだい》になって、女性《じょせい》の小袖《こそで》や帷子《かたびら》は金・銀がたくさんつかわれたり、こまかくもようがほどこされたりするなどして、いっそう豪華《ごうか》なものになりました。

生地《きじ》に金箔《きんぱく》をはる技法《ぎほう》も

安土桃山時代《あづちももやまじだい》になって、小袖《こそで》と帷子《かたびら》はあらゆる階層《かいそう》の人々の中心的な衣服となりました。このころの小袖《こそで》は、くるぶしまでの長さで、横幅《よこはば》が広く仕立てられ、その着かたも、前をゆったりと打ちあわせ、帯を低くしめていました。

女性《じょせい》の小袖《こそで》は、趣向《しゅこう》をこらしたものがつくられるようになりました。なかでも、金箔《きんぱく》や銀箔《ぎんぱく》を糊《のり》で生地《きじ》にはりつける「摺箔《すりはく》」とよばれる技法《ぎほう》は、この時代の代表的なもののひとつでした。摺箔《すりはく》は室町時代《むろまちじだい》からおこなわれていましたが、安土桃山時代《あづちももやまじだい》に特にさかんにもちいられました。

手のこんだ絞《しぼ》り染《ぞ》めもこの時代を代表する技法《ぎほう》です。大きく絞《しぼ》ったあとに、さらにもようを描《えが》きくわえたりもしました。

室町時代《むろまちじだい》には、着る季節にあった草木や動物のもようが選ばれましたが、このころになると、季節に関係なくさまざまな動植物をとりまぜることが多くなりました。また、夏の衣服だった帷子《かたびら》が、麻《あさ》などの布《ぬの》だけでなく絹《きぬ》でも仕立てられるようになりました。すなわち、季節によって生地《きじ》やもようをかえることが、あまりみられなくなったのです。

◀このころ、幅《はば》広く仕立てられた小袖《こそで》を着ていたので、女性《じょせい》は片方《かたほう》のひざを立てたり、あぐらをかいたりして座《すわ》ることができた。

▶手のこんだ絞《しぼ》り染《ぞ》め。室町《むろまち》時代《じだい》からおこなわれていたが、安土桃山時代《あづちももやまじだい》になっていっそう複雑《ふくざつ》になった。絞《しぼ》り染《ぞ》めに細い線をかきいれたり、さらに色を染《そ》めたりするので、独特《どくとく》の味わいになった。（遠山記念館蔵）

▲さまざまなもようの小袖《こそで》を着た女性《じょせい》たち。武家《ぶけ》の女性《じょせい》と思われる。「高雄観楓図屏風《たかおかんぷうずびょうぶ》」（東京国立博物館蔵・国宝）

自由で複雑《ふくざつ》なデザインに

デザインにおいても、室町時代《むろまちじだい》の整然《せいぜん》として単純《たんじゅん》明快《めいかい》なデザインとは異《こと》なり、自由でのびやかな構成《こうせい》がうまれました。

小袖《こそで》をあたかも抽象画《ちゅうしょうが》のように染《そ》めわけることが流行《りゅうこう》しました。おもに紅《べに》・黒・白の３色の区画にわけ、それぞれの区画には刺繍《ししゅう》や摺箔《すりはく》でこまかいもようがほどこされました。

生地《きじ》一面をおおいつくすように、摺箔《すりはく》や刺繍《ししゅう》でもようを描《えが》きだしたこれらの小袖《こそで》は「地《じ》なし小袖《こそで》」とよばれ、たいへん豪華《ごうか》なものでした。そのこまかいもようはどれもおめでたい図柄《ずがら》でもあるので、「地《じ》なし小袖《こそで》」はお祝《いわ》いごとの席で着られるものだったと考えられています。また、その生地《きじ》にはそれまでのような地紋《じもん》のない絹《きぬ》ではなく、紋様《もんよう》を織《お》りだしたやわらかな風合《ふうあ》いのものがこのんでもちいられました。

◀摺箔《すりはく》と刺繍《ししゅう》が一面にあしらわれた豪華《ごうか》な地《じ》なし小袖《こそで》。（重文）

安土《あづち》の楽市《らくいち》・楽座《らくざ》

安土城《あづちじょう》を築《きず》いた織田信長《おだのぶなが》は、安土《あづち》の城下《じょうか》で自由な商売ができる楽市《らくいち》・楽座《らくざ》というしくみをとりいれました。町は物の売り買いが活発になり、いろいろな人がおとずれ、ゆたかでにぎやかになりました。

座《ざ》をなくし、楽市《らくいち》・楽座《らくざ》をとりいれる

安土桃山時代《あづちももやまじだい》の1577年、信長《のぶなが》は安土《あづち》の城下《じょうか》で楽市《らくいち》・楽座《らくざ》のしくみをとりいれました。

楽市《らくいち》とは、商人は、市場《いちば》で商売をするための税金《ぜいきん》（市場税《いちばぜい》、商業税《しょうぎょうぜい》）をはらわなくてもよいという制度《せいど》です。また、楽座《らくざ》とは、座《ざ》を廃止《はいし》し、だれもが自由に商売をしてもよいという制度《せいど》です。

座《ざ》というのは、平安時代《へいあんじだい》の終わりころからはじまった、商人や職人《しょくにん》などが、おなじ仕事をする人どうしでつくった組合のようなものです。室町時代《むろまちじだい》になると、座《ざ》では、朝廷《ちょうてい》や大きな寺、貴族《きぞく》などに税《ぜい》をおさめて保護《ほご》してもらうかわりに、一定の地域《ちいき》のなかでの原料の仕入れや商品の製造《せいぞう》・販売《はんばい》・輸送《ゆそう》などを独占《どくせん》する特権《とっけん》を得ていました。

ところが、室町時代《むろまちじだい》の終わりころから商工業者がふえ、座《ざ》にはいらないで商売をおこなう人たちがあらわれてきました。しかし、座《ざ》にさまたげられて、自由に商売をすることができませんでした。

そこで、商工業が発展《はってん》し、町もさかえるように楽市《らくいち》・楽座《らくざ》というしくみにし、座《ざ》の特権《とっけん》をなくして、商品の自由な流通と生産を保障《ほしょう》したのです。

●各地にあったおもな座《ざ》

国名	所在地《しょざいち》	座《ざ》名《めい》
山城《やましろ》	（今の京都府《きょうとふ》の一部）	油座《あぶらざ》・帯座《おびざ》・綿座《わたざ》・錦座《にしきざ》・柑橘座《かんきつざ》・塩座《しおざ》・酒座《さけざ》・材木座《ざいもくざ》
大和《やまと》	（今の奈良県《ならけん》）	油座《あぶらざ》・油《あぶら》シボリノ座《ざ》・魚座《うおざ》・紙座《かみざ》・土器座《どきざ》・小袖座《こそでざ》・布座《ぬのざ》・素麺座《そうめんざ》
摂津《せっつ》	（今の大阪府《おおさかふ》の一部と兵庫県《ひょうごけん》の一部）	魚座《うおざ》・木座《きざ》・菅笠座《すげがさざ》
和泉《いずみ》	（今の大阪府《おおさかふ》の一部）	馬座《うまざ》・紺灰座《こんはいざ》
伊勢《いせ》	（今の三重県《みえけん》の一部）	麻座《あさざ》・鰯座《いわしざ》・麹室座《こうじむろざ》・釜座《かまざ》・白粉座《おしろいざ》
駿河《するが》	（今の静岡県《しずおかけん》の一部）	油座《あぶらざ》・米座《こめざ》
甲斐《かい》	（今の山梨県《やまなしけん》）	麹之座《こうじのざ》・紺座《こんざ》
近江《おうみ》	（今の滋賀県《しがけん》）	呉服座《ごふくざ》・塩座《しおざ》
美濃《みの》	（今の岐阜県《ぎふけん》の一部）	紙座《かみざ》・鉄座《てつざ》
越前《えちぜん》	（今の福井県《ふくいけん》の一部）	紙座《かみざ》・鍛冶座《かじざ》・川舟座《かわふねざ》・軽物座《かるものざ》
加賀《かが》	（今の石川県の一部）	絹屋座《きぬやざ》・麹室座《こうじむろざ》
能登《のと》	（今の石川県の一部）	素麺座《そうめんざ》
越中《えっちゅう》	（今の富山県《とやまけん》）	紺屋座《こんやざ》
越後《えちご》	（今の新潟県《にいがたけん》）	薬座《くすりざ》
筑前《ちくぜん》	（今の福岡県《ふくおかけん》の一部）	鋳物座《いものざ》・米《こめ》（屋《や》）座《ざ》・染物座《そめものざ》・鍛冶屋《かじや》
豊前《ぶぜん》	（今の福岡県《ふくおかけん》と大分県《おおいたけん》の一部）	唐物座《からものざ》

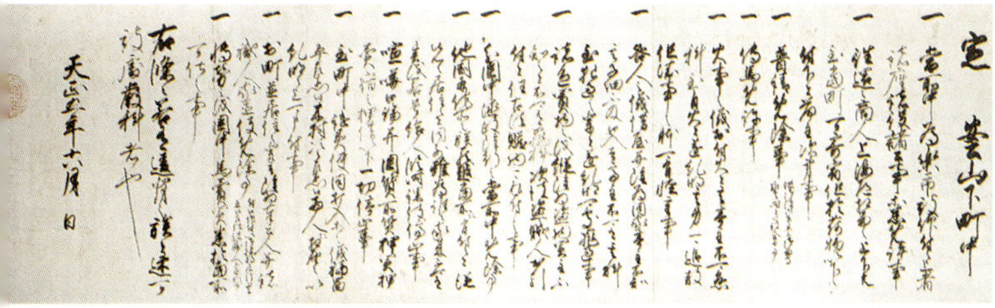

▲天正《てんしょう》5（1577）年6月、織田信長《おだのぶなが》が安土《あづち》の城下《じょうか》を繁栄《はんえい》させるためにだした楽市《らくいち》・楽座《らくざ》に関する13か条《じょう》の定書《さだめがき》。（安土山下町中掟書：近江八幡市立資料館蔵）

楽市《らくいち》・楽座《らくざ》でにぎわった安土《あづち》の町

楽市《らくいち》・楽座《らくざ》によって商売をしやすくなった安土《あづち》の城下《じょうか》は、各地の商人が自由に出入りして商売をするようになったので、いろいろな種類の商品があつまり、それを買う人たちでにぎわいました。

お金や人が自由にいきかう安土《あづち》は、ほかの領《りょう》地《ち》よりゆたかになり、政治《せいじ》が安定し、軍事力もますます強くなっていきました。

もっと知りたい!

豪商《ごうしょう》の町、堺《さかい》

堺《さかい》（現在《げんざい》の大阪府《おおさかふ》の都市）は、室町時代《むろまちじだい》に日明《にちみん》貿易《ぼうえき》（明《みん》は現在《げんざい》の中国）などで大きくなった港町です。また、戦国大名《せんごくだいみょう》がほしがった鉄砲《てっぽう》も生産するようになり、町には大金持ちになった豪商《ごうしょう》とよばれる商人が何人もいました。千利休《せんのりきゅう》（127ページ参照）も、もとは堺《さかい》の豪商《ごうしょう》でした。

堺《さかい》の商人は、室町時代《むろまちじだい》のはじめころから、町人の税《ぜい》を役人にかわってうけとって処理《しょり》する仕事などをおこない、かわりに町の自治権《じちけん》を得ていました。自治権《じちけん》というのは、町の事件《じけん》などの解決《かいけつ》を自分たちでおこなう権利《けんり》です。

この権利《けんり》があると、その町をおさめる大名《だいみょう》は、町の決まりに口をだせなくなりました。庶民《しょみん》である商人が、富《とみ》の力によって大名《だいみょう》と対等につきあうようになったのです。

しかし、あまりに力をもちすぎた堺《さかい》の町は、信《のぶ》長《なが》の天下統一《てんかとういつ》をはばむことになり、のちには信長《のぶなが》によって自治権《じちけん》をうばわれてしまいました。

▼堺《さかい》の町を仮装《かそう》した町人たちが行列をつくって練り歩く祭りのようす。「住吉祭礼図屏風《すみよしさいれいずびょうぶ》」（堺市博物館蔵）

江戸時代《えどじだい》のくらし

徳川家康《とくがわいえやす》が江戸《えど》（東京）に幕府《ばくふ》をひらいた1603年から、幕府《ばくふ》が政権《せいけん》を朝廷《ちょうてい》にかえした（大政奉還《たいせいほうかん》）1867年までを江戸時代《えどじだい》といいます。

江戸幕府《えどばくふ》は、武士《ぶし》を支配階級《しはいかいきゅう》とする士農工商という身分制度《みぶんせいど》をかため、各地の大名《だいみょう》を幕府《ばくふ》にしたがわせて、その権力《けんりょく》を高めました。

戦《いくさ》がなくなったこの時代には、社会は安定し、商業が発達し、町人のなかからも、文学や絵画などのすぐれた文化がうまれました。また、知識《ちしき》のある人々によって医学や数学、農業の学問なども発達しました。

しかし、国民の大半をしめていた農民の多くは、重い年貢《ねんぐ》（税《ぜい》）になやまされ、飢饉《ききん》もおきたので、きびしいくらしを強《し》いられました。

住む

江戸《えど》の都市計画

豊臣秀吉《とよとみひでよし》の死後、天下をあらそった関ヶ原《せきがはら》の戦《たたか》いに勝った徳川家康《とくがわいえやす》は、1603年、江戸《えど》に幕府《ばくふ》をひらき、政治《せいじ》の中心地にふさわしい町づくりをすすめました。

海辺のさびしい町だった江戸《えど》

徳川家康《とくがわいえやす》は、天下統一《てんかとういつ》をはたした豊臣秀吉《とよとみひでよし》によって関東に新しい領地《りょうち》をあたえられ、1590年に江戸《えど》へやってきました。家康《いえやす》にあたえられた領地《りょうち》の広さは、大名《だいみょう》（各地の領主《りょうしゅ》）のなかで最大でしたが、その中心となる江戸《えど》は、西と北は火山灰《かざんばい》の台地、東の平地は海の水がはいってくるカヤの野原でした。

江戸《えど》には、太田道灌《おおたどうかん》が1457年に築《きず》いた江戸城《えどじょう》がありましたが、石垣《いしがき》もなく、板ぶきとカヤぶき屋根のそまつな城《しろ》で、城下《じょうか》にはカヤぶきの町屋《まちや》が100軒《けん》くらいあるだけでした。

しかし、江戸湾《えどわん》（現在《げんざい》の東京湾《とうきょうわん》）は波がしずかで、よい港ができそうでした。城《しろ》のまわりには関東平野《かんとうへいや》が広がり、そこを流れる荒川《あらかわ》や利根川《とねがわ》は、ゆたかな農産物を江戸《えど》に運ぶのに利用できそうでした。また、平野のまわりには、けわしい山並《やまな》みがつらなっているので、敵《てき》から攻撃《こうげき》されにくい地形でした。

新しい領地《りょうち》のこのような利点に着目した家康《いえやす》は、江戸《えど》の町づくりと城《しろ》の修復《しゅうふく》を開始しました。

まず、家臣《かしん》たちが住む地域《ちいき》を城《しろ》の西側の台地につくり、城《しろ》の修復《しゅうふく》に必要な材木や住民の食料を周辺地域《しゅうへんちいき》や海上から運ぶための運河をつくりました。城《しろ》の東の低湿地《ていしっち》は、排水《はいすい》のための堀《ほり》をほって、その土を埋《う》めたて、町人町（町人が住む町）をつくりました。

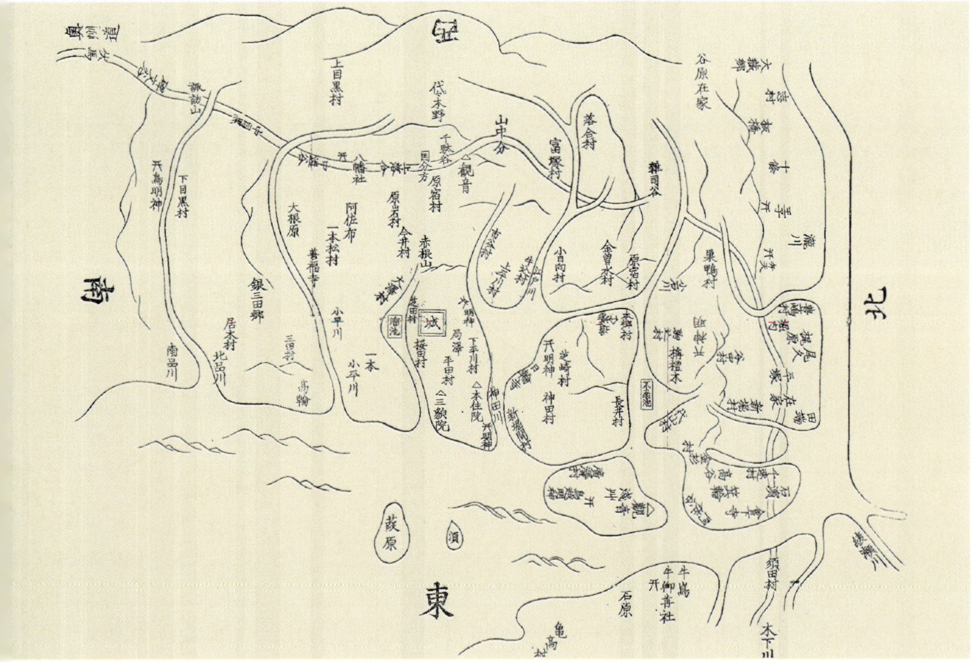

◀江戸幕府《えどばくふ》がひらかれる前の江戸《えど》の地図。右側が北、左側が南として描《えが》かれている。（東京都公文書館蔵）

政治《せいじ》の中心地としての都市づくり

関ヶ原《せきがはら》の戦《たたか》いに勝って天下をとった家康《いえやす》は、江戸《えど》を政治《せいじ》の中心地としてふさわしい都市にするために、全国の大名《だいみょう》に命じて天下普請《てんかぶしん》といわれる大がかりな土木工事をはじめました。

江戸《えど》の山（神田山《かんだやま》）をきりくずして海を埋《う》めたてて町人町をつくり、城《しろ》のまわりには、近くの川などを利用して内堀《うちぼり》と外堀《そとぼり》をつくりました。城《しろ》への出入りは、堀《ほり》にかけた橋ごとに築《きず》いた城門《じょうもん》で、きびしくチェックしました。

このようにして、江戸《えど》の町づくりと城《しろ》の修復《しゅうふく》は、3代将軍《しょうぐん》・家光《いえみつ》の時代（1623〜1651年）にひとまず終わりました。

▶江戸時代《えどじだい》はじめの江戸城《えどじょう》とその周辺のようす。城《しろ》には天守《てんしゅ》がそびえているが、この城《しろ》は、1657年におきた江戸《えど》の大火事で焼失してしまった。大火事後、町中に防火用《ぼうかよう》の空《あ》き地《ち》をつくって延焼《えんしょう》をくいとめられるようにするなど、火災《かさい》に強い町づくりがすすめられた。江戸城《えどじょう》は再建《さいけん》されたが、天守《てんしゅ》は築《きず》かれなかった。「江戸図屏風《えどずびょうぶ》」

（国立歴史民俗博物館蔵）

日本橋《にほんばし》が江戸《えど》の玄関口《げんかんぐち》に

家康《いえやす》が天下をとる前につくられた町人町は、今の中央区日本橋《ちゅうおうくにほんばし》あたりにありました。

その後、江戸《えど》に幕府《ばくふ》がひらかれてからつくられた広大な町人町は、日本橋《にほんばし》より南の現在《げんざい》の銀座《ぎんざ》や京橋《きょうばし》方面でした。ここには、徳川《とくがわ》氏の旧領地《きゅうりょうち》の駿河《するが》（現在《げんざい》の静岡県《しずおかけん》）や、京都《きょうと》、大坂《おおさか》（大阪《おおさか》）などの上方《かみがた》から、多くの商人や職人《しょくにん》が移住《いじゅう》してきました。

また、東海道《とうかいどう》をはじめ、中山道《なかせんどう》、日光道中《にっこうどうちゅう》など五街道《ごかいどう》とよばれる幹線道路《かんせんどうろ》が整備《せいび》されましたが、日本橋《にほんばし》はその起点にあたりました。日本橋《にほんばし》は日本橋川《にほんばしがわ》にかけられた木の橋で「お江戸日本橋《えどにほんばし》」ともよばれました。

日本橋《にほんばし》は、陸路と水路の両方をつかって全国から物資《ぶっし》が運びこまれる商業の中心地となり、江戸《えど》の玄関口《げんかんぐち》にもなりました。

◀江戸時代《えどじだい》はじめころの日本橋周辺《にほんばししゅうへん》のようす。陸路と水路がまじわり、多くの人や物資《ぶっし》があつまり、活気《かっき》にみちあふれていた。「江戸図屏風《えどずびょうぶ》」（国立歴史民俗博物館蔵）

住む

武家屋敷《ぶけやしき》、町屋《まちや》、村の住まい

江戸時代《えどじだい》の町には、大名《だいみょう》を中心にした武士《ぶし》の住まい「武家屋敷《ぶけやしき》」と、町人の住まい「町屋《まちや》」がありました。農村地帯には田畑のなかに村があり、農民の住まいがありました。

武士《ぶし》の住まいは身分や禄高《ろくだか》で決まる

大名《だいみょう》は藩《はん》とよばれる各領地《かくりょうち》に城《しろ》を築《きず》き、城《しろ》を中心に家臣《かしん》である武士《ぶし》たちが屋敷地《やしきち》をあたえられて住んでいました。これらの武家屋敷《ぶけやしき》は、身分や禄高《ろくだか》（武《ぶ》士《し》の給料の額《がく》）によって、広さや規模《きぼ》、場所が決められ、家老《かろう》など身分の高い家臣《かしん》は城《しろ》の近くに住みました。武家屋敷《ぶけやしき》には「書院《しょいん》づくり」（110～111ページ参照）がとりいれられていました。

大名《だいみょう》は参勤交代《さんきんこうたい》という制度《せいど》によって、江戸《えど》に屋敷《やしき》を建て、そこに妻子《さいし》を住まわせることを義務《ぎむ》づけられ、自分も１年おきに江戸《えど》の屋敷《やしき》と領地《りょうち》の屋敷《やしき》に交《こう》代《たい》で住まなくてはなりませんでした。

江戸《えど》の大名屋敷《だいみょうやしき》には上屋敷《かみやしき》・中屋敷《なかやしき》・下屋敷《しもやしき》などがありました。上屋敷《かみやしき》は藩主《はんしゅ》（大名《だいみょう》）やその家族が住む「御殿《ごてん》」と、藩《はん》の政治《せいじ》をおこなう役所の役割《やくわり》をもっていました。中屋敷《なかやしき》は上屋敷《かみやしき》が火災《かさい》などにあった場合の予備《よび》の屋敷《やしき》でもあり、隠居《いんきょ》した藩主《はんしゅ》や後継《あとつ》ぎなどの住まいでもありました。下屋敷《しもやしき》は江戸《えど》の郊《こう》外《がい》に建てられ、蔵《くら》や別荘《べっそう》がありました。

格《かく》が低い藩《はん》のなかには、上屋敷《かみやしき》しかもたない大名《だいみょう》もいました。

上屋敷《かみやしき》には、倉庫、学問所《がくもんじょ》（藩主《はんしゅ》の家臣《かしん》たちが学問を教わるところ）、武道場《ぶどうじょう》、家臣《かしん》たちの住まいである長屋《ながや》などもありました。

江戸《えど》には、大名《だいみょう》屋敷のほかに、将軍直属《しょうぐんちょくぞく》の家臣《かしん》たちの住まいや、足軽《あしがる》という身分の低い武士《ぶし》たちの住まいもあり、それぞれ格式《かくしき》によって敷地《しきち》の広さなどがきびしく制限《せいげん》されていました。足軽《あしがる》は、足軽長屋《あしがるながや》とよばれる粗末《そまつ》な長屋《ながや》に住みました。

◀大名屋敷《だいみょうやしき》のようす。「江戸図屏風《えどずびょうぶ》」
（国立歴史民俗博物館蔵）

◀仙台藩《せんだいはん》伊達家《だてけ》上屋敷跡《かみやしきあと》からみつかった江戸時《えどじ》代《だい》の水道施設《すいどうしせつ》。木樋《もくひ》（木でつくった管）が、現《げん》在《ざい》の水道管の役割《やくわり》をしていた。木樋《もくひ》の先に上水《じょうすい》井戸《いど》（一四四ページ参照）をつくり、たまった水をくみあげて、飲み水や調理などにつかった。
（写真提供：東京都埋蔵文化財センター）

表には店、裏には長屋《ながや》

江戸《えど》の町人が住む地域《ちいき》には、商人や職人《しょくにん》などがくらしていました。大きな表通りに面した町屋《まちや》には、呉服屋《ごふくや》や薬屋、酒屋《さかや》など表店《おもてだな》とよばれる大きな店がならび、その裏側《うらがわ》に、住まいである長屋《ながや》がならんでいました。表店《おもてだな》と表店《おもてだな》のあいだに木戸《きど》があり、そこから裏《うら》の長屋《ながや》に通じる細い路地がのびていました。

長屋《ながや》は、もっとも小さいもので間口《まぐち》9尺《しゃく》（約2.7m。1尺《しゃく》は約30.3cm）、奥行《おくゆ》き2間《けん》（約3.6m）ほどの家が何軒《なんげん》かつらなった建物です。それが細い路地をへだてて何棟《なんむね》もならんで建てられていたので、火災《かさい》がおこるとたちまち延焼《えんしょう》しました。しかし、板ぶきの屋根にうすい板壁《いたかべ》の長屋《ながや》は、またすぐに建てることができました。

長屋《ながや》には、野菜や魚などの行商人《ぎょうしょうにん》、土木工事などの労働者《ろうどうしゃ》、かごで人を運ぶかごかき、大道芸人《だいどうげいにん》など、その日その日をようやくくらす人々が、安い家《や》賃《ちん》で間借りして住んでいました。

表店《おもてだな》には、2〜3軒《げん》から5〜6軒《けん》の小さな店が1棟《ひとむね》に同居《どうきょ》しているものもありました。魚屋、八百屋《やおや》、古着屋《ふるぎや》などが多く、表長屋《おもてながや》とよばれました。

▲長屋《ながや》のようす（復元《ふくげん》）。隣《となり》の家と板壁《いたかべ》1枚《まい》へだてただけの、話し声がつつぬけになるような住まいだったが、人々はたがいに助けあってくらしていた。（江戸東京博物館蔵）

▼ひとり者の男性《だんせい》が住む長屋《ながや》の内部のようす（復元《ふくげん》）。（江東区深川江戸資料館蔵）

神棚《かみだな》
神さまがまつってある。

まくらびょうぶ
寒い時期に、まくらもとにたてて寝《ね》ると、すきま風をふせげた。昼間は、たたんだ寝具《しんぐ》をかくすために、まわりにたてた。

あんどん
小皿に油をいれ、火をつけてつかう照明器具。

しょうじ

各地の農村に特有なつくりの家が

農村地帯の村には、田畑に囲まれてくらす農民の家がありました。厚《あつ》いカヤぶきの屋根と土壁《つちかべ》や板壁《いたかべ》でつくられ、広間を中心に座敷《ざしき》や納戸《なんど》をもうけた直《すご》屋《や》とよばれる家が一般的《いっぱんてき》でした。

広間はたいてい板敷《いたじ》きで、いろりがあり、食事をしたり、機織《はたお》りやわらじを編《あ》むなどの仕事をする場所でもありました。座敷《ざしき》はたたみ敷《じ》きで、仏壇《ぶつだん》があり、だいじな客を通す部《へ》屋《や》でもありました。納戸《なんど》は家族の寝室《しんしつ》でした。

農家の住まいは、気候や仕事内容《しごとないよう》などにあわせて、地方色のあるものがつくられました。

▲雪がつもりにくいように屋根の傾斜《けいしゃ》を急にし、屋根《やね》裏《うら》も住まいや蚕《かいこ》を飼《か》うのに利用できるようにした合掌《がっしょう》づくりの家。中部地方の、雪深くて、養蚕《ようさん》（蚕《かいこ》を飼《か》うこと）をいとなんでいた山村に多くみられた。

（川崎市立日本民家園蔵）

▲農家の家の基本だった直屋《すごや》。

◀住まいと馬屋《うまや》がL《エル》字形《じがた》につながった曲屋《まがりや》。馬の飼育《しいく》がさかんで、寒さがきびしい岩手県《いわてけん》の中部と北部に多くみられた。

江戸《えど》の外国使節と庶民《しょみん》

江戸時代《えどじだい》、幕府《ばくふ》は日本が海外の国々と交流することに大きな規制《きせい》をする鎖国《さこく》政策《せいさく》をとっていました。しかし、限《かぎ》られた一部の国や民族とはつながりをもっており、江戸《えど》に外国使節や外国人がやってくることがありました。

江戸《えど》には外国の使節がやってきた

江戸時代《えどじだい》の初期に、幕府《ばくふ》は海外の国々との交流に大きな制限《せいげん》をくわえる鎖国政策《さこくせいさく》をとりました。しかし、長崎《ながさき》・対馬《つしま》（現在《げんざい》の長崎県対馬《ながさきけんつしま》）・薩摩《さつま》（現在《げんざい》の鹿児島県《かごしまけん》）・松前《まつまえ》（現在《げんざい》の北海道松前《まつまえ》）の４つの窓口《まどぐち》をとおして、日本は他の国や民族と国際的《こくさいてき》な交流をたもっていたのです。交流のあった国々は、これらの窓口《まどぐち》から使節を江戸《えど》に送ることがあり、庶民《しょみん》が外国人をみる数少ない機会となっていました。

朝鮮《ちょうせん》からは「通信使《つうしんし》」とよばれる使節が、おもに日本で将軍《しょうぐん》が代《だい》がわりしたときに派遣《はけん》されてきました。使節は江戸時代《えどじだい》をつうじて日本に12回送られてきましたが、一行は平均《へいきん》450人にもおよぶ大人数で、江戸《えど》では大きなお寺を宿舎《しゅくしゃ》にしました。

琉球王国《りゅうきゅうおうこく》（現在《げんざい》の沖縄県《おきなわけん》）からは、将軍《しょうぐん》の代《だい》がわりのときと、琉球国王《りゅうきゅうこくおう》の即位《そくい》のときに、使節が江戸《えど》をおとずれ、薩摩藩《さつまはん》の江戸屋敷《えどやしき》に滞在《たいざい》しました。

また、オランダ人は、貿易《ぼうえき》をゆるされているお礼という名目《めいもく》で、毎年（のちには４年に１度）長崎《ながさき》の出島《でじま》の商館長が江戸《えど》にやってきました。

幕府《ばくふ》は、このように江戸《えど》に外国使節がやってくることを、将軍《しょうぐん》の権威《けんい》をしめすために利用し、江戸《えど》の人々に将軍《しょうぐん》の威光《いこう》が広く海外にまでおよんでいると思わせました。

▲朝鮮通信使《ちょうせんつうしんし》の行列のようすは、日枝神社《ひえじんじゃ》の「山王祭《さんのうまつり》」や神田神社《かんだじんじゃ》の「神田祭《かんだまつり》」に「唐人行列《とうじんぎょうれつ》」としてとりいれられるなど、江戸《えど》の町民文化にも影響《えいきょう》をあたえた。この絵は、朝鮮通信使《ちょうせんつうしんし》のようすを描《えが》いたものとされていたが、実際《じっさい》は神田祭《かんだまつり》の唐人行列《とうじんぎょうれつ》を描《えが》いたものであることが、最近の研究であきらかになった。画：羽川藤永《はねがわとうえい》「朝鮮通信使来朝図《ちょうせんつうしんしらいちょうず》」

（神戸市立博物館蔵）

◀琉球《りゅうきゅう》は、実際《じっさい》には薩摩藩《さつまはん》に支配《しはい》されていたが、表向きには、中国《ちゅうごく》にも貢《みつ》ぎ物《もの》をおくる独立国《どくりつこく》だったので、人々の目には幕府《ばくふ》にあいさつにくる異国《いこく》の使節としてうつった。「琉球人江戸入錦絵《りゅうきゅうびとえどいりにしきえ》」（沖縄県立博物館蔵）

外国の学者や医者から知識《ちしき》を吸収《きゅうしゅう》

はるばる江戸《えど》までやってきた外国使節は、どのように江戸《えど》の人々と交流したのでしょうか。

朝鮮通信使《ちょうせんつうしんし》の場合は、使節といっしょにやってきた学者や文人《ぶんじん》（詩や書画をかく人）が、日本の学者と漢詩を交換《こうかん》し、その漢詩をいっしょによみあげるなどして交流を深めました。

オランダ商館長の一行には、すぐれた医者や学者が同行することがあり、ヨーロッパの医学・学問を研究する江戸《えど》の学者が、最新の知識《ちしき》を得るために宿《しゅく》舎《しゃ》をおとずれることもありました。

そのいっぽうで、一般《いっぱん》の人々が外国人と直接《ちょくせつ》交流することはきびしく禁《きん》じられていました。しかし、一行の行列を沿道《えんどう》からみることは江戸《えど》の町民にとって一大行事で、行列がとおるときには、その見物客に向けたガイドブックや絵画が売りだされました。

▶オランダ商館長の宿舎《しゅくしゃ》だった長崎屋《ながさきや》の外からオランダ人をのぞこうとする江戸《えど》の人たち。ここに、西洋の学問を研究する蘭学者《らんがくしゃ》たちがたずねてきたこともあった。画：葛飾北斎《かつしかほくさい》「画本東都遊《えほんあずまあそび》」（たばこと塩の博物館蔵）

幕末《ばくまつ》には、アメリカやヨーロッパの人々が江戸《えど》へ

1850年代なかころになると、日本は外国から開国をせまられるようになり、鎖国政策《さこくせいさく》を維持《いじ》できなくなりました。1858年、アメリカをはじめ、オランダ、ロシア、イギリス、フランスとのあいだに修好《しゅうこう》通商条約《つうしょうじょうやく》が結ばれると、江戸《えど》には外国の公使館がおかれ、はじめて外国人が江戸《えど》にとどまるようになりました。しかし、当時、武士《ぶし》や庶民《しょみん》のあいだには、外国人を日本から追いだそうとする考えが広まっており、外国人は町を歩けば石を投げられ、さらには命をねらわれるような状況《じょうきょう》になっていました。たとえば、アメリカ公使館の通訳《つうやく》だったヒュースケンのように、護衛《ごえい》のついた外交官ですら襲撃《しゅうげき》され、命を落としています。

幕末《ばくまつ》になると、江戸《えど》の人々は以前よりも外国人と接《せっ》する機会がふえることになりました。人々は、日本にやってきた外国人に興味《きょうみ》をもつ反面、恐怖《きょうふ》や嫌《けん》悪《お》という感情ももっていたのです。

◀1858年、江戸《えど》・芝《しば》の西応寺《さいおうじ》に滞在《たいざい》したイギリス使節団《しせつだん》のようすを描《えが》いた絵。江戸《えど》の人々にとって、みなれない外国人のすがたやしぐさ、服《ふく》装《そう》、持ち物など、あらゆるものが興味《きょうみ》の対象となった。『ゑひ《えび》すのうわさ』（国立国会図書館蔵）

食べる

江戸《えど》の飲み水や食料

1590年に江戸《えど》が徳川家《とくがわけ》の領地《りょうち》となると、旧領地《きゅうりょうち》から約10万人の武士《ぶし》やその家族、職人《しょくにん》や商人がうつりすんだといわれます。原野のようだった江戸《えど》で、まず必要だったのは、飲み水や食料でした。

江戸《えど》の町にひかれた上水《じょうすい》

海に面した江戸《えど》は低湿地《ていしっち》が多く、井戸《いど》をほっても塩分をふくんでいて、飲み水にはつかえませんでした。そこで、家康《いえやす》は、上水道《じょうすいどう》をつくるよう命じました。上水道《じょうすいどう》というのは、きれいな川の水を木樋《もくひ》（140ページ参照）などで町までひきいれる装置《そうち》です。そのような水を上水《じょうすい》といい、まず江戸城内《えどじょうない》にひきいれられました。

そのあと庶民《しょみん》のための上水道《じょうすいどう》がつくられ、1696年には6つの上水道《じょうすいどう》が完成し、江戸中《えどじゅう》の庶民《しょみん》の飲み水をまかなえるようになりました。

上水《じょうすい》は、江戸城《えどじょう》や大名屋敷《だいみょうやしき》（140ページ参照）には直接《ちょくせつ》流れこむようになっていましたが、庶民《しょみん》が住む町では、上水《じょうすい》は数軒《すうけん》が共同でつかう上水井戸《じょうすいいど》にためられ、そこからくみあげてつかわれました。

上水井戸《じょうすいいど》（共同《きょうどう》で使用）
木樋《もくひ》
川の水を流す
上水井戸《じょうすいいど》（各家庭《かくかてい》で使用）

▲上水井戸《じょうすいいど》のしくみ

▶長屋《ながや》の住人が共同でつかう上水井戸《じょうすいいど》から水をくみあげているようす。（東京都水道歴史館蔵）

江戸《えど》にできた青物市場《あおものいちば》

江戸《えど》で町づくりがはじまると、江戸《えど》にうつり住んだ人々のために、周辺《しゅうへん》の農民が、青物《あおもの》（青菜）・土物《つちもの》（ダイコン、ニンジンなど）を持ちより、市《いち》をひらいたといわれます。江戸《えど》に住む武士《ぶし》や町人は、自分たちも庭のすみで青菜などをつくっていました。

やがて江戸《えど》の人口はどんどんふえて、1650年ころには、大量《たいりょう》の野菜を消費《しょうひ》するようになりました。その野菜をまかなうために、神田《かんだ》や日本橋《にほんばし》、駒込《こまごめ》などに、青物《あおもの》や土物《つちもの》を青物屋《あおものや》（のちの八百屋《やおや》）におろす青物市場《あおものいちば》ができたようです。

江戸周辺《えどしゅうへん》は、隅田川《すみだがわ》をはさんで地質《ちしつ》がちがい、川の東側ではレンコン、クワイ、サトイモ、ネギなどがよくでき、西側では土物《つちもの》がよくでき、青物市場《あおものいちば》に出荷されました。小松菜《こまつな》、練馬《ねりま》ダイコン、谷中《やなか》ショウガのように産地名のついた野菜もでまわりました。

周辺の農家が、江戸《えど》の町の人たちのふん尿《にょう》をくみとらせてもらい、それを野菜の肥料《ひりょう》にできたことも、よい野菜ができた理由です。また、江戸《えど》のゴミを埋《う》めたててできた現在《げんざい》の江東区《こうとうく》の一部では、地方からうつり住んだ人たちが野菜の種をもちこみ、その地方の野菜の苗《なえ》づくりや、促成栽培《そくせいさいばい》（はやい時期に野菜をつくること）などがさかんになりました。

町人は、米を買って食べた

江戸時代《えどじだい》には、全人口の約80％が農民だったといわれています。農作物でいちばんたいせつなものは米でした。米は、年貢《ねんぐ》（税《ぜい》）として藩《はん》におさめなくてはならなかったからです。

年貢《ねんぐ》としておさめられた米は、各大名《かくだいみょう》の食料になったり、藩《はん》の財源《ざいげん》となったりするほか、家臣《かしん》の給料にもなりました。米は米商人が買いいれるので、大名《だいみょう》や武士《ぶし》は米を売ってお金にかえ、必要なものを買う費用や交際費《こうさいひ》にしました。米商人は米を米屋に売り、米屋は米を江戸《えど》や地方の城下町《じょうかまち》の町人に売りました。

米をつくっている農民の多くは、年貢《ねんぐ》をおさめたあと、米はじゅうぶんには残らなかったので、ふだんの主食は少しの米に麦や、キビ、アワ、ヒエなどの雑穀《ざっこく》、豆類などをまぜて食べ、米だけのごはんはお正月や祭りのときなどに食べるくらいでした。

米がつくれない山村では、縄文時代《じょうもんじだい》の食生活とおなじように、クリやトチノキの実、ドングリなどを主食として食べていたところもありました。

▲1780年代におこった天明《てんめい》の大飢饉《だいききん》のときの会津地方《あいづちほう》（福島県《ふくしまけん》）のようす。稲作《いなさく》を中心とする地域《ちいき》では、洪水《こうずい》や冷害にみまわれると米がとれず、各地で飢饉《ききん》が発生した。日本各地で米の値段《ねだん》が急激《きゅうげき》に高くなり、食べるものにこまって集団で米屋などをおそう打ちこわしもおきた。食べるものを求めて江戸《えど》にやってきた人々もいた。江戸《えど》でも大規模《だいきぼ》な打ちこわしがおきた。（福島県会津美里町教育委員会蔵）

もっと知りたい!

食事は箱膳《はこぜん》で

江戸時代《えどじだい》には、箱膳《はこぜん》をつかって食事をしていました。箱膳《はこぜん》は、ふだんは食器をいれておく箱で、食べるときにはふたを裏返《うらがえ》して箱の上にのせ、ひとり用のお膳《ぜん》としてつかえる便利なものでした。

食事どきになると、家族全員がそれぞれ自分専用《せんよう》の箱膳《はこぜん》の前にすわり、食事のあいさつをしてから、食べはじめました。そして、食事がすむと、ごはん茶わん、汁《しる》わん、小皿、はしを箱《はこ》の中にしまい、ふたをしました。

箱膳《はこぜん》は、部屋のすみに何人分もつみかさねてしまえたので、食事どき以外は部屋《へや》を広くつかうことができました。

▲箱膳《はこぜん》の上にならんだ江戸《えど》の町人の食事。献立《こんだて》は、ごはん、めざし、キンピラゴボウ、とうふの汁物《しるもの》、たくあん。（資料：江戸東京博物館）

食べる

江戸《えど》の魚市場《うおいちば》

江戸湾《えどわん》でとれた上等な魚は将軍家《しょうぐんけ》におさめられ、残りの魚が江戸《えど》の庶民《しょみん》の魚として売られました。東海道《とうかいどう》ぞいに庶民《しょみん》の魚市場《うおいちば》ができると、そこは雑魚場《ざこば》とよばれるようになりました。

江戸湾《えどわん》は魚の宝庫《ほうこ》だった

徳川家康《とくがわいえやす》が江戸《えど》に住むようになる前は、江戸湾《えどわん》の魚貝は、江戸湾内《えどわんない》にあったいくつかの小さな漁村が、周辺の人々に売るくらいでした。しかし、家康《いえやす》が江戸城《えどじょう》にはいると、城下《じょうか》に家臣《かしん》や庶民《しょみん》が住むようになったので、江戸城中《えどじょうちゅう》や城下《じょうか》の人たちが食べる、たくさんの魚貝が必要になりました。

江戸時代《えどじだい》のはじめ、漁民は、上等の魚がとれると、江戸城《えどじょう》に自分からすすんでさしあげていました。幕府《ばくふ》は、そのような漁村８か所を「御菜《おさい》が浦《うら》」に指定し、江戸城中《えどじょうちゅう》で食べる魚貝をおさめることを制度《せいど》にし、残った魚貝を江戸《えど》の町で販売《はんばい》させることにしました。「御菜《おさい》」というのは将軍《しょうぐん》が食べるおかずという意味で、「浦《うら》」は漁村のことです。

幕府《ばくふ》は、ほかにも、漁業技術《ぎょぎょうぎじゅつ》にすぐれた関西の漁民をよびよせ、江戸湾《えどわん》の島（佃島《つくだじま》）に住まわせ、漁をさせて漁獲量《ぎょかくりょう》をふやしました。また、深川でも、関西からやってきたべつの漁師《りょうし》たちが漁をおこなうようになりました。

やがて江戸《えど》の人口がさらにふえると、江戸湾《えどわん》の魚だけではたりなくなりました。そこで魚屋は、今の神奈川《かながわ》や房総半島《ぼうそうはんとう》のみならず、駿河《するが》（現在《げんざい》の静岡《しずおか》県《けん》）の漁民からも魚を仕入れて、江戸《えど》で販売《はんばい》するようになりました。

日本橋《にほんばし》に幕府《ばくふ》の御用市場《ごよういちば》である魚市場《うおいちば》もできました。たくさんの魚貝があつまるので、漁民のなかから魚貝を専門《せんもん》に売り買いする商人がでてきて魚問屋《うおどんや》になりました。幕府《ばくふ》は、御菜《おさい》が浦《うら》からおさめられる魚貝の不足分を魚問屋《うおどんや》から買いあげました。また、魚問屋《うおどんや》から町の魚屋にもおろされ、庶民《しょみん》にも売られるようになりました。

江戸《えど》の町のすぐ前の海であがった魚は、その日のうちに食べられるので新鮮《しんせん》でおいしく、その魚は「江戸前《えどまえ》」と表現《ひょうげん》されました。

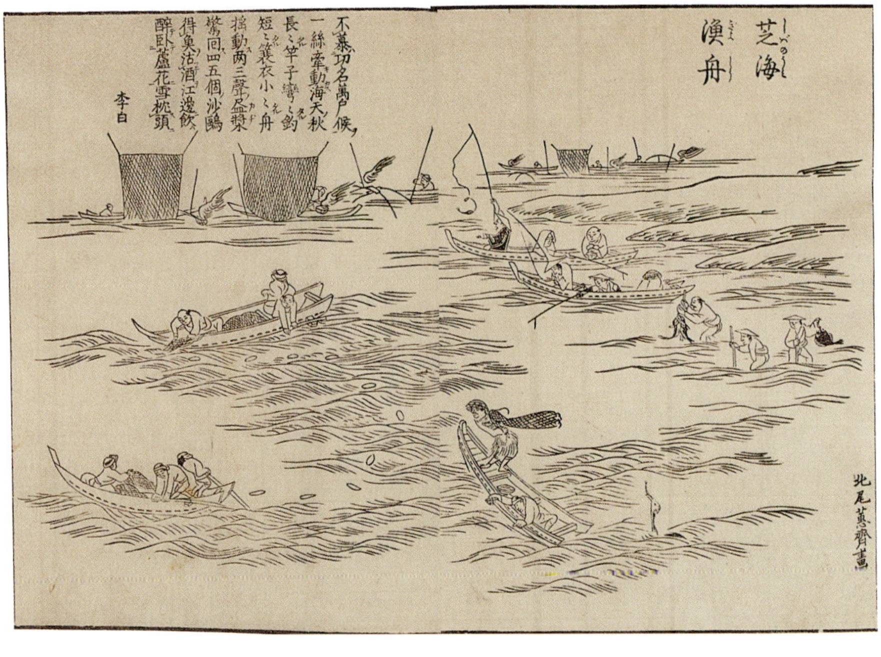

◀芝浦沖《しばうらおき》の海での漁のようす。投網《とあみ》や引《ひ》き網《あみ》、釣《つ》りざおなどをつかって、さかんに漁をしていたことがわかる。『東海道名所図会《とうかいどうめいしょずえ》』の「芝海漁舟《しばのうみぎょしゅう》」

庶民《しょみん》の魚市場《うおいちば》は雑魚場《ざこば》

芝浦《しばうら》や金杉浦《かなすぎうら》（現在《げんざい》の東京都港区芝《とうきょうとみなとくしば》）は、江戸時《えどじ》代前《だいまえ》から漁業をいとなむ漁師町《りょうしまち》で、江戸時代《えどじだい》になると、江戸城《えどじょう》へ魚貝をおさめる御菜《おさい》が浦《うら》になりました。クロダイやカレイ、コチ、コノシロ、そして芝《しば》の名前がついた芝《しば》エビなどの江戸前《えどまえ》の魚をとっていたことがわかっています。

芝浦《しばうら》や金杉浦《かなすぎうら》の漁師《りょうし》たちは、江戸城《えどじょう》へおさめた魚貝の残りを、東海道《とうかいどう》ぞいの雑魚場《ざこば》とよばれる市場《いちば》で売るようになりました。雑魚場《ざこば》は、日本橋《にほんばし》の幕府《ばくふ》の御用市場《ごよういちば》とちがい、その日にとれた小魚などを売る庶民的《しょみんてき》な市場《いちば》でした。雑魚場《ざこば》の魚貝は、棒手振《ぼてふ》り（148ページ参照）の魚屋が仕入れて、江戸《えど》の人々に売り歩きました。

雑魚場《ざこば》のあった場所からは、マガキ、アカガイ、アサリ、バカガイ（アオヤギともいう）、サルボウガイなどの貝がらが大量に出土しています。もっとも多かったのがバカガイです。江戸湾《えどわん》の佃島《つくだじま》では、漁師《りょうし》たちが貝のむき身をしょうゆで煮《に》た佃煮《つくだに》をつくって江戸《えど》の名物になりましたが、雑魚場《ざこば》のバカガイも、市場《いちば》で佃煮用《つくだによう》にむき身にして出荷されていたと考えられます。

▲雑魚場《ざこば》の跡《あと》を平成15（2003）年に発掘《はっくつ》してみつかった、貝がらが堆積《たいせき》した地層《ちそう》。このあたりで貝がらから身をとりだす作業がおこなわれていたことを物語っている。

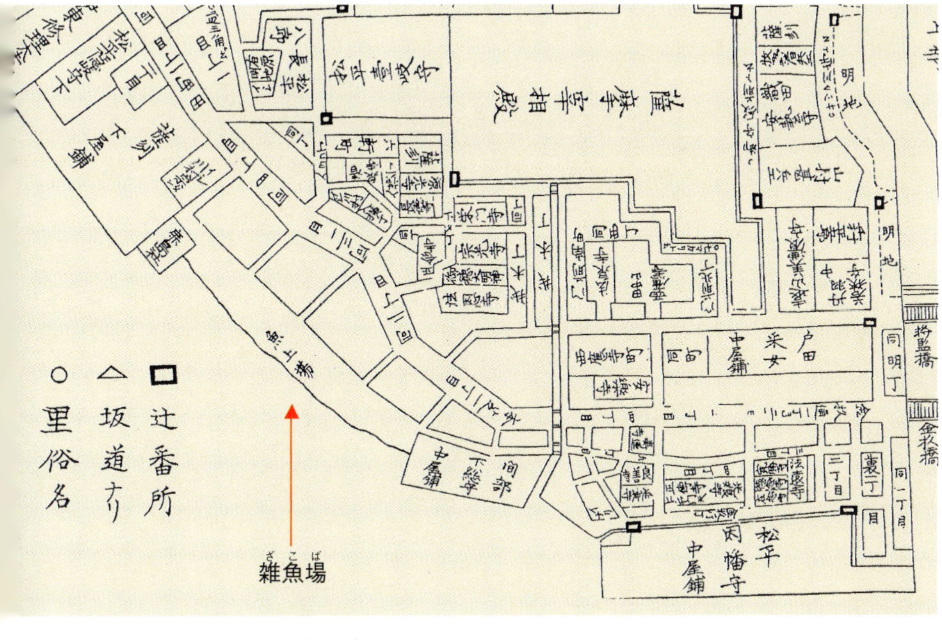

▲江戸時代《えどじだい》の絵図。雑魚場《ざこば》があったのは、「魚上場」と書かれたところ。

◀▶雑魚場《ざこば》の跡地《あとち》の昭和30年代のようす。江戸時代《えどじだい》海だったところは、その後埋《う》めたてられ、電車が走ったりしている。

（P 146～147の写真と地図：港区立港郷土資料館蔵）

食べる

食べ物屋が多い江戸《えど》

江戸時代《えどじだい》のはじめころ、町づくりをする働き手が地方からおおぜいやってきました。これらの人々は、ひとりぐらしだったので、買って食べられる食事を重宝《ちょうほう》がりました。江戸《えど》に食べ物屋がふえたのは、それがきっかけです。

ひとり者の男性《だんせい》たちの食事

徳川家康《とくがわいえやす》が江戸《えど》をおさめることになり、江戸《えど》の町づくりがはじまると、土木工事や建築工事《けんちくこうじ》のために地方から多くの働き手があつめられました。また、参勤交代《さんきんこうたい》がはじまると、下級武士《かきゅうぶし》や奉公人《ほうこうにん》などの男《だん》性《せい》のひとり住まいがふえました。

この人たちは、食事を自分でつくるか、外で食べなければなりませんでした。それで、ひとり者に食べ物を売る商売がいろいろでてきました。

そのような商売は、1657年の大火事のあとにさらにふえました。この火事で、江戸《えど》の町は丸焼けになったので、その復旧工事《ふっきゅうこうじ》をする職人《しょくにん》たちがおおぜいやってきたからです。

はじめは、棒手振《ぼてふ》り・煮売《にう》りなどといわれる行商《ぎょうしょう》人《にん》が、食べ物を売り歩きました。

棒手振《ぼてふ》りは、天《てん》びん棒《ぼう》（竹や木でつくった棒《ぼう》。右上の絵参照）の両端《りょうはし》に、野菜や魚、とうふ、ところてん、かつお節《ぶし》などの加工品をさげて、売り歩きました。

煮売《にう》りの代表的なものは、屋台《やたい》のそば売りです。そばには、大根おろしとめんつゆで食べる「冷《ひ》やかけ」と、熱いつゆをかけて食べる「ぶっかけ」がありました。深夜まで営業《えいぎょう》するそば屋もあり、重宝《ちょうほう》がられました。

▶とうふ売り。「とうふぃー、あぶらげ、がんもどき」と、節《ふし》をつけて売り物の名前をいいながら売り歩いた。

◀そば屋の屋台《やたい》（復元《ふくげん》）。看板《かんばん》に書かれている「二八《にはち》」とは、小麦粉2割《わり》、ソバ粉8割《わり》でつくったそばであることをしめしている。（江東区深川江戸資料館蔵）

にぎりずしやてんぷらの屋台店《やたいみせ》

1650年ころから、江戸《えど》は武士《ぶし》もふくめると人口100万人をこえる大都市になり、場所を定めて料理をふるまう屋台店《やたいみせ》がふえました。

その代表はすし屋です。すしは、江戸時代《えどじだい》の前は、魚に塩とごはんをまぶして重しをし、発酵《はっこう》させてすっぱくなった「なれずし」をさしていました。しかし、江戸時代《えどじだい》になると、今のように「酢《す》めし」にネタの魚をのせて食べるようになりました。酢《す》が

たくさんつくられるようになったので、「酢《す》めし」をつくることができるようになったのです。

江戸《えど》っ子《こ》に人気のあるすしは、仕事帰りに手軽に食べられる「にぎりずし」でした。具は、マグロ、シラウオ、アナゴ、エビ、たまご焼きなどです。江戸湾《えどわん》はゆたかな漁場だったので、すしの具になるいろいろな魚がとれ、しかも新鮮《しんせん》なものをすしのネタにすることができました。

▲だんご屋、てんぷら屋、すし屋などの屋台店《やたいみせ》がならび、おおぜいの客でにぎわう江戸《えど》・高輪《たかなわ》のようす。画：歌川広重《うたがわひろしげ》「東都名所《とうとめいしょ》　高輪廿六夜待遊興之図《たかなわにじゅうろくやまちゆうきょうのず》」（太田記念美術館蔵）

1700年代の終わりころには、「てんぷら」の屋台店《やたいみせ》もはやりました。このころのてんぷらは、今より厚《あつ》いころもをつけてあげたものでした。ほかに、ウナギのかば焼き屋や、野菜といもをくたくたに煮《に》た「いもがゆ屋」などもありました。

茶をふるまう茶屋から料理屋へ

茶屋も人気があった食べ物屋です。もともとは、門前町《もんぜんまち》（寺や神社の門前《もんぜん》にできた町）や街道《かいどう》に小屋をかまえ、釜《かま》で湯をわかし、抹茶《まっちゃ》をたてて旅人にふるまっていた店でした。その後、だんだん菓子《かし》や酒、つまみもだすようになり、料理屋に変化していきました。

▲東海道《とうかいどう》すじで有名な奈良茶飯屋《ならちゃめしや》のにぎわいの光景。『江戸名所図会《えどめいしょずえ》』

（石川英輔・田中優子監修『原寸復刻江戸名所図會』評論社）

江戸《えど》では、浅草寺《せんそうじ》の門前《もんぜん》の茶屋「奈良《なら》茶飯屋《ちゃめしや》」が、料理屋の最初といわれています。1657年の大火事のあとに復旧工事《ふっきゅうこうじ》の労働者たちの食事として、煎茶《せんちゃ》でたいた茶飯《ちゃめし》に、とうふ、煮豆《にまめ》、煮《に》しめ、つけものなどをそえてだしたのがおいしいと評判《ひょうばん》になりました。

その後、上級の武士《ぶし》や裕福《ゆうふく》な町人が客の接待《せったい》につかう高級料亭《こうきゅうりょうてい》や、庶民《しょみん》が気軽に食べられる一膳飯屋《いちぜんめしや》がふえていきました。

食べる

江戸時代《えどじだい》の肉料理

仏教《ぶっきょう》で動物の肉を食べることを禁止《きんし》されていたため、江戸時代《えどじだい》までは日本人の多くが肉を食べませんでした。でも、古代から江戸時代《えどじだい》まで、いつの時代でも、動物の肉を食べる人はいました。

上流階級も肉を食べていた

1643年に、『料理物語』という、上流社会の料理の材料や調理法を書いた料理書ができました。その中に「獣《けもの》」という項目《こうもく》があり、シカ、タヌキ、イノシシ、カワウソ、イヌの料理がでてきます。肉が、汁物《しるもの》や、田楽《でんがく》（くしにさし、みそをぬって焼いたもの）、かいやき（貝がらをなべがわりにして焼く料理）などの料理にされています。

カモ

また、近江《おうみ》（現在《げんざい》の滋賀《しが》県）では江戸《えど》時代《じだい》からウシを多く飼《か》っていました。近江《おうみ》の彦根藩《ひこねはん》は1690年ころに「牛肉みそづけ」を考案し、将軍《しょうぐん》や御三家《ごさんけ》（将軍《しょうぐん》の親せきの尾張《おわり》、紀伊《きい》、水戸家《みとけ》）に薬といって献上《けんじょう》し、自分たちも薬といって食べていました。

鳥は、武士《ぶし》が狩猟《しゅりょう》でとったガン、カモなどの肉が江戸時代《えどじだい》以前から食べられていました。

ニワトリは、江戸時代《えどじだい》の1697年に書かれた農業の本の中で、利益《りえき》が多いので飼《か》うとよいと農家にすすめています。でも江戸時代《えどじだい》の料理書には、ニワトリの肉の料理は少なく、たまご料理が多くとりあげられています。

動物の肉を売る「ももんじ屋」

江戸時代《えどじだい》のなかごろに、江戸《えど》に「ももんじ屋」という、獣《けもの》の肉を食べさせたり、売ったりする店があらわれました。仏教《ぶっきょう》では肉を食べることが禁止《きんし》されていたので、店では、イノシシは「山くじら」、シカは「紅葉《もみじ》」とよんでいました。

一部の武士《ぶし》や庶民《しょみん》が食べたようですが、このような店があることをよく思わない人もいて、「江戸《えど》の家には不浄《ふじょう》（けがれ）が満ちていて、火事が多いのはそのためだ」とけなす人もいました。

ももんじ屋

江戸薩摩藩邸《えどさつまはんてい》のブタ肉

　江戸時代《えどじだい》の薩摩藩《さつまはん》の屋敷《やしき》の跡地《あとち》（現在《げんざい》の東京都港区）から、2000点以上の獣《けもの》の骨《ほね》が出土しています。その60％近くがブタまたはイノシシの骨《ほね》でした。これらの骨《ほね》には、解体《かいたい》や調理をしたときにつけられた刃物《はもの》の傷《きず》がみられることから、食用にされたことがわかりました。

　ブタはイノシシを飼《か》いならして家畜《かちく》としたものなので、ブタとイノシシの骨《ほね》をみわけるのはむずかしいのですが、人間からやわらかいエサをもらって飼《し》育《いく》されたブタには、歯周病《ししゅうびょう》（歯肉《しにく》の病気）や頭骨《とうこつ》が短くなるなどの現象《げんしょう》がみられるので、この特徴《とくちょう》をもつ骨《ほね》はブタの骨《ほね》ということができます。

　薩摩藩《さつまはん》の屋敷《やしき》の跡地《あとち》からみつかった骨《ほね》にも、歯周《ししゅう》病《びょう》などをしめすものがあるため、狩猟《しゅりょう》でつかまえたイノシシのほかに、飼育《しいく》されたブタもふくまれていることがわかったのです。

　薩摩藩《さつまはん》は、琉球《りゅうきゅう》（現在《げんざい》の沖縄県《おきなわけん》）をとおして中国と貿易《ぼうえき》をおこなっていました。そのため、食文化にもその影響《えいきょう》をうけ、ブタ肉を食べるという習慣《しゅうかん》も、中国からつたわったと思われます。

　また、藩主《はんしゅ》が招待客《しょうたいきゃく》にだした中国風の料理の献立《こんだて》の記録には、「東坡肉（ブタ肉の角煮）」や「筋豚」「煎豚」などの豚肉料理が記されています。

　江戸時代《えどじだい》の終わりころの経済学者《けいざいがくしゃ》・佐藤信淵《さとうのぶひろ》は、1827年に著《あらわ》した『経済要録《けいざいようろく》』に「江戸《えど》の薩摩藩邸《さつまはんてい》で飼《か》われている豚《ぶた》は味がとても上品で、これを普及《ふきゅう》すべきである」と書いています。

　薩摩藩《さつまはん》は、江戸《えど》にいくつかの屋敷《やしき》をもっていたので、この本でいう「薩摩藩邸《さつまはんてい》」が、ブタの骨が出土した屋敷《やしき》をさしているとは断定《だんてい》することはできません。しかし、いずれかの屋敷《やしき》でブタが飼育《しいく》されていたことはまちがいないようです。

▲薩摩藩《さつまはん》の屋敷《やしき》の跡地《あとち》からみつかったブタの頭蓋骨《とうがいこつ》と下あごの骨《ほね》。
（港区立港郷土資料館蔵）

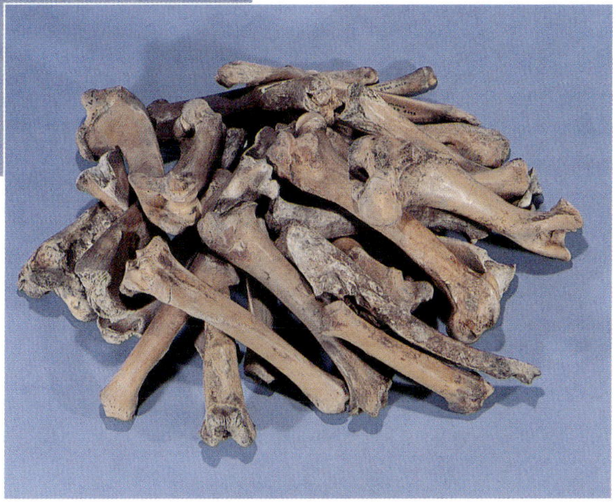

▶おなじ跡地《あとち》からみつかった、ブタの足などの骨《ほね》。
（港区立港郷土資料館蔵）

食べる

各地でうまれた名産品

大名《だいみょう》は、領地《りょうち》をゆたかにするために、その土地にあった産物の生産をうながしたので、各地に名産品がうまれました。また、参勤交代《さんきんこうたい》の大名《だいみょう》や庶民《しょみん》の旅人がたちよる大きな街道《かいどう》ぞいの宿場町《しゅくばまち》では、名物料理がうまれました。

赤穂《あこう》の塩

塩は、人間が生きていくために必要なものです。日本は海に囲まれていますが、塩をとるためにはいろいろな工夫が必要でした。

縄文時代《じょうもんじだい》から平安時代《へいあんじだい》くらいまでは、土器で海水を煮《に》つめて塩をつくったり（33ページ参照）、海でとれる藻《も》を海水につけて乾燥《かんそう》させることをくりかえし、その藻《も》を焼いたものをさらに海水でとかし、土器で煮《に》つめる藻塩焼《もしおや》きという方法で塩をつくったりしていました。

室町時代《むろまちじだい》になると、海岸につくった塩田《えんでん》での塩づくり（115ページ参照）がおこなわれるようになりました。この方法は藻塩焼《もしおや》きよりたくさんの塩がとれますが、人が塩田《えんでん》まで海水を運び、まかなければならなかったので重労働でした。

江戸時代《えどじだい》には、播磨《はりま》（現在《げんざい》の兵庫県《ひょうごけん》）の赤穂《あこう》で、人が海水をまかないでもすむ塩づくりがはじまりました。この方法は、塩田《えんでん》を防波堤《ぼうはてい》の内側につくり、満潮《まんちょう》のときに海水が塩田《えんでん》にはいるようにし、干潮《かんちょう》のときには海水が蒸発《じょうはつ》して砂《すな》に塩の結晶《けっしょう》ができるというしくみで、入浜式塩田《いりはましきえんでん》といいます。

遠浅の干潟《ひがた》といった海岸の地形の条件《じょうけん》と、雨が少ないという気候条件《きこうじょうけん》が必要だったので、この方法の塩づくりが広まったのは、備前《びぜん》・備中《びっちゅう》（現在《げんざい》の岡山県《おかやまけん》）、讃岐《さぬき》（現在《げんざい》の香川県《かがわけん》）など瀬戸内海沿岸《せとないかいえんがん》10か国でした。

◀赤穂《あこう》の塩づくりのようす。海岸線にそって防波堤《ぼうはてい》が築《きず》かれ、その内側に塩田《えんでん》が広がっている。画：歌川貞秀《うたがわさだひで》「西国名所之内十二　赤穂千軒塩屋《あこうせんげんしおや》」（たばこと塩の博物館蔵）

土佐《とさ》のかつお節《ぶし》

かつお節《ぶし》は長く保存《ほぞん》でき、けずってそのまま食べられ、うまみもある食品です。かつお節《ぶし》に近い食品としては、奈良時代《ならじだい》より少し前から「堅魚《かつお》」や「煮堅魚《にがつお》」がありました。堅魚《かつお》は素干《すぼ》し、煮堅魚《にがつお》は煮《に》て干《ほ》したカツオのようです。

今のようなかつお節《ぶし》がつくられるようになったのは1674年に、紀伊《きい》（現在《げんざい》の和歌山県《わかやまけん》と三重県の一部）うまれの漁師《りょうし》が、土佐《とさ》（現在《げんざい》の高知県《こうちけん》）の漁村につくりかたをつたえてからといわれています。

▲江戸時代《えどじだい》のかつお節《ぶし》づくりの光景。かつお節《ぶし》は、新鮮《しんせん》なカツオをつかい、切る、ゆでる、いぶすなどしてつくっていく。『日本山海名産図会《さんかいめいさんずえ》』（東京都立中央図書館蔵）

かつお節《ぶし》のつくりかたは、まず身をゆでて、まきのけむりでいぶします。そして、たるにつめて、かびをつけ、天日《てんぴ》に干《ほ》すという作業を、５～６回くりかえしてできあがります。

かつお節《ぶし》は、江戸《えど》では棒手振《ぼてふ》り（148ページ参照）が天《てん》びん棒《ぼう》でかついで売り歩きました。

駿河《するが》の安倍川《あべかわ》もち

安倍川《あべかわ》もちは、駿河《するが》（現在《げんざい》の静岡県《しずおかけん》）を流れる安《あ》倍川《べかわ》の渡《わた》しの茶店や、東海道《とうかいどう》ぞいの茶店でだされていた江戸時代《えどじだい》の名物もちです。1800年代のはじめに十返舎一九《じっぺんしゃいっく》によって書かれた、弥次《やじ》さん、喜多《きた》さんを主人公として旅のようすをおもしろおかしく描《えが》いた本『東海道中膝栗毛《とうかいどうちゅうひざくりげ》』にもでてきます。参勤交代《さんきんこうたい》で宿泊《しゅくはく》する大名《だいみょう》にも献上《けんじょう》されました。

◀▲1804年創業《そうぎょう》で、今も安倍川《あべかわ》のたもとで営業をしている安倍川《あべかわ》もち屋の、明治36（1903）年の光景と安倍川《あべかわ》もち。

このもちは、つきたてのもちを小さくちぎり、きな粉《こ》をまぶし、白砂糖《しろざとう》をかけたものです。江戸時代《えどじだい》の庶民《しょみん》はめったに口にできなかった白砂糖《しろざとう》がつかわれていたのが人気の秘密《ひみつ》だったようです。のちに、あずきあんをまぶしたものもできました。

1780年代につくられはじめた駿河《するが》の砂糖《さとう》は、品質《ひんしつ》がよかったといわれます。あまいものが少ない時代の白砂糖《しろざとう》は、みんなのあこがれの食べ物でした。

きな粉《こ》は、江戸時代《えどじだい》に安倍川《あべかわ》上流にあった金山の、金の粉にみたてたという話があります。

着る

武士《ぶし》の衣服が変化する

江戸時代《えどじだい》になると、武士《ぶし》の正装《せいそう》に裃《かみしも》や長裃《ながかみしも》がもちいられるようになりました。武士《ぶし》の着ているものをみると、ひと目でその人の身分の高さがわかりました。

武士《ぶし》の正装《せいそう》は裃《かみしも》

武士《ぶし》のあいだでは、身分と行事によって、着る衣服が定められました。

江戸時代《えどじだい》になると、肩衣《かたぎぬ》は肩《かた》の張《は》りかたが鋭《するど》くなり、胸《むね》のひだも深く折って仕立てるようになりました。肩衣《かたぎぬ》とはかまをおなじ生地《きじ》で仕立てた「裃《かみしも》」が、武士《ぶし》の正装《せいそう》として定着していきます。すそを長く引きずる長袴《ながばかま》を組み合わせた長裃《ながかみしも》は身分の高い武士《ぶし》が儀式《ぎしき》のときに着る正装《せいそう》で、足首までの長さの半袴《はんばかま》を組み合わせた半裃《はんかみしも》は身分の低い武士《ぶし》や上層《じょうそう》の庶民《しょみん》の正装《せいそう》でした。

大名《だいみょう》などの身分の高い武士《ぶし》の正装《せいそう》には、束帯《そくたい》（102ページ参照）や直垂《ひたたれ》（116ページ参照）などがもちいられることもありました。

裃《かみしも》の下には小袖《こそで》や帷子《かたびら》（117ページ参照）を着ましたが、そのなかで「熨斗《のし》目《め》」とよばれる小袖《こそで》がもっとも格《かく》の高いものとして、公式の席で着られました。熨斗目《のしめ》とは、袖《そで》の下部と腰回《こしまわ》りの部分の柄《がら》をかえた「腰替《こしが》わり」のデザインの小《こ》袖《そで》のことです。

腰替《こしが》わりは、室町時代《むろまちじだい》の肩裾形式《かたすそけいしき》（119ページ参照）につながるデザインです。熨斗目《のしめ》には家紋《かもん》をつけ、格《かく》の高さをしめしました。

長裃《ながかみしも》
正式な裃《かみしも》は黒、紺《こん》、茶などの無地《むじ》か、こまかいもようの小紋《こもん》の麻《あさ》を生地《きじ》とし、上下共《とも》ぎれの単《ひとえ》仕立てとされた。
肩衣《かたぎぬ》
大きく張《は》り出《だ》した肩《かた》には鯨《くじら》のひげをいれてピンと張《は》らせている。
家紋《かもん》
熨斗目《のしめ》の小袖《こそで》
背《せ》と胸《むね》に家紋《かもん》をつけた。絵では上に肩衣《かたぎぬ》を着ているので、家紋《かもん》はみえない。
長袴《ながばかま》
大名《だいみょう》や、身分の高い武士《ぶし》が江戸《えど》城《じょう》にあがるときなどにつけた。

羽織袴《はおりはかま》は裃《かみしも》につぐ正装《せいそう》

羽織《はおり》は安土桃山時代《あづちももやまじだい》に胴服《どうぶく》（130ページ参照）といわれた衣服で、小袖《こそで》の上に着ました。関東地方では羽織《はおり》とよばれており、江戸《えど》が政治《せいじ》の中心地となったことから、この呼《よ》び名《な》が全国に広まり、一般的《いっぱんてき》になりました。

もともとは、武士《ぶし》が旅行のときに着るものでしたが、しだいにふだんでも着るようになり、庶民《しょみん》のあいだにも広まりました。やがて、小袖《こそで》にはかまをはき、羽織《はおり》を着た羽織袴《はおりはかま》が正装《せいそう》のひとつになりました。それにともない、色やもようが地味《じみ》になり、家紋《かもん》もつけられるようになりました。江戸時代《えどじだい》のなかごろには、黒紋付《くろもんつき》の羽織袴《はおりはかま》がもっとも正式とされました。

羽織《はおり》の柄《がら》には無地《むじ》、小紋《こもん》、縞《しま》があり、下に着る小袖《こそで》には、黒、茶、紺《こん》などの色の小紋《こもん》や縞《しま》がもちいられました。羽織《はおり》、はかまをつけずに小袖《こそで》だけを着たすがたを「着流《きなが》し」といい、公《おおやけ》の場には向かない装《よそお》いでした。

羽織袴《はおりはかま》

◀黒の無地《むじ》の羽織《はおり》に家紋《かもん》をいれた「黒紋付《くろもんつき》」の羽織袴《はおりはかま》。羽織袴《はおりはかま》は、今日《こんにち》までつたえられている正装《せいそう》。

もっと知りたい!

庶民《しょみん》は木綿《もめん》の衣服《いふく》

江戸時代《えどじだい》に綿《わた》の栽培《さいばい》がさかんになると、木綿《もめん》が一般《いっぱん》に広まりました。武士《ぶし》を支配階級《しはいかいきゅう》とし、農民・職人《しょくにん》（工）・商人がそれにつづく士農工商の身分制度《みぶんせいど》のなかで、上等な絹織物《きぬおりもの》を着てよいのは武士《ぶし》だけでした。武士《ぶし》以外の着物は紬《つむぎ》・木綿《もめん》・麻《あさ》に限《かぎ》られていました。紬《つむぎ》は、上質《じょうしつ》ではないくずのまゆなどから手でよりをかけてつむぎだした絹糸《きぬいと》をつかって織《お》った絹織物《きぬおりもの》です。

実際《じっさい》には裕福《ゆうふく》な商人などのなかには上等な絹織物《きぬおりもの》を着る人たちがいましたが、ほとんどの庶民《しょみん》は木綿《もめん》の衣服を着ていました。庶民《しょみん》の女性には小紋《こもん》や絞《しぼ》り染《ぞ》め（121ページ参照）の木綿《もめん》が人気があり、縞《しま》や格子《こうし》の柄《がら》に織《お》ったものは男女問わずさかんにつかわれました。

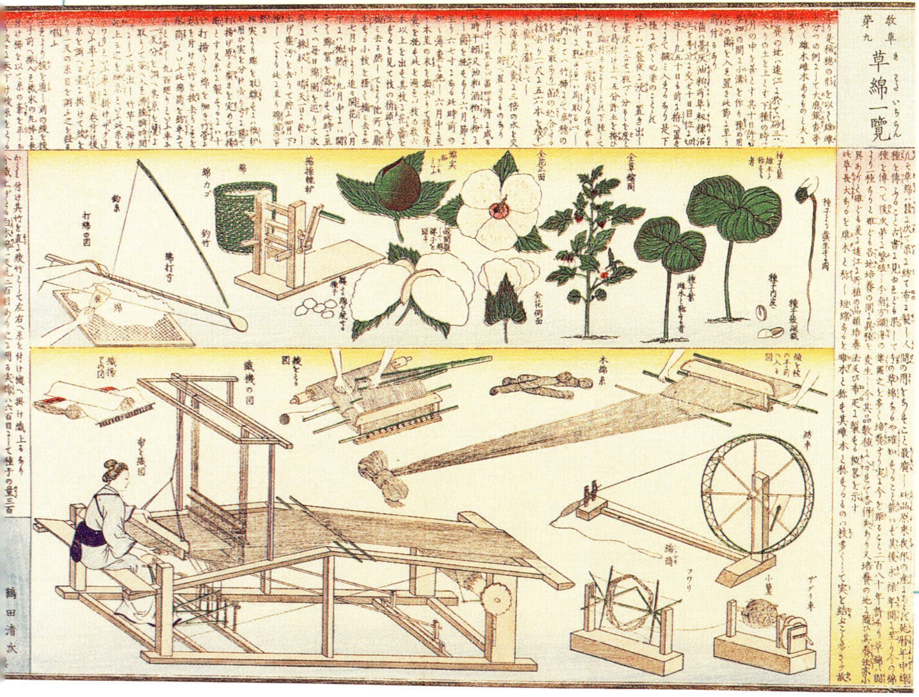

◀綿《わた》の栽培《さいばい》から機織《はたお》りまでを絵入りで紹介《しょうかい》した印刷物。明治5（1872）年にだされたが、江戸時代《えどじだい》の終わりころ、どんな道具をつかって木綿糸《もめんいと》をつくったり、機織《はたお》りをしたりしていたのかがしめされている。『教草』「草綿一覧《きわたいちらん》」（長野県立歴史館蔵）

小袖《こそで》は、はなやかに変化

二百数十年続いた江戸時代《えどじだい》のあいだに、女性《じょせい》の小袖《こそで》は形が変化し、色柄《いろがら》にもつぎつぎと新しい趣向《しゅこう》があらわれました。そのような流行は、京都《きょうと》や江戸《えど》などの都市でうまれました。

すそや袖《そで》は長く、帯は幅広《はばひろ》に

江戸時代《えどじだい》にはいると、女性《じょせい》の小袖《こそで》（118～119ページ参照）の形や着かたが変わっていきました。

それまでくるぶしまでだった丈《たけ》が長くなって、すそをひくようになり、外出するときには小袖《こそで》を細い帯でたくしあげて着るようになりました。これを「抱《かか》え帯《おび》」といいます。

袖《そで》もしだいに長くなり、特に若《わか》い女性《じょせい》の振《ふ》り袖《そで》は、江戸時代《えどじだい》のなかごろには2尺《しゃく》8、9寸《すん》（約106～110cm。衣服につかう1尺《しゃく》は約37.9cm）もの長さで仕立てることもありました。結婚《けっこん》すると「袖留《そでど》め」などといって、袖丈《そでたけ》を短くしました。現代《げんだい》の既婚女性《きこんじょせい》の着る礼服《れいふく》を留袖《とめそで》とよぶのは、それが由来《ゆらい》です。

帯もひものように細かったものが、幅広《はばひろ》く、長くなりました。また、さまざまに形づくって結ぶようになり、生地《きじ》には金襴《きんらん》（金の糸をつかった織物《おりもの》）や錦《にしき》（数種の色糸をつかって美しいもようを織《お》りだした織物《おりもの》）、ビロードなどがつかわれ、小袖《こそで》におとらない重要な衣類になりました。

◀振《ふ》り袖《そで》に抱《かか》え帯《おび》すがたの女性《じょせい》。

▶振《ふ》り袖《そで》を着て、帯を吉《きち》弥《や》結《むす》びに結んだ若《わか》い女性《じょせい》。吉弥結《きちやむす》びは、江戸時代《えどじだい》の人気歌舞伎役者上村吉弥《かぶきやくしゃかみむらきちや》の舞台衣装《ぶたいいしょう》からうまれた結びかた。画：菱川師宣《ひしかわもろのぶ》「見返《みかえ》り美人図《びじんず》」（東京国立博物館蔵）

多様《たよう》なデザインと高度な技術《ぎじゅつ》

女性《じょせい》の小袖《こそで》や帷子《かたびら》には、ゆたかなデザインがつぎつぎにあらわれました。そして、それを支《ささ》えるさまざまな高度な技術《ぎじゅつ》がうまれました。そのひとつに、1600年代の後半ころに開発された友禅染《ゆうぜんぞめ》があります。友禅染《ゆうぜんぞめ》は、あたかも絵を描《えが》くかのように自由にもようを染《そ》めだせる画期的《かっきてき》な技法《ぎほう》だったので、以後、現在《げんざい》まで染色技法《せんしょくぎほう》の主流となっています。友禅《ゆうぜん》染《ぞめ》は特に町人の女性《じょせい》にこのまれました。

また、着物のすそが長くなり、帯が幅広《はばひろ》くなると、すそもようや上下にわかれたもようの着物がこのまれるようになりました。

江戸時代《えどじだい》の終わりころには、武家《ぶけ》の女性《じょせい》のあいだでは、物語や能楽《のうがく》にちなんだ風景を刺繡《ししゅう》などで全体に描《えが》きだした小袖《こそで》がこのまれ、公家《くげ》の女性《じょせい》のあいだでは、おもに刺繡《ししゅう》をもちいて大ぶりの草花に雲などを描《えが》きだした小袖《こそで》がこのまれました。

もっとも、このようなはなやかで高価《こうか》な小袖《こそで》は一部の裕福《ゆうふく》な人たちに限《かぎ》られ、大多数の人々は木綿《もめん》の小袖《こそで》を着ていました。

▲友禅染《ゆうぜんぞめ》。糊《のり》をつかって細い線で輪郭《りんかく》を描《えが》き、そこに多彩《たさい》な色をさしたり、また、ぼかしをくわえるなどして繊細《せんさい》なもようを描《えが》きだした。（国立歴史民俗博物館蔵）

もっと知りたい!

江戸《えど》でうまれた「粋《いき》」

はなやかな友禅染《ゆうぜんぞめ》の小袖《こそで》が、町人の女性《じょせい》のあいだでこのまれたいっぽうで、江戸時代《えどじだい》の終わりころに、茶色やねずみ色などの無地《むじ》や縞《しま》、こまかい小紋《こもん》の小袖《こそで》に、黒のえりなどをあわせる地味《じみ》な色合いの着かたが、江戸《えど》の若《わか》い女性《じょせい》のあいだで流行しました。

このような渋《しぶ》い色の取り合わせは、もともとは年配《ねんぱい》の女性《じょせい》や男性《だんせい》の衣服にみられるものでしたが、若《わか》い女性《じょせい》の装《よそお》いにとりいれられると、「粋《いき》」とよばれる新しい魅力《みりょく》になりました。

下着のじゅばんなど、外からごくわずかにみえる部分に赤などの色をつかい、はなやかさをそえることも、「粋《いき》」な着かたでした。「粋《いき》」は江戸《えど》の町人のなかからうまれた独特《どくとく》のセンスでした。

▶粋《いき》な装《よそお》いの女性《じょせい》。画：喜多川歌麿《きたがわうたまろ》『歌撰恋之部《かせんこいのぶ》　物思恋《ものおもうこい》』復刻版《ふっこくばん》（アダチ伝統木版画技術保存財団蔵）

着る

職人《しょくにん》は仕事にあった衣服

江戸時代《えどじだい》には、江戸《えど》などの都市を中心に、さまざまな職業《しょくぎょう》ができ、町人のなかには多くの職人《しょくにん》がいました。職人《しょくにん》たちはそれぞれの仕事に応《おう》じて、働きやすく、便利な衣服を着ていました。

外で働く職人《しょくにん》は半纏《はんてん》に股引《ももひき》

江戸《えど》に幕府《ばくふ》がひらかれて、町の建設工事《けんせつこうじ》のために各地から多くの職人《しょくにん》があつめられました。また、江戸《えど》は火事が多かったので、家屋敷《いえやしき》を建てる工事が絶《た》えませんでした。そうしたことから、江戸《えど》には、建築《けんちく》に関係のある仕事をする大工《だいく》・左官《さかん》（壁《かべ》ぬり職人《しょくにん》）・屋根ふき・植木職人《うえきしょくにん》といった人たちがたくさんいました。これらの職人《しょくにん》は、注文主のところへ出向き、そこで仕事をするので出職《でしょく》とよばれました。

戸外《こがい》で仕事をする出職《でしょく》の人たちの服装《ふくそう》は、半纏《はんてん》に股引《ももひき》、腹掛《はらが》け、ぞうり（ワラなどで編《あ》んだ、底の平らなはきもの）というのが一般的《いっぱんてき》でした。これは、高いところにあがるなど、体をつかう仕事の多い職人《しょくにん》に便利な、動きやすい服装《ふくそう》でした。

半纏《はんてん》は、羽織《はおり》に似《に》たつつ袖《そで》の丈《たけ》の短い上着です。これに、つつ状《じょう》の下ばきである股引《ももひき》をはき、腹《はら》には腹掛《はらが》けをしました。腹掛《はらが》けは下のほうに大きなポケットがあり、道具や小物をいれることができました。足には脚絆《きゃはん》（すねを保護《ほご》したり、動きやすくしたりするために巻《ま》きつける布《ぬの》）をつけることもありました。

大工《だいく》の服装《ふくそう》

出先の戸外《こがい》で仕事をしやすいように、工夫されていた。

半纏《はんてん》
背《せ》やすそ、えりなどに屋号の文字や紋《もん》を染《そ》め抜《ぬ》いたものを「印半纏《しるしばんてん》」といった。内側に腹《はら》掛《が》けをかけた。

手ぬぐい
汗《あせ》をふいたり、はちまきにしたりした。

腹掛《はらが》け
腹《はら》の部分にポケットのついた作業衣。

三尺帯《さんじゃくおび》
ひと回りでしめる短い帯。

股引《ももひき》
足にそうように細身につくられていた。

左官《さかん》の服装《ふくそう》

◀左官《さかん》の仕事のようす。暑いときは、左側の左官《さかん》のように腹掛《はらが》けをとって仕事をすることもあった。

火消しや陸尺《ろくしゃく》の衣服には装飾《そうしょく》も

火事が多かった江戸《えど》で活躍《かつやく》したのは、組にわかれて消火活動《しょうかかつどう》をおこなった火消しとよばれる人たちでした。このころの消火活動《しょうかかつどう》は長鳶《ながとび》という道具やのこぎりなどで風下《かざしも》の家をこわして火が広がるのを防《ふせ》ぐというものでした。

火消しの服装《ふくそう》は、ずきんに長半纏《ながばんてん》、股引《ももひき》でしたが、どれも刺子《さしこ》（何枚《なんまい》かの木綿《もめん》を重ねて、一面に糸でぬいあわせたもの）でじょうぶにつくられていました。火事場では、この上から水をあびて、炎《ほのお》や落下物などから身を守りました。長半纏《ながばんてん》の背《せ》には纏印《まといじるし》（組の印）が染《そ》め抜《ぬ》かれ、裏地《うらじ》にははでな図柄《ずがら》が描《えが》かれていました。組をまとめる頭取《とうどり》などは、革《かわ》の羽織《はおり》を着ることもありました。

大名《だいみょう》や身分の高い武士《ぶし》のかごをかつぐ奉公人《ほうこうにん》を「陸尺《ろくしゃく》」といいます。「陸尺看板《ろくしゃくかんばん》」とよばれるその衣服も独特の形でつくられていました。看板《かんばん》は、奉公《ほうこう》人《にん》が着る衣服で、背《せ》や袖《そで》などに主人の紋《もん》が染《そ》め抜《ぬ》かれていたことから看板《かんばん》とよばれました。陸尺《ろくしゃく》の看板《かんばん》は、袖《そで》が振《ふ》り袖《そで》のように長く、その先端《せんたん》が細くすぼまっていて、特に目立つものでした。

火消しの服装《ふくそう》

長鳶《ながとび》
家を倒《たお》す道具。
ずきん
けむりを吸《す》いこまないように、口の部分をおおう形になっていた。
長半纏《ながばんてん》
刺子《さしこ》の半纏《はんてん》。
股引《ももひき》

陸尺《ろくしゃく》の服装《ふくそう》

主人の紋《もん》
すそを折りあげて、帯にはさんで着る。
素足《すあし》

もっと知りたい!

町人は古着屋《ふるぎや》で小袖《こそで》を買った

大工《だいく》や左官《さかん》、植木職人《うえきしょくにん》といった人たちは江戸《えど》の町人の代表的な人々で、ほとんどの人は長屋《ながや》に住み、質素《しっそ》なくらしをしていました。

このような庶民《しょみん》が着る衣服は木綿《もめん》の小袖《こそで》でした。反物《たんもの》（着物1枚分《まいぶん》の織物《おりもの》）を買って、家で仕立てることもありましたが、町の古着屋《ふるぎや》で古《ふる》着《ぎ》を買うことも多かったのです。

古着屋《ふるぎや》には、絹《きぬ》や質《しつ》のよい木綿《もめん》の小袖《こそで》を売る店もあり、新品よりもずっと安く買えるので庶《しょ》民《みん》によろこばれ、たいへん繁盛《はんじょう》しました。

江戸時代《えどじだい》の庶民《しょみん》は、古着屋《ふるぎや》で買った衣服でも、穴《あな》があいたりやぶれたりしたら、つぎあて（穴《あな》ややぶれた部分に、布《ぬの》の切れはしをあてて、ぬうこと）をして着ていました。

衣服をだいじに着た庶民《しょみん》

木綿《もめん》の衣服を着るようになった庶民《しょみん》は、布《ぬの》は貴重品《きちょうひん》だったので、ぼろぼろになるまでたいせつに着ました。

木綿《もめん》の衣類を、たらいで手洗《てあら》い

江戸時代《えどじだい》の庶民《しょみん》の衣服は、木綿地《もめんじ》が多くなりました。木綿《もめん》は、麻《あさ》などにくらべてやわらかく、吸水性《きゅうすいせい》にもすぐれ、染色《せんしょく》しやすいという特徴《とくちょう》をもっています。体を動かしてよく働き、汗《あせ》もいっぱいかく庶民《しょみん》にとって、木綿《もめん》の衣類はとても着やすいものでした。

木綿《もめん》が広まった江戸時代《えどじだい》には、たらいも普及《ふきゅう》したので、木綿《もめん》の衣類はたらいに水をため、手であらうことができました。

よごれ落としには、ムクロジやサイカチの実を煮《に》だした液《えき》（88ページ参照）、草木の灰《はい》を水でといたもの、米のとぎ汁《じる》、米ぬかなどをつかいました。

あらうときは、水をはったたらいに衣類をいれ、布《ぬの》に水を吸《す》わせてからとりかかりました。よごれた部分にはよごれ落としの液《えき》をつけながら、手で布《ぬの》をゴシゴシもんだり、ギュウギュウつかんだり、布《ぬの》を重ねて上から押《お》しつけたり、振《ふ》ったりして、あらっていきました。

農村などでは、川がおもな洗濯場《せんたくば》でしたが、町では共同井戸《きょうどういど》のまわりが洗濯場《せんたくば》でした。そのため、町人が住む長屋《ながや》の井戸端《いどばた》は、洗濯《せんたく》をする女性《じょせい》たちのおしゃべりの場になりました。

◀たらいをつかって、洗濯《せんたく》をする女性《じょせい》。着物の袖《そで》が洗濯物《せんたくもの》にふれたり、たらいの水につかったりしないように、たすきがけをして洗濯《せんたく》をしていた。「栄草当世娘《さかえぐさとうせいむすめ》」（江戸東京博物館蔵）

洗《あら》い張《は》りをし、着物に仕立てなおす

単《ひとえ》の着物はそのまま丸洗《まるあら》いし、物干《ものほ》しざおに袖《そで》をとおして、しわをのばして干《ほ》しました。裏地《うらじ》のついた袷《あわせ》の着物は、縫《ぬ》い目《め》をほどいて、布《ぬの》の状態《じょうたい》にもどしてから、きれいにあらい、戸板《といた》（雨戸《あまど》）に張《は》りつけて干《ほ》しました（160ページの絵の左上の部分参照）。これを洗《あら》い張《は》り（198〜199ページ参照）といいます。縫《ぬ》い目《め》をほどいてあらうと、縫《ぬ》い目《め》の中のゴミがとれ、針《はり》でぬった穴《あな》もふさがりました。

洗《あら》い張《は》りをした布《ぬの》は、アイロンをかけたようにぴんとなってかわきます。それを、また、着物に仕立てなおしました。そのとき、すりきれたところやうすくなった部分は、目立たない部分にもっていくなど、布《ぬの》の配置を工夫し、仕立てなおしました。

仕立てなおした着物は、ふたたび、新しい着物のようによみがえります。単《ひとえ》の着物を仕立てなおすときも、やはり、洗《あら》い張《は》りをしました。

洗《あら》い張《は》りと仕立てなおしは女性《じょせい》の仕事で、結婚《けっこん》するまでに、単《ひとえ》、袷《あわせ》、下着類、なんでもつくれるように、母親から仕込《しこ》まれました。

木綿《もめん》は、あらえばあらうほどやわらかくなり、体になじんで着やすくなります。人々は、洗《あら》い張《は》りと仕立てなおしをくりかえし、1枚《まい》の着物を、たいせつに、長いあいだ着ました。

着物に穴《あな》があくなどいたんでくると、つぎあてをし、だいじに着ました。着られなくなった着物は、縫《ぬ》い目《め》をほどいて赤ちゃんのおむつやぞうきん、げたのはなおなどにしました。これらにもつかえなくなると、かまどで燃《も》やして灰《はい》にし、その灰《はい》の汁《しる》をつかって洗濯《せんたく》をするというように、最後までたいせつにつかいきりました。

洗《あら》い張《は》り専用《せんよう》の張《は》り板《いた》（199ページ参照）がつくられると、張《は》り板《いた》をつかう人がふえました。

▲着物を仕立てている女性《じょせい》。布《ぬの》を裁《た》ち（切ること）、糸と針《はり》をつかってぬいあわせ、衣類をつくることを裁縫《さいほう》という。針《はり》や糸は裁縫箱《さいほうばこ》（右側にある引き出しのついたいれもの）にしまった。「栄草当世娘《さかえぐさとうせいむすめ》」（江戸東京博物館蔵）

もっと知りたい!

着物のつくり

着物は、長い反物《たんもの》を直線で裁《さい》断《だん》し、ぬいあわせてつくります。ですから、縫《ぬ》い目《め》をほどくと、また生地《きじ》にもどります。

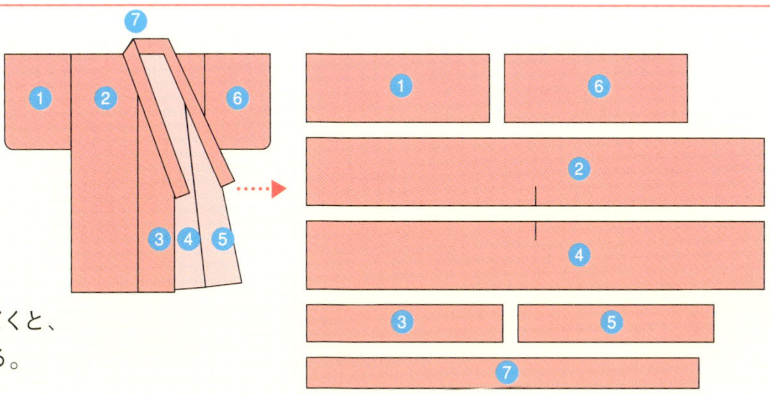

▶着物の縫《ぬ》い目《め》をほどくと、ばらばらの生地《きじ》になる。

着る

各種の装身具《そうしんぐ》が多彩《たさい》に

江戸時代《えどじだい》にはさまざまな装身具《そうしんぐ》がつくられました。

それらは実用品でもありましたが、おしゃれを演出《えんしゅつ》するアクセサリーの役割《やくわり》をもっていました。

髪形《かみがた》とともに髪飾《かみかざ》りも発展《はってん》

女性《じょせい》がまげを結《ゆ》うことは、安土桃山時代《あづちももやまじだい》ころからおこなわれるようになり、江戸時代《えどじだい》になると、多くの髪形《かみがた》がつくられました。

髪の毛を、前髪《まえがみ》・びん・たぼ・まげの部分にわけて、いろいろな形に結《ゆ》っていくのですが、数十種類もの髪形《かみがた》が考えだされ、島田《しまだ》まげ、兵庫《ひょうご》まげ、丸《まる》まげなどが流行しました。

髪形《かみがた》とともに、いろいろな髪飾《かみかざ》りもつくられました。おもなものに、くし・こうがい・かんざしの3つがあります。木や竹、金属《きんぞく》、象牙《ぞうげ》、べっこう、ガラスなど多様な材質《ざいしつ》がもちいられ、漆工芸《うるしこうげい》で、らでん（貝がらをつかった装飾《そうしょく》）や蒔絵《まきえ》（金粉や銀粉をつかった装飾《そうしょく》）をあしらったものもつくられました。

島田《しまだ》まげ

まげ
くし
かんざし
たけなが
前髪《まえがみ》
こうがい
たぼ
びん

▲おもに独身《どくしん》の女性《じょせい》が結《ゆ》った。

兵庫《ひょうご》まげ

▲中年の女性《じょせい》が結《ゆ》った。

丸《まる》まげ

くし
かんざし

▲結婚《けっこん》している女性《じょせい》の髪形《かみがた》の一種。

袋物《ふくろもの》や印籠《いんろう》はしゃれた小物

手に持ったり、身につけたりする物いれとして、この時代にさかんに利用されたのが袋物《ふくろもの》でした。生活のなかで生じるさまざまな目的や用途《ようと》に応《おう》じた袋《ふくろ》物《もの》がつくられました。今でいう小物いれや、さいふの役目をした「紙いれ」、きざみたばこ（タバコの葉を刻《きざ》んだもの）をいれる「たばこいれ」、たばこを吸《す》うきせるをいれる「きせるいれ」、ようじをいれる「ようじいれ」のほかに、「お守り袋《ぶくろ》」や、バッグやさいふの役目をした「きんちゃく」などがありました。

武家《ぶけ》の女性《じょせい》が紙いれとしてふところにはさんだ「筥迫《はこせこ》」も江戸時代《えどじだい》特有のものです。材質《ざいしつ》に高級なつづれ織《お》り（錦《にしき》のような織物《おりもの》）などの生地《きじ》や皮革《ひかく》をもちいたり、金具にこるなど、実用性《じつようせい》をこえて、見た目にも美しくつくられました。

武士《ぶし》や裕福《ゆうふく》な商人などが身につけた装身具《そうしんぐ》に印籠《いんろう》があります。中国でつくりだされ、古くは印《いん》や印肉《いんにく》のいれ物でしたが、やがて薬いれとしてつかわれるようになりました。日本では安土桃山時代《あづちももやまじだい》からもちいられはじめ、江戸時代《えどじだい》になると、ほんらいの薬いれとしての意味はなくなり、飾《かざ》り物《もの》になりました。多くは漆塗《うるしぬ》りに、らでんや蒔絵《まきえ》をほどこすなど、手のこんだ工芸品でした。印籠《いんろう》を帯にさげるときに落ちないようにひものはしにつけた留め具の「根付け」も、サンゴや象牙《ぞうげ》に彫刻《ちょうこく》をほどこしたりと、精巧《せいこう》につくられることが多くありました。

▲紙いれ（国立歴史民俗博物館蔵）

▼筥迫《はこせこ》（国立歴史民俗博物館蔵）

▲印籠《いんろう》。ひもの上についた留《と》め具《ぐ》が根付《ねつ》け。

げたが一般《いっぱん》の人々のはきものに

げたは、古くは裕福《ゆうふく》な人々が足元をよごさないようにはいたり、旅をするお坊《ぼう》さんがはいたりするものでしたが、江戸時代《えどじだい》になると、一般《いっぱん》の人たちもはくようになりました。まずはじめに、女性《じょせい》のあいだで広まり、江戸時代《えどじだい》のなかごろには男性《だんせい》もはくようになりました。

それにともなってさまざまな形のげたがつくられるようになり、足元をかざるおしゃれな装身具《そうしんぐ》になりました。

しかし、庶民《しょみん》がげたをはくことはあまりなく、ふだん、ほとんどの人たちは、ぞうりをはいていました。

げた

このげたは、台と歯が一体となっている。台に歯をさしこむつくりのげたは、歯がすりへると、「歯入《はい》れ屋」さんで、歯をとりかえてもらうことができた。

はなお

はなおの先に、親指と人さし指をさしこんで、はく。台にはなおをつけることを「すげる」という。はなおが切れると、新しいはなおにすげかえてはいた。

庶民《しょみん》の、信仰《しんこう》と楽しみの旅

平安時代《へいあんじだい》の終わりころから寺社への旅がはじまり、庶民《しょみん》も旅をするようになりました。旅がさかんになるのは、江戸時代《えどじだい》になってからで、江戸《えど》や京都《きょうと》・大坂《おおさか》（大阪《おおさか》）などの都市を中心に、周辺地域《しゅうへんちいき》を見物する楽しみの旅がふえました。

江戸時代《えどじだい》以前は、つらい旅

お寺や神社にお参りして心の平安《へいあん》を求める信仰《しんこう》の旅は古くからおこなわれていましたが、なかでも有名なのは、現在《げんざい》の和歌山県《わかやまけん》にある熊野三社《くまのさんじゃ》にお参りする熊野詣《くまのもうで》でした。熊野詣《くまのもうで》は平安時代《へいあんじだい》の終わりころからさかんになり、天皇《てんのう》をしりぞいた上皇《じょうこう》などの身分の高い人たちがお参りしていました。しかし、しだいに近畿地方《きんきちほう》を中心とした農民などの庶民《しょみん》もお参りするようになり、おおぜいの人が熊野《くまの》へ旅をするようすを「蟻《あり》の熊野詣《くまのもうで》」とよぶほどでした。

室町時代《むろまちじだい》になると、熊野詣《くまのもうで》にかわって、現在《げんざい》の三重県《みえけん》にある伊勢神宮《いせじんぐう》へのお参り（伊勢参宮《いせさんぐう》）がさかんになってきます。武士《ぶし》をはじめ庶民《しょみん》も、伊勢神宮《いせじんぐう》にお参りするようになりますが、庶民《しょみん》はやはり近畿《きんき》地方《ちほう》周辺の人たちが中心でした。

江戸時代《えどじだい》以前の旅は、道や宿がととのっていなかったので、たいへん苦労する旅であったようです。

江戸時代《えどじだい》には、楽しみの旅がさかんに

全国各地の人々がさかんに旅をするようになるのは、江戸時代《えどじだい》にはいってからのことです。江戸幕府《えどばくふ》は、東海道《とうかいどう》、中山道《なかせんどう》、日光道中《にっこうどうちゅう》、奥州道中《おうしゅうどうちゅう》、甲州道中《こうしゅうどうちゅう》の五街道《ごかいどう》を中心に、宿場《しゅくば》や、交通施設《こうつうしせつ》（旅人が距《きょ》離《り》の目安にする一里塚《いちりづか》や並木《なみき》）もととのえたので、旅がしやすくなりました。しかし、関所《せきしょ》を通るときは関所手形《せきしょてがた》が必要でした。

江戸時代《えどじだい》には、都市を中心にした旅行地がふえました。たとえば、江戸周辺《えどしゅうへん》では、現在《げんざい》の神奈川県《かながわけん》に鎌倉《かまくら》や江ノ島《えのしま》、川崎大師《かわさきだいし》、箱根《はこね》の温泉、大山《おおやま》という

▲東海道《とうかいどう》をはじめ、五街道《ごかいどう》の出発点である江戸《えど》・日本橋《にほんばし》のにぎわい。『東海道名所図会《とうかいどうめいしょずえ》』

▲街道《かいどう》の名所などをかきこんだ、江戸時代《えどじだい》の旅行ガイドブック。折りたたみ式で、旅に持っていくことができた。「大日本道中細見記」

旅行地がうまれ、現在《げんざい》の埼玉県《さいたまけん》には秩父三峰神社《ちちぶみつみねじんじゃ》、現在《げんざい》の千葉県《ちばけん》には成田山新勝寺《なりたさんしんしょうじ》、現在《げんざい》の茨城県《いばらきけん》には筑波山《つくばさん》、現在《げんざい》の静岡県《しずおかけん》と山梨県《やまなしけん》にまたがる地域《ちいき》には富士山《ふじさん》など、たくさんの旅行地がうまれました。

江戸時代《えどじだい》の人々の旅は、このような旅行地に2～3泊《ぱく》から10泊《ぱく》くらいででかける旅が多かったようです。

一生のうちに1度いけたかどうかというのが、伊《い》勢神宮《せじんぐう》への旅、伊勢参宮《いせさんぐう》です。伊勢参宮《いせさんぐう》は、江戸時《えどじ》代《だい》を代表する旅で、だれもがあこがれ、日本各地からおこなわれた大旅行です。

伊勢参宮《いせさんぐう》をはたすと、すぐに帰る人もいましたが、さらにあちこち見てまわる人もおおぜいいました。たとえば、東北や関東の人たちであれば、奈良《なら》や京都《きょうと》、大坂《おおさか》（大阪《おおさか》）などを見たあと、四国の金刀《こと》比羅宮《ひらぐう》や現在《げんざい》の広島県《ひろしまけん》の厳島神社《いつくしまじんじゃ》へいったり、中山《なかせん》道《どう》を通って現在《げんざい》の長野県《ながのけん》にある善光寺《ぜんこうじ》にお参りしたりしてから、村へ帰りました。

旅にでると、1日に40km以上歩くこともありました。東北や関東から伊勢神宮《いせじんぐう》や近畿《きんき》をまわる旅は、2～3か月もかかる大旅行だったのです。

ところで、大名《だいみょう》は、ぜいたくな旅をしていたように思われがちですが、庶民《しょみん》の旅とくらべると不自由な旅でした。参勤交代《さんきんこうたい》の旅などは、通る道も宿も休むところも決めてあるので、よほどのことがない限《かぎ》り、そこまで進まなければならなかったのです。

▲旅じたくのいろいろ。頭には菅笠《すげがさ》や手ぬぐいをかぶり、わらじをはき、歩きやすいように着物のすそを折りあげて、帯にはさんでいる。『東海道風景図会《とうかいどうふうけいずえ》』

▲矢立《やたて》（左）と火打ち道具（右上）。旅には、着替《きが》えやさいふのほかに、矢立《やたて》（携帯用《けいたいよう》の筆と墨《すみ》のセット）、火打ち道具（火打ち石といれもの）、印籠《いんろう》（163ページ参照）などを持っていった。

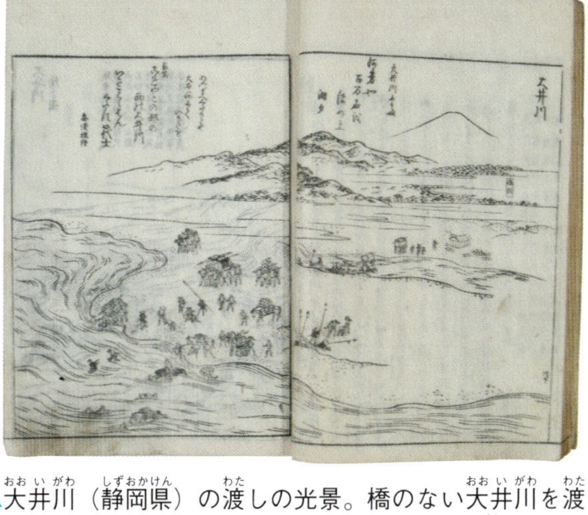

▲大井川《おおいがわ》（静岡県《しずおかけん》）の渡《わた》しの光景。橋のない大井川《おおいがわ》を渡《わた》るには、人足《にんそく》にかついでもらうか、れん台（かつぎ棒《ぼう》のついた台）に乗って渡《わた》るしかなく、東海道《とうかいどう》の難所《なんしょ》だった。『東海道名所《とうかいどうめいしょ》図会《ずえ》』

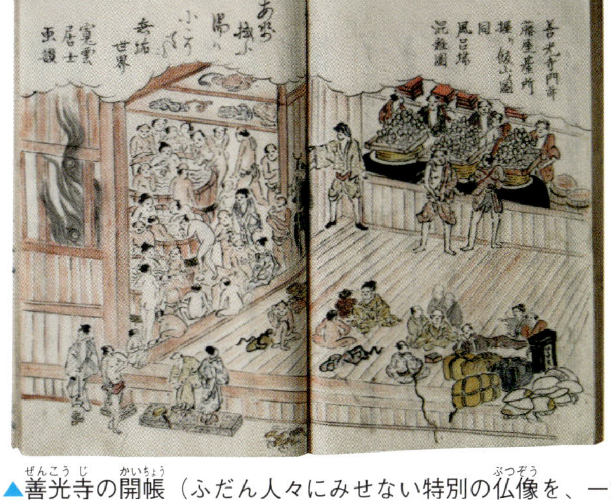

▲善光寺《ぜんこうじ》の開帳《かいちょう》（ふだん人々にみせない特別の仏像《ぶつぞう》を、一定期間だけみせる）のときの宿のにぎわい。おおぜいの人が泊《と》まったので、お風呂《ふろ》はこみあい、食事はおにぎりだった。『ぬさぶくろ』

現代《げんだい》につたわる多くの遊び

江戸時代《えどじだい》の子どもたちは、鬼《おに》ごっこ、かくれんぼ、たこあげ、コマまわし、羽根《はね》つき、あやとり、ままごと、すごろくなど、現代《げんだい》にもつたわるさまざまな遊びをしていました。

お正月には、たこあげ、羽根《はね》つきなどで遊ぶ

たこあげやコマまわし、羽根《はね》つきは、おもにお正月の遊びでした。たこあげは、いかのぼりともいわれ、竹ひごを組み合わせたものに紙をはり、たこ糸をつけて空高く飛ばしました。文字や絵などが描《えが》かれた四角形のたこが一般的《いっぱんてき》でしたが、奴《やっこ》だこなどの変わった形のたこもありました。

コマには、回転する時間を競《きそ》いあったり、相手のコマに当てて倒《たお》すけんかゴマなど、いろいろな遊びかたがありました。子どもたちは、木製《もくせい》のコマのほか、巻貝《まきがい》でつくられた「ばいコマ」でも遊んでいました。ばいコマは、明治時代以降《いこう》に鋳物《いもの》でつくられるようになる「ベーゴマ」の元祖《がんそ》です。

男の子の遊びであるたこあげやコマまわしに対して、羽根《はね》つきは女の子の遊びです。羽根《はね》つきは、羽子板《はごいた》をつかい、1人で落とさないように羽根《はね》をついて、その回数をかぞえたり、バドミントンのように2人で羽根《はね》を交互《こうご》に打ち合ったりして遊びました。

羽子板《はごいた》には、誕生《たんじょう》した女の子がじょうぶにそだちますようにとの願いをこめて、その子どもの初正月に祖父母《そふぼ》や親《しん》せきなどから贈《おく》られるものもありました。

▼たこあげ、はねつき、コマまわしなどで遊ぶ子どもたちのようす。たこあげは、古くから中国より日本につたわっていたが、江戸時代《えどじだい》になって、お正月の遊びとして流行し、おとなも子どもといっしょになってたこをあげた。また、数をかぞえながら、2人で交互《こうご》に羽根《はね》をつく「おいばね」をしている子どもも描《えが》かれている。画：歌川国芳《うたがわくによし》「江都勝景中洲《えどしょうけいなかす》より三つまた永代《えいたい》ばしを見る図」（公文教育研究会蔵）

木や土でつくられたおもちゃ

江戸時代《えどじだい》の子どものおもちゃは、木や土などでつくられていました。江戸《えど》の町に住んでいた武士《ぶし》や町人の家の跡《あと》を発掘《はっくつ》すると、江戸時代《えどじだい》の子どもたちが実際《じっさい》につかった遊び道具がみつかります。木でつくられたコマや羽子板《はごいた》のほか、土を焼いてつくったままごとや箱庭遊《はこにわあそ》びの道具、土人形、鳩笛《はとぶえ》、泥《どろ》メンコなどもあります。

泥《どろ》メンコは現代《げんだい》の紙のメンコの原型といわれていますが、紙のメンコのように地面にたたきつけて遊んだらこわれてしまいます。泥《どろ》メンコは、地面にあけた穴《あな》や描《えが》いた的《まと》に投げこんだり、相手のメンコに当てたりして遊びました。

▲東京の溜池遺跡《ためいけいせき》からみつかった羽子板《はごいた》。（東京都教育委員会蔵・写真提供：埼玉県立博物館）

◀東京の汐留遺跡《しおどめいせき》からみつかった木製《もくせい》のコマ。（東京都埋蔵文化財センター蔵）

▼汐留遺跡《しおどめいせき》からみつかったままごと道具。ままごと道具は、本物の食器のミニチュアのようにたくみにつくられていた。（東京都埋蔵文化財センター蔵）

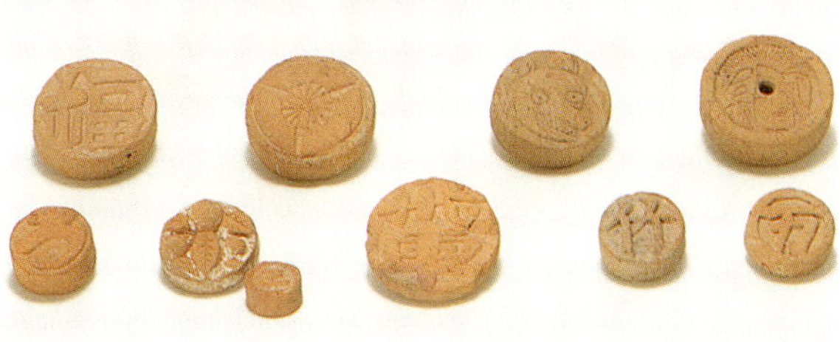

▲泥《どろ》メンコ。泥《どろ》メンコには動物や歌舞伎役者《かぶきやくしゃ》、家紋《かもん》、文字などのもようがつけられている。大きいものから小さいものまであった。（東京都埋蔵文化財センター蔵）

▲土人形。イヌやネコ、サルなどの動物のほかに、大黒様《だいこくさま》や天神様《てんじんさま》の人形もある。たんなるおもちゃではなく、おまじないやお守りでもあったのではないかと考えられている。（写真提供：文京ふるさと歴史館）

本や絵で遊びながら学んだ

子どもたちは、本や絵でも遊びました。子ども向けの絵本に、表紙が赤いので「赤本《あかほん》」とよばれたものがあります。この赤本《あかほん》は、今の子どもたちもよく知っている『桃太郎《ももたろう》』や『さるかに合戦《かっせん》』などのおとぎ話を描《えが》いたものでした。

「おもちゃ絵」とよばれる子ども向けの浮世絵《うきよえ》も、子どもたちに人気がありました。おもちゃ絵のなかには、「絵すごろく」や「かるた絵」などのゲームや、切《き》り抜《ぬ》いたり組みたてたりして遊ぶ「組上絵《くみあげえ》」がありました。たくさんの動物や道具などをならべて描《えが》いた「物づくし」は、楽しみながら物の名前や形をおぼえることができました。

江戸時代《えどじだい》の子どもたちは遊びをとおして、いろいろなことを学んでいたのです。

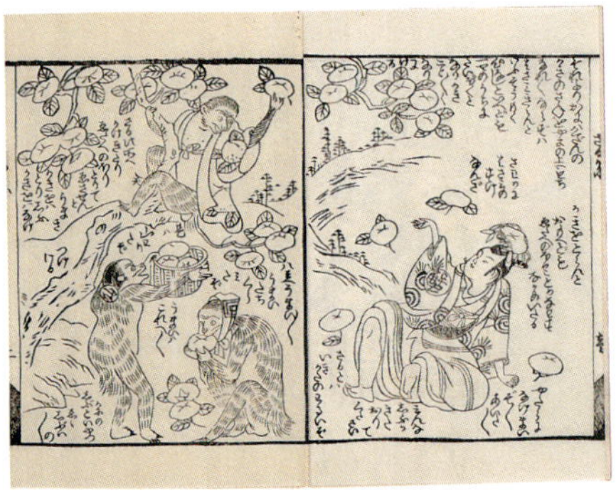

◀赤本《あかほん》。画：西村重長《にしむらしげなが》『さるかに合戦《かっせん》』の一場面。（公文教育研究会蔵）

▲江戸時代《えどじだい》の子どものいたずら遊びをとりあげた絵すごろく。子どもたちが、日常生活《にちじょうせいかつ》のなかでいたずらをみつけては、活発に動きまわってくらしていたことがわかる。画：歌川国芳《うたがわくによし》「莟花江戸子数語録《つぼみばなえどっこすごろく》」（公文教育研究会蔵）

▲すりばち、すりこぎなどの台所用品をはじめ、世帯道具《せたいどうぐ》(生活に必要な道具)をあつめた「物づくし」の絵。ものの名前を、絵をみながらおぼえることができた。
画:歌川重宣《うたがわしげのぶ》(広重二代《ひろしげにだい》)「新板《しんぱん》世《せ》たい道具尽《どうぐづく》し」(公文教育研究会蔵)

行商人《ぎょうしょうにん》のいろいろ

店をかまえず、商品を持って売り歩く人を行商人《ぎょうしょうにん》といいます。江戸時代《えどじだい》には、1年をとおして売りにくる行商人《ぎょうしょうにん》、ある季節にだけやってくる行商人《ぎょうしょうにん》、子ども向けの品物を売る行商人《ぎょうしょうにん》などがいました。

一年中やってくる行商人《ぎょうしょうにん》

魚や野菜、とうふなどを売り歩く棒手振《ぼてふ》り（148ページ参照）をはじめ、いろいろな行商人《ぎょうしょうにん》がいました。また、こわれた道具を修理《しゅうり》してくれる職人《しょくにん》や、いらなくなったものを買い取ってくれる行商人《ぎょうしょうにん》などが、やってきました。

ネズミとりの薬売り

家のまわりにネズミがたくさんいたので、ネズミが食べると死ぬ毒入りの薬を売りにきた。

油のはかり売り

あんどん（141ページ参照）などにつかう油を、お客がほしい量だけはかって売った。

紙くず買い

家庭でいらなくなった紙くずを買いとり、紙に再生する業者に売る商売。

決まった季節にやってくる行商人《ぎょうしょうにん》

お正月や季節の行事につかうものや、アサガオやうちわ、風鈴《ふうりん》など季節感のあるものを、その季節になると売りにくる行商人《ぎょうしょうにん》がいました。

うちわ売り

暑い夏には、すずしくすごすのに役立つうちわを売りにきた。

すす払《はら》いの竹売り

年末には、どこの家でも大《おお》掃除《そうじ》をした。天井《てんじょう》や壁《かべ》についているすすを払《はら》うのにつかう、葉つきの竹を売りにきた。

子ども向けの行商人《ぎょうしょうにん》

子どものおもちゃを売りにくる行商人《ぎょうしょうにん》もいました。竹とんぼや、かざぐるまなど、今の子どもたちが遊ぶものもありましたが、今ではほとんどみられなくなったおもちゃもありました。

玉屋

しゃぼん玉売り。江戸時代《えどじだい》には、しゃぼん玉はムクロジの実などを煮《に》た汁《しる》を竹づつにいれ、アシの茎《くき》などの先につけて吹《ふ》いた。

とっけいべい

キセルのこわれたものなど、家でつかわなくなった金属《きんぞく》を持っていくと、「とっけいべいにしよ（とりかえっこしよう）」と歌いながら、あめ、たこ、本などととりかえてくれた。

書状《しょじょう》やお金を運ぶ飛脚《ひきゃく》

街道《かいどう》や宿場《しゅくば》がととのうと、書状《しょじょう》やお金などを運ぶ飛脚《ひきゃく》が、江戸《えど》・大坂《おおさか》（大阪《おおさか》）と地方のあいだを行き来するようになりました。幕府用《ばくふよう》の飛脚《ひきゃく》、大名用《だいみょうよう》の飛脚《ひきゃく》、町人用《ちょうにんよう》の飛脚《ひきゃく》などにわかれていました。

継飛脚《つぎびきゃく》には、大名《だいみょう》も道をゆずった

幕府用《ばくふよう》の飛脚《ひきゃく》を継飛脚《つぎびきゃく》といいます。幕府《ばくふ》は江戸《えど》から、京都《きょうと》と静岡《しずおか》にある幕府《ばくふ》の城《しろ》（京都《きょうと》の城《しろ》は、のちに大坂《おおさか》にうつる）や、幕府《ばくふ》が直接《ちょくせつ》おさめている地域《ちいき》（京都《きょうと》、大坂《おおさか》、堺《さかい》、佐渡《さど》、長崎《ながさき》、日光《にっこう》など）に、重要な仕事の書状《しょじょう》をよく送りました。この書状《しょじょう》を運ぶのが、継飛脚《つぎびきゃく》です。

飛脚《ひきゃく》は、たいていリレー形式で書状《しょじょう》を運びました。どの宿場《しゅくば》でも、飛脚《ひきゃく》が一日中つめていて、書状《しょじょう》がとどくと、すぐにうけとり、つぎの宿場《しゅくば》まで走り、そこの飛脚《ひきゃく》にわたしました。

幕府《ばくふ》の書状《しょじょう》は黒ぬりの箱《はこ》にはいっていて、飛脚《ひきゃく》はそれを棒《ぼう》に結びつけて肩《かた》にかついで走りました。

黒ぬりの箱《はこ》のことを御状箱《ごじょうばこ》といいました。御状箱《ごじょうばこ》をかついだ飛脚《ひきゃく》が通るときは、道をいく人は道のはしに寄《よ》り、特に将軍《しょうぐん》の書状《しょじょう》を運んでいるときは、大名行列《だいみょうぎょうれつ》でも飛脚《ひきゃく》に道をあけなければなりませんでした。

御状箱《ごじょうばこ》の配達速度《はいたつそくど》は、江戸《えど》と京都《きょうと》のあいだは、特別にいそぐときには３日弱、少しいそぐときは４日、ふつう便は５日くらいでした。

◀ワラで編《あ》んでつくったわらじをはき、御状箱《ごじょうばこ》をかついで街道《かいどう》を走る継飛脚《つぎびきゃく》。2人1組で、交代《こうたい》でかつぎながら走った。画：葛飾北斎《かつしかほくさい》「冨士百撰《ふじひゃくせん》 下 三十七 暁《あかつき》の不二《ふじ》」（逓信総合博物館蔵）

大名飛脚《だいみょうひきゃく》には庶民《しょみん》泣《な》かせがいた

大名《だいみょう》は、江戸《えど》や大坂《おおさか》に蔵屋敷《くらやしき》という、米や産物《さんぶつ》を保存《ほぞん》する蔵《くら》をもっていました。大名《だいみょう》の国元《くにもと》と蔵屋敷《くらやしき》では、書状《しょじょう》やお金の運搬《うんぱん》を飛脚《ひきゃく》にたのみました。大名《だいみょう》がたのむ飛脚《ひきゃく》を大名飛脚《だいみょうひきゃく》といいます。

大名飛脚《だいみょうひきゃく》のなかで、尾張《おわり》（現在《げんざい》の愛知県《あいちけん》）と紀伊《きい》（現在《げんざい》の和歌山県《わかやまけん》と三重県《みえけん》の一部）の徳川家《とくがわけ》の飛脚《ひきゃく》は「七里飛脚《しちりびきゃく》」といわれました。7里《り》（約28km）ごとに、飛脚《ひきゃく》が交代《こうたい》したからついた名です。

この七里飛脚《しちりびきゃく》は、徳川家《とくがわけ》の飛脚《ひきゃく》であることをかさにきて、仕事は別の人にやらせて自分は宿場《しゅくば》で遊びほうけるなど、宿場《しゅくば》や街道《かいどう》ぞいの庶民《しょみん》にめいわくをかけることがよくあったといわれます。

◀紀伊藩《きいはん》の荷物を運ぶ七里飛脚《しちりびきゃく》。馬に乗っている人も、道をゆずっている。画：葛飾北斎《かつしかほくさい》「北斎道中画譜《ほくさいどうちゅうがふ》　金谷《かなや》」（逓信総合博物館蔵）

江戸《えど》と大坂《おおさか》のあいだではじまった町飛脚《まちびきゃく》

江戸時代《えどじだい》のはじめは大坂《おおさか》が商業の中心でした。江戸《えど》が大きくなるにしたがい、京都《きょうと》や大坂《おおさか》の上方商人《かみがたしょうにん》は江戸《えど》でも商売をするようになり、京都《きょうと》・大坂《おおさか》の店と江戸《えど》の店とのあいだでかわす書状《しょじょう》や小さな荷物、お金、為替《かわせ》（現金《げんきん》のかわりをする証書《しょうしょ》）を飛脚《ひきゃく》にたのむようになりました。これを町飛脚《まちびきゃく》といいます。

そのうちに武士《ぶし》や商人以外の庶民《しょみん》も、町飛脚《まちびきゃく》を個人的な連絡《れんらく》につかうようになりました。

1800年代のなかばごろには、江戸《えど》の町だけを走る飛脚《ひきゃく》もあらわれました。この飛脚《ひきゃく》は棒《ぼう》の先に風鈴《ふうりん》をつけて走ったので「チリンチリンの町飛脚《まちびきゃく》」とよばれました。

江戸時代《えどじだい》はペットブーム

平和がつづいた江戸時代《えどじだい》には、それまでの時代にはなかった、ペットを飼《か》って楽しむくらしがはやりました。はじめは裕福《ゆうふく》な人たちの楽しみでしたが、だんだん多くの庶民《しょみん》も飼《か》うようになりました

金魚

1600年代の後半ころから金魚屋ができ、裕福《ゆうふく》な人たちが楽しみとして飼《か》いました。庶民《しょみん》が飼《か》うようになったのは1700年代のなかごろからです。

夏には、縁日《えんにち》に金魚売りの露店《ろてん》がでたり、金魚売りが町中を売り歩いたりしました。

金魚は、ガラスボールのような金魚鉢《きんぎょばち》や焼き物の容器《ようき》などにいれて、観賞しました。エサは、ふやボウフラ（蚊《か》の幼虫《ようちゅう》）でした。

◀金魚売り。金魚だけでなく、金魚鉢《きんぎょばち》も売っていた。

形のおもしろい金魚やきれいな金魚などが人気で、品種改良《ひんしゅかいりょう》もさかんにおこなわれました。

イヌ、ネコ、ハツカネズミ

イヌは、個人《こじん》の家で飼《か》うだけでなく、おおぜいの庶民《しょみん》がくらす長屋《ながや》でも、放《はな》し飼《が》いにして共同でかわいがりました。

ネコは、ネズミをとるので、人々のくらしに必要なものとして飼《か》われていました。ネズミは、保存《ほぞん》している米などの穀物《こくもつ》をかじったり、養蚕農家《ようさんのうか》の蚕《かいこ》をおそったりするので、退治《たいじ》しなければならなかったのです。

東京にある江戸時代《えどじだい》の遺跡《いせき》からは、イヌやネコのお墓《はか》も発見されています。お墓《はか》にほうむられたイヌやネコは、家族どうぜんとして、かわいがられていたようです。

ネズミでも、ハツカネズミは動きがおもしろく、しぐさもかわいいので、ペットとして飼《か》う家もありました。

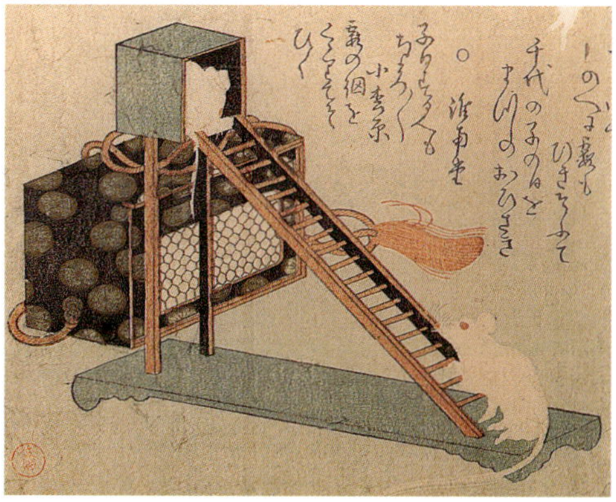

▶ハツカネズミ。飼《か》い主《ぬし》は、専用《せんよう》のはしごを買うなどして、いろいろな動作をながめては楽しんだ。（町田市立国際版画美術館蔵）

小鳥や昆虫《こんちゅう》

小鳥は、ウズラ、コマドリ、ウグイス、インコなど、鳴き声の美しいものが飼《か》われていました。鳴き声の優劣《ゆうれつ》を競《きそ》う鳥合わせの競技《きょうぎ》も開催《かいさい》されることがありました。

昆虫《こんちゅう》も、鳴き声がよいスズムシやマツムシ、光が美しいホタルなどを自分でつかまえたり、行商人《ぎょうしょうにん》（170〜171ページ参照）から買ったりして飼《か》っていました。行商人《ぎょうしょうにん》は、虫かごもいっしょに売っていました。

近《きん》現《げん》代《だい》

明治時代以降《いこう》

明治時代以降《いこう》のくらし

江戸時代《えどじだい》末期の1853年、アメリカのペリーが黒船（軍艦《ぐんかん》）をひきいて日本にやってきて、開国をせまりました。これをきっかけに、約二百数十年つづいた徳川幕府《とくがわばくふ》が終わりを告げ、明治政府《めいじせいふ》による政治《せいじ》や社会制度《しゃかいせいど》の近代化がはかられました。

また、文明開化の名のもとに、衣食住をはじめ、交通などあらゆる分野で、西洋の文化が導入《どうにゅう》されました。

昭和20（1945）年、アジア・太平洋戦争で敗戦国となった日本は、その後、工業化を推《お》しすすめ、高度《こうど》経済成長《けいざいせいちょう》とよばれる飛躍的《ひやくてき》な経済成長《けいざいせいちょう》をとげ、これを境《さかい》に、人々のくらしも大きく変化しました。

東京・市街鐵道馬車
第壹號

住む　住居《じゅうきょ》の洋風化は敗戦後

洋風建築《ようふうけんちく》は、明治時代にアメリカやヨーロッパからとりいれた近代技術《きんだいぎじゅつ》のひとつです。しかし、庶民《しょみん》のあいだで住居《じゅうきょ》の洋風化がすすむのは、アジア・太平洋戦争後、工業化が推《お》しすすめられ、人々の生活がゆたかになってからでした。

庶民《しょみん》の住宅《じゅうたく》の洋風化は、すすまなかった

明治時代になっても、庶民《しょみん》の住む家は伝統的《でんとうてき》な日本家屋《かおく》で大きな変化はありませんでした。たたみやござの上にふとんを敷《し》いて寝《ね》るといった生活のしかたになじんできた人々にとって、ベッドで寝《ね》るといった洋風のくらしかたはなじみにくかったからです。また、家を洋風化するには、多額《たがく》の費用がかかるという問題点もありました。

日本家屋《かおく》は、ふすまや板戸、しょうじなどでしきられていました。日本の夏は蒸《む》し暑《あつ》いので、しきりの戸をあけはなせば風が通り、すずしくすごせる工夫がされていたのです。

また、おおぜいの人が集まるときには、しきりの戸をはずせば、ひとつの大きな部屋《へや》にできるという長所もありました。昭和時代のなかごろまでは、結《けっ》婚式《こんしき》や葬儀《そうぎ》も自宅《じたく》でおこなうのがふつうで、大きな部屋《へや》は必要だったのです。

しかし、冬には、しきりの戸をきちんとしめても、部屋《へや》にすきま風がはいりこんで寒いという弱点もありました。また、部屋《へや》どうしがつながっているため、しきりの戸をしめても、いつ人がはいってくるかわからず、話し声もとなりの部屋《へや》につつぬけという不便な面もありました。

日本家屋《かおく》の不便さはわかっても、生活によゆうがない庶民《しょみん》は、住みなれた家にくらしつづけました。

▲日本家屋《かおく》の座敷《ざしき》でとった家族写真。床《とこ》の間《ま》のある来客用の座敷《ざしき》は、日当たりのよい南側などの、家中でいちばんよい場所につくられ、ふだん、家族がこの部屋《へや》ですごすことはなかった。昭和7（1932）年撮影《さつえい》。

日本家屋《かおく》に洋間を導入《どうにゅう》

明治時代の終わりころから、都会の勤《つと》め人《にん》などのあいだで、玄関《げんかん》のそばに1間だけ洋間をもうけた、和風（日本風）と洋風をあわせた和洋折衷《わようせっちゅう》の家屋《かおく》がつくられるようになりました。しかし、洋間は来客用で、家族は、これまでどおり和風の部屋《へや》ですごしていました。

このころ、ヨーロッパの家を手本に、家の中央部に「中廊下《なかろうか》」をもうけた日本家屋《かおく》もつくられるようになりました。部屋《へや》と部屋《へや》を廊下《ろうか》でつなぐことで、となりの部屋《へや》を通りぬけなくても、べつの部屋《へや》に移《い》動《どう》できるようになったので、各部屋《へや》の独立性《どくりつせい》が高まりました。

たくさんあった長屋《ながや》

長屋《ながや》とは、いくつかの小さい家がひとつながりになった集合住宅《しゅうごうじゅうたく》で、江戸時代《えどじだい》からの庶民《しょみん》の住まいです。明治時代以降《いこう》になっても、大きな都市の下町などに、たくさんありました。

何棟《なんむね》かの平屋建《ひらやだ》ての長屋《ながや》が、せまい路地をはさんで建てられ、長屋《ながや》の外に設置《せっち》された便所や井戸《いど》は、共同でつかわれました。

となりの家とは壁《かべ》1枚《まい》でつながっているつくりでしたが、安い家賃《やちん》で住めたので、住む人たちがおおぜいいました。

人々は、近所の家とおかずを交換《こうかん》したり、子どものめんどうをみあったり、洗濯物《せんたくもの》をとりこみあったりするいっぽう、まわりの家にめいわくをかけないよう気をくばって、くらしていました。

大正時代になると、都市部の人口増加《じんこうぞうか》や人々の収入《しゅうにゅう》の増加《ぞうか》にともない、広さや快適《かいてき》さが求められるようになり、2階建てで、便所つきの長屋《ながや》も建てられるようになりました。

▶▼東京・台東区立下町風俗資料館《したまちふうぞくしりょうかん》に復元《ふくげん》されている平屋建《ひらやだ》ての長屋《ながや》(右)と、冬の室内のようす(下)。

ほうき
室内のはき掃除《そうじ》につかった。

ちゃぶ台
家族みんなでちゃぶ台を囲んで食事をした。寝《ね》るときは、脚《あし》を折りたたんで、部屋《へや》のすみにかたづけた。

アジア・太平洋戦争後、庶民《しょみん》の住宅《じゅうたく》が進化

昭和時代になっても、庶民《しょみん》の住居《じゅうきょ》には大きな変化はみられませんでした。

昭和16(1941)〜20(1945)年のアジア・太平洋戦争中、都市を中心に多くの家が空襲《くうしゅう》で焼けました。家をうしなった人々は、焼けずに残った知りあいの家などに身をよせ、ひと部屋《へや》に家族全員でくらすなどして、その場をしのぎました。

他人の家で肩身《かたみ》のせまい思いでくらしていた人々は、敗戦後、焼《や》け跡《あと》から木材やトタン板《いた》などをひろいあつめて、バラックとよばれるかんたんなつくりの小屋をつくって住みはじめました。粗末《そまつ》なつくりでも、家族だけでくらせるというよろこびのほうがまさっていました。

戦争に勝ったアメリカにくらべ、工業力がおとっていることに気づいた日本は、工業化を推《お》しすすめました。その結果、地方から多くの若者《わかもの》が働き口のある都市部にあつまったので、都市部の人口が急増《きゅうぞう》しました。

そこで、住宅難《じゅうたくなん》を解消《かいしょう》するために、木造《もくぞう》のアパートや、コンクリート製《せい》の大規模《だいきぼ》な集合住宅《しゅうごうじゅうたく》がつぎつぎに建てられました。こうした集合住宅《しゅうごうじゅうたく》は何棟《なんとう》もまとめて建てられ、団地《だんち》とよばれました。

昭和30(1955)年から建てられだした団地《だんち》の住宅《じゅうたく》は、家族がだんらんする部屋《へや》を中心に設計《せっけい》されていました。多くの場合、台所と食事をする場所をひと部屋《へや》にまとめた洋風のダイニングキッチンと、和室2部屋《へや》からなり、水洗《すいせん》トイレやお風呂《ふろ》もついていたので、入居希望者《にゅうきょきぼうしゃ》が殺到《さっとう》しました。

団地《だんち》の住人は、夫婦《ふうふ》、あるいは、夫婦《ふうふ》と子どもといった核家族《かくかぞく》がほとんどで、子どものいる家庭では、部屋《へや》のひとつを子ども部屋《べや》にするのがふつうでした。

住む

室内がどんどん明るくなる

明治時代に日本で石油ランプがつくられるようになると、それまであんどんやろうそくの光で夜をすごしていた人々は、その明るさにおどろきました。

ランプの登場で、夜なべ仕事がらくに

江戸時代《えどじだい》の終わりころ、石油ランプが外国からはいってきました。それまでは、夜、家の中をてらす明かりは、おもにあんどん（141ページ参照）がつかわれていました。

石油ランプは、あんどんにくらべてはるかに明るいので、明治時代になると、さかんにつかわれるようになりました。

農家では、いろりの火の明かりをたよりに、つくろいものや、縄《なわ》をなうなどの夜なべ仕事をしていたので、ランプをともすようになると、とても明るくなり、仕事がはかどりました。しかし、明るいのはランプのまわりだけで、部屋《へや》じゅうはてらしてくれませんでした。

また、夜ふかしをすると、燃料《ねんりょう》がもったいないので、家族全員、なるべく早寝早起《はやねはやお》きをしました。

ふだんの生活では、あんどんやろうそく、ちょうちんなども、まだつかわれました。

▲つりさげてつかう石油ランプ（つりランプ）。

▲箱からとりだし、箱の上にのせてつかう石油ランプ（置きランプ）。箱をつかわず、下に直接《ちょくせつ》置いてつかう置きランプもあった。

◀石油ランプのほやみがきのようす。ほや（ガラスのおおい）は、すぐにすすでよごれるので、ぼろきれやたんぽ（棒《ぼう》の先にまるめた綿《わた》をつけ、木綿《もめん》の布《ぬの》でつつみこんで根もとをしばったもの）でふいて、すすを落とさなければならなかった。これは、おもに、子どもの仕事だった。

◀電灯をともした部屋《へや》で、おとずれた親せきとともに食事をとる家族。光を下に反射《はんしゃ》させるためと、ほこりがつかないようにするために、電球にかさをかぶせてつかった。昭和30（1955）年の光景。

電灯が部屋《へや》のすみまで明るく

明治時代のなかごろ、日本で室内をてらすための電灯、「白熱電球」がつくられるようになりました。これをつかうには、電気をひく工事が必要です。電気代も高く、停電《ていでん》も多かったので、電気をひく家庭はあまり多くありませんでした。しかし、電灯はランプとはくらべものにならない明るさで、点灯《てんとう》する手間もかんたん、炎《ほのお》もでないので火事になりにくいなどよい点が多いことから、電気をひく家庭がしだいにふえていきました。

はじめのころの白熱電球は、今の電球より暗いものでしたが、だんだん改良され、明るさがまし、部《へ》屋《や》のすみのほうまでてらすようになりました。しかし、すべての部屋《へや》に電灯のある家庭は少なく、夜になると、電灯のある部屋《へや》に家族全員があつまって、本を読んだり、勉強をしたりしました。これは、電気代を節約するためでもありました。

全国のほとんどの家庭に電灯がともるようになったのは昭和のはじめころです。

昭和28（1953）年、白熱電球より電気代がやすくて、しかももっと明るくて長もちする家庭用の蛍光《けいこう》灯《とう》が発売されると、食事をしたり、勉強したりする部屋《へや》からとりいれられていきました。

もっと知りたい!

夜のまちをてらしたガス灯

明治時代のはじめに日本に登場した明かりにガス灯があります。ガス灯は、都会の街灯や商店などでもちいられ、まちをてらしました。

東京の銀座《ぎんざ》通《どお》りのガス灯は、明治の文明開化を象徴《しょうちょう》するもののひとつとなりました。しかし、ガス灯をともすには、燃料《ねんりょう》のガスをためておく設備《せつび》やガスを送るガス管を敷設《ふせつ》しなければならず、農村はもちろん、都市部でも一般《いっぱん》の家庭にまではほとんど広まりませんでした。

▶ガス灯に火をともすようす。画:歌川広重《うたがわひろしげ》（三代）「東京名所図会《とうきょうめいしょずえ》 銀座《ぎんざ》通《どお》り煉瓦造《れんがづくり》」明治12（1879）年（GAS MUSEUMがす資料館蔵）

住む

お風呂《ふろ》のない家が大半

明治時代、お風呂《ふろ》のある家はあまりなく、都市部ではほとんどの人が銭湯《せんとう》にいきました。お風呂《ふろ》があっても、毎日はわかさず、夏は行水《ぎょうずい》や、ぬれ手ぬぐいで汗《あせ》をふいてすますこともありました。

銭湯《せんとう》は、清潔《せいけつ》な改良風呂《かいりょうぶろ》に

都市部では、ほとんどの人が銭湯《せんとう》にいきました。江戸時代《えどじだい》から銭湯《せんとう》はありましたが、明治時代になるといっそうふえました。それまでは、暗くて、湯も少なく、あまり清潔《せいけつ》ではありませんでした。それが、「改良風呂《かいりょうぶろ》」とよばれる、明るく、湯もたっぷりといれられた衛生的《えいせいてき》なものへ、しだいに改良されていきました。男女の浴室が板壁《いたかべ》でしきられるようになったのも、このころからです。

大正10（1921）年ころになると、それまでの板じきの洗《あら》い場《ば》、木製《もくせい》の浴槽《よくそう》からタイル張《ば》りの洗《あら》い場《ば》・浴槽《よくそう》の銭湯《せんとう》へとかわっていきました。

湯水がカラン（蛇口《じゃぐち》）からでるようになったのは、昭和時代になってからでした。

アジア・太平洋戦争中には、まき、石炭などの燃料《ねんりょう》が不足し、休業する銭湯《せんとう》が続出しました。敗戦直後、焼け野原になった都市では、焼けだされた人たちが、行水《ぎょうずい》したり、湯や水でしぼった布《ぬの》で体をふいたりしてしのぎました。

◀明治時代の銭湯《せんとう》の女湯のようす。板じきの洗《あら》い場《ば》、木製《もくせい》の浴槽《よくそう》、木製《もくせい》のおけで、脱衣場《だついじょう》とのあいだには、しきりがない。画：五姓田《ごせだ》義松《よしまつ》「浴場《よくじょう》」
（東京芸術大学大学美術館蔵）

お風呂《ふろ》をわかすのは、子どもの仕事〜。

明治時代には、農村部でもお風呂《ふろ》のある家はあまりなく、あっても、大きな風呂《ふろ》おけに水をためて、まきを燃《も》やしてわかす形式で、風呂《ふろ》おけは、母屋《おもや》（敷地内《しきちない》の主要な建物）からはなれた外便所のとなりや、室内の土間《どま》の一角に置かれていました。

風呂《ふろ》おけに水をためるには、井戸《いど》や川などの水くみ場からバケツやおけで水をくみ、何回も往復《おうふく》しなければなりませんでした。お風呂《ふろ》で体をあらうと水がまわりにかかります。そのため、水を運びいれやすくて、母屋《おもや》の内部がいたまない土間《どま》や外に風呂《ふろ》おけが置かれていたのです。

風呂《ふろ》おけに水がたまると、釜《かま》でまきを燃《も》やして、わかします。寒い冬には、わくまでに2時間近くかかったので、そのあいだ、釜《かま》のそばで火が消えないように番をし、まきをくべる必要がありました。これは、おもに子どもの仕事で、火の番をしながら、本を読んだり、いねむりをしたりすることもありました。

お風呂《ふろ》は、水やまきをたくさんつかってわかすので、毎日はわかしませんでした。わかしたときは、湯がさめないうちに家族がつづけてはいり、湯もだいじにつかいました。まきや水をむだにつかわない生活の知恵《ちえ》でした。

▲土間《どま》に置かれた風呂《ふろ》おけに、バケツでくんできた水をいれる女の子。手前のイスは、入浴するとき、踏《ふ》み台《だい》がわりにした。冬の入浴は、とても寒かった。昭和二十五（一九五〇）年、長野県で。（撮影：熊谷元一・所蔵：熊谷元一写真童画館）

風呂《ふろ》おけ

風呂《ふろ》のたき口
この中でまきを燃《も》やした。

はいる順番は決まっていて、最初は家の長《ちょう》であるおじいさんやお父さんで、お母さんや子どもはそのあとでした。

また、お風呂《ふろ》がない家では、「もらい湯」といって、よその家のお風呂《ふろ》にはいらせてもらいにいくこともありました。

昭和時代のはじめころには、都市部で室内にお風《ふ》呂場《ろば》をつくる家もでてきました。しかし、お風呂《ふろ》のある家はまだまだ少数でした。

お風呂《ふろ》のある家がふえたのは昭和30年代なかごろからで、燃料《ねんりょう》もガスが主流になりました。

もっと知りたい!

便所の近代化は、たいそうおくれた

明治時代の便所のほとんどはくみ取り式で、農家は、たまったふん尿《にょう》を肥料《ひりょう》としてつかっていました。

明治時代のはじめにアメリカやヨーロッパから、くみ取り式の便所や、ふん尿《にょう》を肥料《ひりょう》としてつかうのは、寄生虫《きせいちゅう》の発生や感染症《かんせんしょう》をまねくので衛生的《えいせいてき》ではないという考えかたがはいってきました。

しかし、水洗式《すいせんしき》の便所にするには、下水道の整《せい》備《び》や浄化槽《じょうかそう》の設置《せっち》が必要なため、その後も、多くの家庭が、くみ取り式のまま、くらしていました。

いっぽう、昭和のはじめころから化学肥料《かがくひりょう》がつかわれだし、敗戦（昭和20年）後、化学肥料《かがくひりょう》をつかう農家がふえていくにしたがい、ふん尿《にょう》を肥《ひ》料《りょう》としてつかう農家はへっていきました。

昭和20年代後半から、公共下水道の工事が各地ではじまりだしましたが、都市部の家庭に下水道と水洗《すいせん》トイレが広まりだしたのは、昭和39（1964）年に開催《かいさい》された東京オリンピックのころからです。

このころには、農村部でも、浄化槽《じょうかそう》を設置《せっち》し、水洗《すいせん》トイレにする家庭がじょじょにふえていきました。

住む

冬の寒さに西《せい》洋《よう》式《しき》暖《だん》房《ぼう》

明治時代になって、西洋式のストーブが、官庁《かんちょう》や会社、寒い地域《ちいき》などでつかわれはじめました。しかし、家庭では、昔ながらのいろりや火ばち、こたつなどで暖《だん》をとっていました。

ストーブのうつりかわり

明治時代になってつかわれるようになったストーブは、鉄板製《てっぱんせい》や、鉄を型に流しこんでつくる鋳物製《いものせい》で、まきや石炭を燃料《ねんりょう》として燃《も》やすものでした。

官庁《かんちょう》などでとりいれられたほか、寒さのきびしい北海道の一般家庭《いっぱんかてい》でもつかわれました。やがて、本州でも、学校、商店などでつかわれるようになりました。

寒冷地の北海道では、汽車の中にもストーブがそなえつけられ、乗客がストーブの上でもちやスルメを焼いて食べるすがたもみられました。

まきや石炭は、置き場所が必要で、また、小枝《こえだ》などを燃《も》やして点火させなければならず、燃料《ねんりょう》をくべる手間もかかりました。

昭和時代のなかごろになると、まきや石炭にくらべて点火しやすく、燃料《ねんりょう》の置き場所もあまりとらない石油ストーブが一般家庭《いっぱんかてい》の主流《しゅりゅう》になりました。燃料《ねんりょう》の石油がストーブのタンクにはいっているあいだは燃《も》えつづけるので、給油の手間もあまりかかりませんでした。

昭和40年代になると、さらに点火がかんたんで、燃料《ねんりょう》を補給《ほきゅう》する手間のいらないガスストーブ、電気ストーブなどもつかわれるようになりました。

◀教室に置かれた石炭ストーブ（昭和20年代の終わりころ）。ストーブのまわりに、おべんとうを置いておくと、昼までにちょうどよくあたたまった。石炭は、石炭置き場から当番がバケツにいれ、運んできた。

家庭では、いろりや火ばち

昭和時代のなかごろまで、一般家庭《いっぱんかてい》では、いろりや火ばち、こたつなどをつかっていました。

農家には大きないろりがあり、火が燃《も》えているあいだは、いろりをとり囲んであたたかくすごすことができました。冬は、いろりのまわりが家族のだんらんの場になりました。しかし、いろりからはなれると寒く、部屋《へや》全体をあたためることはできませんでした。

町にある家や、農家の座敷《ざしき》などでは、火ばちがつかわれました。火ばちの火力はいろりより弱く、火の上に手をかざしてあたためるていどの部分暖房《ぶぶんだんぼう》でした。

まきを燃《も》やすいろりからはけむりがでますが、火ばちは炭をつかうので、けむりがでず、部屋《へや》がそれほどよごれませんでした。火ばちには、やかんをかけてお湯をわかしておいたり、焼《や》き網《あみ》をのせてもちやさつまいもなどを焼いたりしていました。

▲座敷《ざしき》でお客さんをもてなすときは、火ばちがよくつかわれた。お客さんが帰ると、火ばちは家族のくつろぐ場所に運ばれ、家族があたたまることができた。昭和８（1933）年。

こたつは、炭火の上に「やぐら」とよばれる木のわくを置き、その上からふとんをかけたもので、足《あし》腰《こし》や手をあたためました。

昭和30年代になり、スイッチを押《お》すだけであたたかくなる電気ごたつが発売されると、たちまち各家庭でつかわれるようになりました。

子どもたちは、こたつで宿題をしたり、家族とトランプなどをしてすごすこともありました。

◀置きごたつ。やぐらの中に、炭やタドン（炭の粉からつくった燃料《ねんりょう》）などをのせた「火箱」をいれてつかうこたつ。床《ゆか》をほりさげたところに炭をいれ、やぐらを置いてつかうほりごたつもあった。

もっと知りたい!

夏の暑さ対策《たいさく》

蒸《む》し暑《あつ》い夏をしのぐために、平安時代《へいあんじだい》から昭和時代のなかごろまでの長期にわたって人々につかわれたものに、うちわやせんすがあります。

また、軒先《のきさき》にすだれやよしずをかけて、室内に日ざしがはいるのをさえぎったり、庭先に打ち水をしたりして、少しでも暑さをやわらげる工夫をしていました。

明治30（1897）年に、日本初の国産の電気扇《でんきせん》風機《ぷうき》が発売されましたが、値段《ねだん》が高く、一般家庭《いっぱんかてい》ではとても買えませんでした。

大正時代にはいり、値段《ねだん》がやすくて性能《せいのう》もいい電気扇風機《でんきせんぷうき》が発売されると、少しずつつかう家庭がふえていきました。ほとんどの家庭でつかわれるようになったのは、昭和40年代後半です。

そのころから、室内全体をすずしくするクーラーも普及《ふきゅう》しはじめました。

食べる

食事も洋風化

明治時代になって、上流階級の晩餐会《ばんさんかい》などでは、西洋料理がとりいれられました。都市部の一般家庭《いっぱんかてい》で西洋風の料理を食べるようになるのは、日本人のこのみにあわせて味つけなどが工夫されるようになった大正時代からです。

高価《こうか》でなじみにくかった西洋料理

明治政府は、食生活にも、肉や乳製品《にゅうせいひん》、油などをつかった洋風をとりいれることを国民にすすめました。まず、上流階級でとりいれられたほか、海軍の軍人の食事に、食パンやライスカレー、カツレツなどがだされました。

西洋料理店は、幕末《ばくまつ》のころから長崎《ながさき》や函館《はこだて》などに外国人むけのものがありましたが、明治時代になって、東京や横浜《よこはま》などの都市に日本人むけの西洋料理店ができると、新しいものずきの人たちが、食べにいきはじめました。このころは、洋風の食材も限《かぎ》られていたので、外国人からみると、奇妙《きみょう》な西洋料理もあったようです。

はじめのころは、食べかたがわからず、スープ皿に口をつけて飲んだり、ナイフに肉をつきさして食べ、くちびるを切ったりする人もいました。値段《ねだん》も高かったので、一般《いっぱん》の人々のあいだには広まりませんでした。

上流階級の人々や、西洋料理店に食べにいく新しいものずきの人々も、ふだんは、食べなれた日本料理を食べていました。

◀長崎市《ながさきし》に保存《ほぞん》されている、明治11（1878）年開店の西洋料理店「自由亭《じゆうてい》」の外観と、記《き》念碑《ねんひ》。西洋料理店は、各地の都市でつぎつぎにひらかれ、その地域《ちいき》の名士やお金持ちがおとずれた。

庶民《しょみん》のあいだで牛《ぎゅう》なべが流行《りゅうこう》

明治時代には、西洋料理店には限《かぎ》られた人々しかいきませんでしたが、一般《いっぱん》の人々のあいだで流行《りゅうこう》したのが、「牛《ぎゅう》なべ」でした。

それまでは、仏教《ぶっきょう》の影響《えいきょう》から、ほとんどの日本人は動物の肉を食べたことがなかったので、はじめは牛肉《ぎゅうにく》を気味悪《きみわる》がり、好奇心《こうきしん》が旺盛《おうせい》な若者《わかもの》が強がって食べてみるていどでした。しかし、「牛《ぎゅう》なべ」は、日本人が考えだした食べかたで、牛肉《ぎゅうにく》をつかっているとはいえ、みそやしょうゆ、砂糖《さとう》で味つけした和風のなべ料理になっていたため、日本人の口にあいました。そのため、しだいに食べる人がふえ、横浜《よこはま》や東京などに牛《ぎゅう》なべ屋《や》がたくさんできました。

牛肉《ぎゅうにく》を売る店もできて、家でまねしてつくって食べることもありました。

▲牛《ぎゅう》なべ屋《や》のようす。こんろの上に煮《に》たったなべを置き、あぐらをかいて食べる牛《ぎゅう》なべは、きどった西洋料理とはちがい、したしみやすかった。牛《ぎゅう》なべをつつきながらビールを飲むことは、人々に文明開化を実感させるものだった。

手軽な洋食が家庭に

明治30（1897）年ころになると、ライスカレーやトンカツ、オムレツなどの、手軽な西洋料理を食べさせる店がふえてきました。それらは「洋食」とよばれ、ほんらいの西洋料理とちがって、日本人の口にあうようにつくられていたうえ、値段《ねだん》も比較的《ひかくてき》やすかったので、一般《いっぱん》の人々が食べにいくようになりました。

大正時代には、手軽な洋食が、一般《いっぱん》の家庭でもつくられるようになり、雑誌《ざっし》でつくりかたが紹介《しょうかい》されたり、料理講習会《りょうりこうしゅうかい》がひらかれたりしました。こうした洋食は、どれも、日本人の主食であるごはんにあい、その後、代表的な家庭料理となりました。

家庭でつくられた洋食は、ライスカレー、チキンライス、トンカツ、コロッケなどです。新しくはいってきたタマネギやキャベツなどの西洋野菜をつかい、高価《こうか》な肉はうすくのばしてカツにするなど、工夫してつくっていました。また、ほかの料理も、少しの肉でつくりました。

今でも、これらの料理は、家庭の人気メニューです。

このように洋食が家庭に浸透《しんとう》していきましたが、家庭の食事の中心は和風（日本料理）でした。

◀洋食屋でトンカツやオムライスを食べる人たち。トンカツは西洋料理の肉料理をヒントに考えられた料理。オムライスもフランス料理のオムレツの中にごはんをいれることを日本人が考えだした。ウスターソースやケチャップなどの調味料は、洋風の新しい味として人気があった。

食べる

おくれた台所の近代化

ガスや水道が全国の家庭でつかわれるようになるのは、昭和時代になってからのことです。それまでは、ごはんをたいたり、洗《あら》い物《もの》をしたりするのは、とてもたいへんでした。

土間《どま》のかまどで、ごはんたき

明治時代になっても、大半の家庭の台所は、薄暗《うすぐら》くて寒い北側のすみの、土をかためただけの土間《どま》にありました。

北側にあるのは、そのほうがひんやりしていて食べ物がくさりにくかったからです。また、土間《どま》にあるのは、まきを燃料《ねんりょう》とするかまどでごはんをたくた

▼羽釜《はがま》のかかったかまどにまきをくべる主婦《しゅふ》。かまどでは、羽釜《はがま》をかけてごはんをたいたり、鉄なべをかけて煮物《にもの》や汁物《しるもの》をつくったりした。昭和32（1957）年1月、長野県で。（撮影：熊谷元一・所蔵：熊谷元一写真童画館）

えんとつ

木製《もくせい》のふた（羽釜《はがま》用）

羽釜《はがま》
鉄でできた釜《かま》。羽のようにはりだしたつばの部分をかまどにかけてつかう。

まき

かまど

土間《どま》

七輪《しちりん》
中に炭をいれ、火をおこし、網《あみ》をのせて魚を焼いたり、なべをかけて煮物《にもの》をつくったりした。

木製《もくせい》のなべぶた

やかん
なべに水をたすのにつかった。

鉄なべ
煮物《にもの》や汁物《しるもの》をつくるのにつかった。

め、まわりがすすでよごれやすかったからです。また、かめに水をためて洗《あら》い物《もの》をするため、ぬれやすかったという理由もありました。

ごはんは、かまどに鉄でできた羽釜《はがま》をかけてたきました。ごはんは、かまどに火をつけてから、まきをくべたり、まきをとりのぞいたりして、火力を調節しなければ、おいしくたけなかったので、かまどにつきっきりの仕事でした。

土間《どま》から一段《いちだん》高くなった場所にいろりがある家も多く、いろりでは、なべをかけて煮物《にもの》や汁物《しるもの》をつくっていました。主婦《しゅふ》は、食事のたびに、台所のある土間《どま》といろりのある部屋《へや》とを何度も往復《おうふく》しなければならず、そのたびに、はきものをはいたりぬいだりして、たいへんでした。

飲み水や、炊事《すいじ》につかう水は、水道が普及《ふきゅう》するまでは、井戸《いど》や川、池などから水をくんできて、かめにためてつかっていました。かめにいっぱい水をためるには、何度も往復《おうふく》しなければならず、とちゅうでこぼしたり、天候の悪いときはすべってころんだりすることもあり、たいへん重労働でした。これは、おもに女性《じょせい》や子どもの仕事でした。

都市部では昭和時代のはじめころから水道をひく家庭がふえていきましたが、全国の多くの家庭がひくようになるのは、昭和時代のなかごろからです。

なべや羽釜《はがま》、どろのついた野菜やイモ類などは、川辺につくった洗《あら》い場《ば》や、井戸端《いどばた》などでしゃがんであらっていました。かまどやいろりにまきをくべるのもしゃがんでしたので、とてもつかれました。

ガス、水道がひかれ、便利な台所に

大正時代になって、都市部ではガスが整備《せいび》され、火がつかいやすくなりました。かまどにかわってガス台ができ、火をつけたり、火加減《ひかげん》を調節したりするのが、かんたんになりました。昭和時代になると、都市部では、水道をひく家庭がふえ、蛇口《じゃぐち》をひねるだけで、きれいな水がでるようになりました。

ガスや水道のおかげで台所は前ほどよごれなくなったので、土間《どま》ではなく、板の間の床《ゆか》にできるようになりました。ガス台や流《なが》しも床《ゆか》より上の高い位置におけたので、調理や洗《あら》い物《もの》が立ってできるようになり、炊事《すいじ》がらくになりました。

農家の台所の改善《かいぜん》は、都市部よりおくれ、昭和20年代以降《いこう》からじょじょにすすみました。

昭和時代のなかごろになると、電気炊飯器《でんきすいはんき》やガス炊飯器《すいはんき》をつかう家庭がふえていきました。スイッチを押《お》すだけで、めんどうな火加減《ひかげん》は炊飯器《すいはんき》が全部やってくれるので、そのぶん、ほかのことに時間をつかえるようになりました。

▶大正時代に登場した鉄筋《てっきん》コンクリートづくりの集合住宅の台所（復元《ふくげん》）。ガス、水道が整備《せいび》されていた。立ったままつかえる流《なが》しはつかいやすくて、「文化流《ぶんかなが》し」とよばれた。

ガスコンロ
なべをかけて煮物《にもの》や汁物《しるもの》などをつくったり、やかんをかけて湯をわかしたりした。

ガスかまど
昔ながらの羽釜《はがま》をのせてごはんがたけるガスかまどは、マッチで点火するだけでつかえた。

水道の蛇口《じゃぐち》
蛇口《じゃぐち》をひねれば水がでるので、水くみの手間がいらなくなった。

ガス台

板の間

流《なが》し

着る

男性《だんせい》が洋服を着はじめる

文明開化により、アメリカやヨーロッパから洋服がはいってきましたが、すぐには、一般《いっぱん》の人々に普及《ふきゅう》しませんでした。洋服をとりいれはじめたのは男性《だんせい》で、おもに正装用《せいそうよう》や仕事着としてでした。

外出は洋服、家では和服

明治時代になって、最初に洋服を着るようになったのは、政府《せいふ》の高官や上流階級の人たちで、高価《こうか》な正装用《せいそうよう》のものがほとんどでした。軍人や警察官《けいさつかん》などの制服《せいふく》にも、洋服がとりいれられましたが、一般《いっぱん》の人々は、ほとんどが着物を着ていました。しかし、洋服のほうが着物より活動的なことは、少しずつ人々に理解《りかい》されていきました。

明治時代の終わりころになると、都市部を中心に、職場《しょくば》の仕事着として、また、外出着として洋服を着る男性《だんせい》があらわれだしました。しかし、その人たちも、自宅《じたく》でくつろぐときは、着物に着がえていました。

いすにすわって仕事をしたり、外にでかけたりするときには、洋服はたしかに動きやすくて便利でしたが、家に帰って、たたみの上でくつろぐときには、ゆったりとしていて、着なれた着物のほうがすごしやすかったからです。

▲洋服で正装《せいそう》する男性《だんせい》。シャツは、えりが高く、ハイカラーとよばれた。

▲着物を着て、自宅《じたく》で机《つくえ》にむかう男性《だんせい》。たたみの上にじかにすわってつかう机《つくえ》は、着物のほうがらくだった。

◀明治時代なかばの東京・銀座《ぎんざ》のようす。馬車鉄道（レールの上の客車を馬がひく乗り物）の鉄道員は、洋服の制服《せいふく》を着ているが、乗客や道をゆく人たちのほとんどは、着物だ。

着物すがたに洋風をとりいれだす

大正時代にはいっても、全国的にみれば、着物の人がほとんどでしたが、明治時代のなかごろからじょじょに、部分的に洋装《ようそう》をとりいれる「和洋折衷《わようせっちゅう》」の着かたをする人がふえていきました。

服装全部《ふくそうぜんぶ》を洋風にするのとちがって、「和洋折衷《わようせっちゅう》」の着かたは、着物の上に洋風の帽子《ぼうし》をかぶったり、洋風のマントをはおったりする着かたなので、手軽でそれほどお金がかかりません。そこで、新しい時代の雰囲気《ふんいき》を味わおうとする人々に受けいれられていきました。

この着かたは、しだいに日本人の服装《ふくそう》に定着し、昭和時代のはじめころまで、よくみられました。

▲着物に帽子《ぼうし》をかぶった男性《だんせい》たち。「和《わ》洋折衷《ようせっちゅう》」は、新しくておしゃれな服装《ふくそう》だった。

▶着物の上に、「とんび」とよばれる、袖《そで》のないマントをはおった男性《だんせい》。このようなスタイルは、その後も長くみられた。

「ちょんまげ」から「短髪《たんぱつ》」へ

明治時代のはじめに、政府《せいふ》から「散髪令《さんぱつれい》（散髪《さんぱつ》脱刀令《だっとうれい》）」がだされ、それまで「ちょんまげ」を結《ゆ》っていた男性《だんせい》は、髪《かみ》を短く切ることを強制《きょうせい》されました。

「ちょんまげ」を切って、西洋人のような短い髪《かみ》にすることが、近代化のあらわれのひとつと考えられたからです。そのため、「ざんぎり頭をたたいてみれば文明開化の音がする」と歌にもうたわれたほどでした。

ほとんどの男性《だんせい》は、着ているものが着物でも、髪形《かみがた》は洋風の短髪《たんぱつ》にかわっていきました。

▶髪《かみ》を二分《にぶ》刈《が》りにした男性《だんせい》。

▶髪《かみ》を五分《ごぶ》刈《が》りにした男性《だんせい》。

着る

女性《じょせい》は着物が基本《きほん》だった

女性《じょせい》が洋服を着るようになるのは、男性《だんせい》よりずっとあとになってからです。それでも、部分的に洋装《ようそう》をとりいれる「和洋折衷《わようせっちゅう》」が流行《りゅうこう》し、着物を着て、髪形《かみがた》や持ち物に洋風をとりいれる女性《じょせい》はふえていきました。

女学生は、はかまにくつ

明治時代になって、はじめに洋服を着たのは、政治家《せいじか》の夫人や上流階級の女性《じょせい》たちでした。日本の近代化を外国にしめすために開催《かいさい》された舞踏会《ぶとうかい》などで、豪華《ごうか》なドレスを身にまといました。しかし、この女性《じょせい》たちも、ふだん、家では着物を着て、すごしていました。

多くの女性《じょせい》は、家で子育てや炊事《すいじ》、家業の手伝《てつだ》いなどをしてくらしていたので、晩餐会《ばんさんかい》で着るような高価《こうか》な洋服を目にする機会すらなく、それまでと同様、着物で生活していました。

着物は、明治時代のはじめには、じみな色やもようでしたが、文明開化により、化学染料《かがくせんりょう》をつかった染物《そめもの》などの技術《ぎじゅつ》が導入《どうにゅう》され、また、洋風のもようもとりいれられるようになったので、しだいにはなやかな色やもようになっていきました。

明治時代のなかごろから、若《わか》い女性《じょせい》を中心に、着物にマントなどの洋装《ようそう》をとりいれることが流行《りゅうこう》しはじめました。なかでも、人々の目にいかにも新時代の女性《じょせい》らしいスタイルとうつったのが、明治の終わりころから女学生のあいだではやりだした、はかまにひもで編《あ》み上《あ》げたブーツをはくスタイルでした。活発な動きにあうひだスカートのようなはかまを身につけ、洋装《ようそう》のブーツをはいて、まちをさっそうと歩いたのです。アメリカやヨーロッパからはいってきたリボンを髪《かみ》に結ぶ女学生もいました。

女学生のほかにも、着物の上からショールを肩《かた》にかけたり、パラソル（洋風の日傘《ひがさ》）を手に持ったりして外出する女性《じょせい》がいました。これらは、防寒《ぼうかん》や日よけのためというより、おもにおしゃれのために身につけたのでした。

洋服の女性《じょせい》がまちにみられるようになるのは、大正12（1923）年に関東大震災《かんとうだいしんさい》がおき、着物より洋服のほうが、いざというとき動きやすいことを実感してからです。

▲パラソルをさして歩く、着物すがたの女性《じょせい》。パラソルは、細身の洋傘《ようがさ》で、外出するときに持ってでる女性《じょせい》が多かった。

▲着物の上にショールをかけた女性《じょせい》。ショールはその後、女性《じょせい》の和装小物《わそうこもの》として一般的《いっぱんてき》になった。

▲はかまにくつの女学生。くつのほうが、編《あ》み上《あ》げのブーツより、ぬいだりはいたりが便利なため、大正時代から昭和時代のはじめにかけて、黒のハイソックスに黒のくつというスタイルが、女学生のあいだに広まった。

「日本髪《にほんがみ》」から「洋髪《ようはつ》」へ

明治時代になっても、ほとんどの女性《じょせい》は、江戸時《えどじ》代《だい》からの「日本髪《にほんがみ》」を結《ゆ》っていました。

「日本髪《にほんがみ》」は、くしと油をつかって形をつくっていくので、結《ゆ》うのに時間がかかります。そのため、一度結《ゆ》うと、長くもたせるために、1か月近くも髪《かみ》をあらわなかったり、形がこわれないように神経《しんけい》をつかって寝《ね》なければならなかったりなど、不都合なことがいろいろありました。

明治時代のなかごろになると、アメリカやヨーロッパからはいってきた髪形《かみがた》をもとに日本で考えだされた「束髪《そくはつ》」とよばれる洋風の髪形《かみがた》にする女性《じょせい》がふえだしました。「束髪《そくはつ》」は結《ゆ》うのもかんたんで、ひんぱんにあらうことができ、寝《ね》るときも髪《かみ》をほどいてゆっくり休むことができました。着物にもあう「束《そく》髪《はつ》」は流行《りゅうこう》になり、いろいろな結《ゆ》いかたが考えだされました。

しだいに、ふだん「日本髪《にほんがみ》」を結《ゆ》う女性《じょせい》は少なくなっていきましたが、下町の人々のあいだや、結婚《けっこん》式などの晴れの日の装《よそお》いをするときには、それまでとおなじように、「日本髪《にほんがみ》」を結《ゆ》う女性《じょせい》がまだかなりいました。

大正時代から昭和時代にかけて、女性《じょせい》の洋装《ようそう》がふえるにつれ、髪形《かみがた》も「断髪《だんぱつ》」やパーマネントといった新しいスタイルがつぎつぎに導入《どうにゅう》され、流行《りゅうこう》しました。

◀日本髪《にほんがみ》を結《ゆ》った女性《じょせい》。日本髪《にほんがみ》は、髪結《かみゆ》いという専門《せんもん》の職人《しょくにん》に結《ゆ》ってもらった。何種類ものくしをつかい、油をたくさんつけて結《ゆ》っていくので、結《ゆ》いあげるのに1～2時間もかかった。

▶明治時代のなかごろからはやりだした髪形《かみがた》・束髪《そくはつ》を結《ゆ》った女《じょ》性《せい》。束髪《そくはつ》は、くしとヘアピンをつかって、自分で形をつくっていくことができたので、いろいろな形を楽しめた。

▶髪《かみ》を短く切り、おかま帽《ぼう》とよばれるフェルト製《せい》の帽子《ぼうし》をかぶった女性《じょせい》。昭和時代のはじめころに、髪《かみ》を短く切る断髪《だんぱつ》が欧米《おうべい》から紹介《しょうかい》されたが、日本では長《なが》い髪《かみ》は「女の命」といわれてきたので、この時代に髪《かみ》を短く切ることは勇気のいることだった。

▶仲のよい友だちどうしの記念写真。全員着物だが、髪形《かみがた》は日本髪《にほんがみ》とパーマネントにわかれた。昭和のはじめころから東京などの都市の美《び》容院《よういん》で、パーマ機をつかって髪《かみ》にウエーブをつける「パーマネント」が広まりはじめた。パーマネントの女性《じょせい》は、前列右から1番目と3番目、最後列右側の3人。昭和15年（1940）年ころ撮影《さつえい》。

着る

小学生も、しだいに洋服へ

明治時代、大半の子どもは、おとなと同様、家でも学校でも着物を着ていました。昭和時代のはじめころになると、洋服を着る子どもがふえました。

▲明治時代の終わりころの小学校での記念写真。ほとんどの男の子が着物に帽子《ぼうし》、女の子が着物にはかま、束髪《そくはつ》だ。

着物に、げたばきがふつうだった

洋服がまだめずらしい明治時代のはじめに、裕福《ゆうふく》な家の子など、ほんの少数の子どもが、高級な洋服をあつらえてもらって、着ることがありました。しかし、一般《いっぱん》の子どもは、着物を着て、げたやぞうりをはいていました。

散髪令《さんぱつれい》（191ページ参照）により髪《かみ》を切ったおとなの男性《だんせい》のあいだに、帽子《ぼうし》をかぶることが広まると、小学生の男の子も、着物に学帽《がくぼう》をかぶるのが一《いっ》般的《ぱんてき》になりました。

明治時代のなかごろ、おとなの女性《じょせい》のあいだに束《そく》髪《はつ》（193ページ参照）が広まると、小学生の女の子も、束髪《そくはつ》にするようになりました。

家族の着物のほとんどは、母親が手でぬってつくっていました。子どもの着物は、１枚《まい》をなるべく仕立てなおさないで長く着るために、肩《かた》や腰《こし》の部分には「あげ」をするなどの工夫をしました。

また、このころは、姉妹・兄弟のたくさんいる家が多かったので、着物は、姉から妹へ、兄から弟へと、「おさがり」としてゆずられ、たいせつに着られました。

▶子どもの着物には、肩《かた》あげと腰《こし》あげがしてあった。成長にあわせて肩《かた》あげと腰《こし》あげの縫《ぬ》い目《め》をほどいてあげなおせば、１枚《まい》の着物を長く着ることができた。

学校へいくときは、洋服で

明治時代の終わりころから、都市部ではしだいに小学生が洋服を着て学校へいくようになりました。昭和10年代になると、農村部でも大半の小学生が、洋服を着て学校にいくようになりました。なかには、男の子は学生服、女の子はセーラー服のところもありました。

洋服は着物にくらべて、体を動かしやすかったので、洋服が広まると、子どもたちの遊びになわとびのような活動的な遊びがくわわりました。

アジア・太平洋戦争中は、物資《ぶっし》が不足し、洋服だけでなく、あらゆるものが手にはいりにくくなりました。母親は、父親が着古したワイシャツを子どものブラウスやシャツに、古い毛布《もうふ》を子どものコートにつくりなおすなどして、子どもに着せました。

◀洋服を着た、昭和時代のはじめころの兄弟姉妹。このころは兄弟姉妹の人数が多かったが、布《ぬの》の確保《かくほ》の面などから、皆がおそろいの洋服を着られるというのは、めずらしかった。洋服は、母親の手づくりと思われる。

▲昭和13（1938）年4月の、尋常小《じんじょうしょう》学校《がっこう》女子組の入学記念写真。全員が洋服で、セーラー服を着ている子どももいる。このころは、男組、女組にわかれて授業《じゅぎょう》を受けるのがふつうだった。

もっと知りたい!

アジア・太平洋戦争中の子どもの登校すがた

アジア・太平洋戦争中は、都市を中心に空襲《くうしゅう》がひんぱんにありました。いつ、空から爆弾《ばくだん》が落ちてくるかわからないので、つねに防空《ぼうくう》ずきんを持ち歩き、いつでも頭を保護《ほご》できるようにしていました。

防空《ぼうくう》ずきん
綿《わた》をいれて、母親が手づくりした。

おかっぱ
戦争中、ほとんどの女の子はおかっぱ頭に、男の子は坊主頭《ぼうずあたま》にしていた。どちらも、手いれがらくだったからだ。

名札
血液型《けつえきがた》と名前を記入した。

救急袋《きゅうきゅうぶくろ》
三角巾《さんかくきん》や、いったお米などがはいっていた。三角巾《さんかくきん》は、けがをしたとき、すぐに応急《おうきゅう》手《て》当《あ》てができるように、いった米は、とちゅうで空襲警報《くうしゅうけいほう》が鳴るなどして、身動きがとれなくなったとき、空腹《くうふく》がしのげるようにいれておいた。

もんぺ
母親の着物を仕立てなおすことが多かった。

ズック（布製《ぬのせい》のくつ）
くつが買えず、はだしで学校に通う子どももいた。

装身具《そうしんぐ》は、和・洋いろいろ

洋服とともに、装身具《そうしんぐ》も、ヨーロッパなどからいろいろなものがはいってきました。人々はそれらを着物にとりいれる形で、身につけるようになり、洋服よりもはやく人々のあいだに広まりました。

女性《じょせい》は髪飾《かみかざ》り、男性《だんせい》は帽子《ぼうし》

明治時代のはじめころ、多くの女性《じょせい》は、日本髪《にほんがみ》に、江戸時代《えどじだい》からあるかんざしやくしを髪《かみ》にさしてかざっていました。金、銀、べっこうなどの材質《ざいしつ》に、手のこんだもようがほどこされたぜいたくな品もありましたが、明治時代のなかごろから束髪《そくはつ》が広まりだすと、洋髪用《ようはつよう》のくしや造花《ぞうか》、リボンなどがはやるようになりました。

着物にショールやパラソル（192ページ参照）などをあわせるのが流行《りゅうこう》するいっぽう、ヨーロッパなどからはいってきた装身具《そうしんぐ》の指輪がこのまれました。

男性《だんせい》は、短く散髪《さんぱつ》した頭に帽子《ぼうし》をかぶるのが、主《しゅ》流《りゅう》になりました。たくさんの種類の帽子《ぼうし》がつくられましたが、職業《しょくぎょう》や社会的地位によってかぶる帽子《ぼうし》にちがいがみられました。

▶パーマネントの髪《かみ》に髪飾《かみかざ》りをつけた女性《じょせい》。

◀着物すがたに、指輪（左手の中指）をとりいれた女性《じょせい》。

もっと知りたい!

男性用帽子《だんせいようぼうし》のいろいろ

山高帽《やまたかぼう》

明治時代のはじめころから広まり、儀式《ぎしき》などのあらたまった場で、正装《せいそう》したときかぶった。

鳥打《とりう》ち帽《ぼう》（ハンチング）

明治20（1887）年ころから、職人《しょくにん》、工員、見習いの店員などのあいだではやった。

中折《なかお》れ帽《ぼう》（ソフト帽《ぼう》）

上部がへこんだフェルト帽《ぼう》で、明治30（1897）年ころから、サラリーマンがかぶることが多かった。

学帽《がくぼう》

大学生は角帽《かくぼう》、高等学校以下は丸帽《まるぼう》（写真）をかぶり、在学校名《ざいがくこうめい》がわかるように帽《ぼう》章《しょう》（校章）をつけた。

和装小物《わそうこもの》でおしゃれ

明治時代になっても着物ですごすことが多かった女性《じょせい》は、和装小物《わそうこもの》の帯あげや、半えりなどを、おしゃれのひとつとして注目しました。

半えりは、着物の下に着る襦袢《じゅばん》のえりにつける布《ぬの》で、刺繍《ししゅう》いりなどのはなやかなものが流行《りゅうこう》しました。着物よりも高価《こうか》な半えりが売られたこともありました。

帯あげは、それまでは帯からみえないようにしめていましたが、このころから、帯の上からのぞくようにしめるようになりました。他人からはわずかしかみえないのですが、着物と帯にあう色をえらんでしめるなどの楽しみがうまれました。

洋服にげた、和服にくつも

多くの人が着物を着ていたころ、足もとはぞうりやげたが主流《しゅりゅう》でした。ぞうりやげたは、足先にはなおをかけてはくので、足の指全体をつかって歩きます。そのため、血液《けつえき》の流《なが》れがよくなる、足腰《あしこし》がじょうぶになるといったよさがありますが、走ったりとびはねたりするには不便でした。

また、道路はまだ舗装《ほそう》されていなかったので、晴れた日はほこりがたち、雨の日はぬかるみができたため、足やはきものがよごれました。

明治時代になってアメリカやヨーロッパからはいってきたくつは、はじめのころは注文生産で、とても高価《こうか》でした。また、それまでのげたやぞうりになれた足にとって、足もと全体をおおうくつは、窮屈《きゅうくつ》に感じる人がおおぜいいました。そのため、都市部でふえはじめた洋服を着る人のなかには、げたばきの人もいました。反対に、着物にくつという人もいました。

人々のあいだに本格的《ほんかくてき》にくつが広まりはじめるのは、大正時代の終わりころからです。

▼着物にぞうりの親子。ぞうりは、げたよりも歩くときの音がしずかなので、儀式《ぎしき》などの場には、ぞうりがもちいられた。

◀革《かわ》ぐつの軍人。軍服とともにくつは、軍人の服装《ふくそう》のひとつとして、はじめにとりいれられた。

◀洋服にげたをはいた女性《じょせい》。このようなすがたは、明治時代のなかごろから昭和三十年代ころまで、あちこちでみられた。

着る

着物は手づくり、手洗《てあら》い

昭和時代のなかごろまで、着物は、たいてい家で手づくりし、手洗《てあら》いしていました。裁縫《さいほう》も洗濯《せんたく》も主婦《しゅふ》の重要な仕事のひとつで、時間と手間、体力のいる仕事でした。

裁縫《さいほう》は女性《じょせい》のたしなみ

洋服は、明治時代のはじめには、外国製《がいこくせい》がほとんどでしたが、明治時代のなかごろから、日本人による仕立て屋もできはじめました。

着物はたいてい、その家の主婦《しゅふ》が手でぬって仕立てていました。家族全員の着物にくわえ、下着もほとんどが手づくりだったので、女性《じょせい》は結婚《けっこん》するまでに、ひととおりのものはぬえるように、裁縫《さいほう》を習いました。

布《ぬの》は貴重品《きちょうひん》で、おとなの着物を子ども用にしたり、裏地《うらじ》のついた冬の着物を、裏地《うらじ》のない夏の着物に仕立てなおしたりするなど、1枚《まい》の着物を何度もぬいなおして、だいじに着ました。

アジア・太平洋戦争中と、敗戦後しばらくは、生活に必要なさまざまなものが不足したため、裁縫《さいほう》も、あらたに仕立てることよりも、仕立てなおしや、いたんだ衣服のつくろいが中心になりました。

◀明治時代の洋服の仕立て屋。はじめは、洋服も手でぬっていたが、明治時代の終わりころから、手まわし式、足踏《あしぶ》み式《しき》ミシンが輸入《ゆにゅう》され、ミシンでぬうようになった。「諸工職業競船来《しょこうしょくぎょうくらべはくらい》仕立職《したてしょく》」（国文学研究資料館蔵）

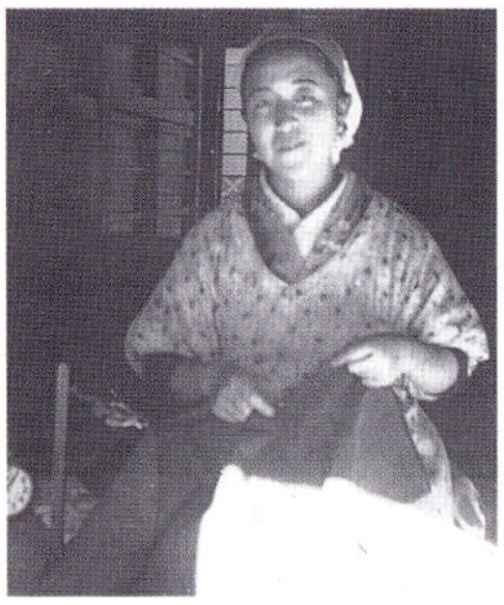

▶裁縫《さいほう》をする女性《じょせい》。着物や下着をぬうだけでなく、やぶれたり、穴《あな》があいたりした衣服に、あて布《ぬの》をしてつくろうことも、たいせつな仕事だった。

洗濯《せんたく》は、たらいと洗濯板《せんたくいた》で手洗《てあら》い

洋服が導入《どうにゅう》されると、洋服専門《ようふくせんもん》の「西洋洗濯屋《せいようせんたくや》」ができました。しかし、洗濯代《せんたくだい》が高く、またほとんどの人たちは着物を着ていたので、利用するのは限《かぎ》られた人だけでした。

一般《いっぱん》の人々は、衣類を、たらいと洗濯板《せんたくいた》をつかって、手洗《てあら》いしました。

ふだん着の木綿《もめん》の着物は、そのまま丸洗《まるあら》いして、物干《ものほ》しざおに干《ほ》しました。

木綿《もめん》や麻《あさ》でも少し上等の着物は、「洗《あら》い張《は》り」をしました。縫《ぬ》い目《め》をほどいてばらばらな布《ぬの》にしてからあらい、その布《ぬの》にのりづけをしながら張《は》り板《いた》にはってかわかす方法です。布《ぬの》がかわいたら、ふたたびぬいあわせて、着物に仕立てなおしました。

ちぢみやすい絹《きぬ》は、はけなどでていねいにあらってから、竹ひごの両端《りょうはし》に針《はり》のついた伸子針《しんしばり》をたくさんつかって、「伸子張《しんしば》り」（199ページ参照）という方法で、布《ぬの》がちぢまないように干《ほ》しました。

洗濯《せんたく》は、水をつかって長時間かがんだ姿勢《しせい》でごしごしあらったり、きつくしぼったりする仕事で、足《あし》腰《こし》や腕《うで》が痛《いた》くなる重労働でした。また、あらったら

洗濯板《せんたくいた》
木製《もくせい》。板の刻《きざ》み目《め》は、溝《みぞ》に石けん水がたまるので、布《ぬの》をこすりあらいするのに役立った。

たが
金属製《きんぞくせい》。たらいのまわりの板がはずれないように、しめつけて固定する役目をしている。

たらい
木製《もくせい》。あらい終わると、木がくさらないようにふせて、水気を切った。

洗面器《せんめんき》
顔をあらうときにつかう洗面器《せんめんき》を、あらい終わった洗濯物《せんたくもの》をいれておくのに利用している。バケツをつかうこともあった。

▲たらいと洗濯板《せんたくいた》をつかって洗濯《せんたく》をするようす。洗濯板《せんたくいた》の刻《きざ》み目《め》の上に、ぬらした洗濯物《せんたくもの》を広げ、石けんをつけてごしごしあらうと、よごれがよく落ちた。昭和32（1957）年、長野県で。（撮影：熊谷元一・所蔵：熊谷元一写真童画館）

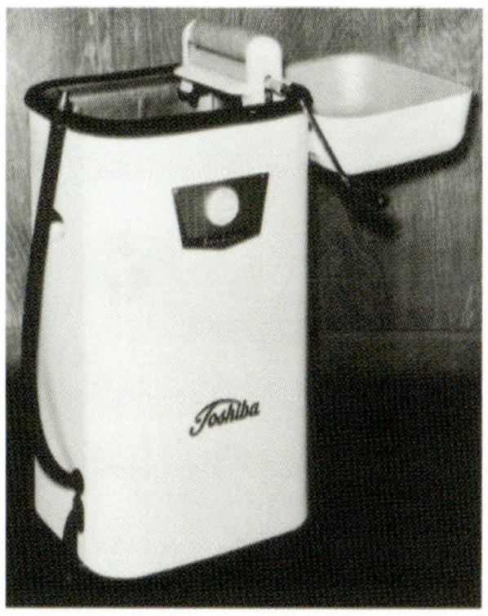

▲昭和30（1955）年に発売された電気洗《でんきせん》濯機《たくき》。タイムスイッチつきで、洗濯《せんたく》をしながら同時にほかのことができるようになった。上についているローラーとローラーのあいだに洗濯物《せんたくもの》をいれて、ハンドルをまわして水気をしぼった。

その日のうちにかわくようにと、朝はやくからとりかかったので、寒い冬には、手があれて血がにじんだり、かじかんで感覚がなくなったりするなど、特につらい仕事でした。

そのため、「半えり」（197ページ参照）がよごれたら、それだけはずしてあらうなど、なるべくたくさんあらわなくてもすむ工夫をしてすごしました。

洗濯用《せんたくよう》の固形の石けんが、明治時代に日本でもつくられるようになりましたが、はじめのころは品質《ひんしつ》も悪く、高価《こうか》だったためにつかわれず、灰汁《あく》（ワラや木の灰《はい》をといた水のうわずみ）や米のとぎ汁《じる》などであらっていました。

明治時代の後半になり、品質《ひんしつ》がよくて値段《ねだん》も手ごろな固形石けんが発売されると、しだいにつかう人がふえていきました。

電気洗濯機《でんきせんたくき》が一般《いっぱん》の家庭でつかわれるようになったのは、アジア・太平洋戦争後、世の中がしだいにゆたかになっていった昭和30年代になってからです。よごれを落とす力は、手であらうよりおとっていましたが、洗濯槽《せんたくそう》に洗濯物《せんたくもの》と水、粉《こな》石けんをいれてスイッチをまわしさえすれば、機械があらってくれるので、洗濯《せんたく》にとられる時間が短くなりました。

もっと知りたい!

「洗《あら》い張《は》り」と「伸子張《しんしば》り」

洗《あら》い張《は》り
あらい終わった木綿《もめん》や麻《あさ》の布《ぬの》は、はけをつかってのりづけしながら、「張《は》り板《いた》」に、しわがよらないようにはっていく。かわくと、ピンとした仕上がりになる。のりは、ふのり（海藻《かいそう》の一種）の煮汁《にじる》をつかった。

▲伸子針《しんしばり》。竹ひごの両端《りょうはし》に針《はり》のついたもの。

伸子針《しんしばり》

伸子張《しんしば》り
あらい終わった絹《きぬ》の布《ぬの》に「伸子《しんし》針《ばり》」を何本もさして、布《ぬの》がピンと張《は》る状態《じょうたい》にして干《ほ》す。

ペットの種類がふえる

明治時代、家庭で飼《か》われていたのは、イヌ、ネコ、小鳥、金魚などでした。このころ、エサを特別につくったり、買ったりするよゆうはなく、イヌやネコのエサは、人の食べ残しですませていました。

人間の役に立ったイヌやネコ

明治時代にイヌやネコを飼《か》うのは、ペットとしてかわいがるためだけではありませんでした。このころは、イヌには「番犬」の役目があり、玄関先《げんかんさき》などに犬小屋を置いて、そこにつないでいました。

ネコは、家に住みつくことの多かったネズミをつかまえるという役目があったので、放《はな》し飼《が》いにしていました。

この時代に、死亡率《しぼうりつ》の高い「ペスト」という感染《かんせん》症《しょう》の菌《きん》が外国から国内にはいってきて、患者《かんじゃ》が発生するようになりました。ペスト菌《きん》は、ネズミに寄生《きせい》するノミをつうじて人にうつったため、ネコを飼《か》い、ネズミをとることが奨励《しょうれい》され、東京ではネズミを買いあげたほどでした。

江戸時代《えどじだい》までは、逆《ぎゃく》にイヌは放《はな》し飼《が》いにされ、ネコはひもでつないで飼《か》われるのがふつうでした。

イヌやネコを飼《か》うときは、近所に子イヌや子ネコがうまれたらもらってきたり、捨《す》てられている子イヌや子ネコをひろってきたりしてそだてるのがふつうでした。外国産の品種のイヌやネコはめずらしく、一部の人に飼《か》われただけでした。

ウグイス、カナリヤなどの小鳥は鳴き声を楽しむために、金魚はすがたを楽しむために飼《か》われていました。

▲エサを食べる日本ネコ。エサは、魚の頭や骨《ほね》など、人間の残飯（食べ残し）をあたえられるのがふつうだった。

◀玄関先《げんかんさき》につながれたイヌ。あやしい人が家にはいろうとしたら、ほえて追いはらったり、飼《か》い主《ぬし》に教えたりする役目があった。

ペットを店で買うようになった

ペットをとりまく状況《じょうきょう》がかわるのは、昭和30(1955）年ころからです。人々の生活もらくになってきて、店でイヌやネコを買ってそだてる家がでてきたのです。それまで飼《か》っていたのは、品種がわからないものや、雑種《ざっしゅ》なども多かったのですが、売られているものには、品種や血筋《ちすじ》をしめす「血統書《けっとうしょ》」という証明書《しょうめいしょ》がつけられることもありました。

イヌは、シェパード、スピッツ、コリーなどの品種がよくみられるようになりました。マルチーズ、ヨークシャーテリアなどの小型犬を室内で飼《か》う人がふえてきたのは昭和30年代なかごろからです。

コリー犬と飼《か》い主《ぬし》。1950年代、テレビで放映《ほうえい》されたアメリカのドラマ『名犬ラッシー』はたいへんりこうなコリー犬が活躍《かつやく》する内容だったので、日本の家庭でも飼《か》うのが流行《りゅうこう》した。

ネコも、日本のネコだけでなく、シャムネコ、ペルシャネコなども飼《か》うようになりました。

ペット用のエサとして国産のドッグフードが昭和35（1960）年に、国産のキャットフードが昭和45（1970）年に売りだされると、家族の食べ残しをエサにしていた人々が、エサをみなおすようになりました。便利さや、ペットにとって栄養のバランスがよいなどの理由から、ペットフードを買ってあたえる家庭がふえていきました。

昭和時代のなかごろになって、動物の輸入《ゆにゅう》の条件《じょうけん》がゆるやかになると、熱帯魚や、ニシキヘビ、カメレオンなどの爬虫類《はちゅうるい》を飼《か》う人もでてきました。

団地《だんち》やマンションなどの集合住宅《しゅうごうじゅうたく》がふえると、セキセイインコやハムスターなど、小さくて手軽に飼《か》えるペットに人気があつまりました。

ペルシャネコ。外国のめずらしい品種のネコを店で買ってそだてるようになると、放《はな》し飼《が》いではなく、家の中でだいじに飼《か》う人がふえた。

もっと知りたい!

銅像《どうぞう》になったペット

忠犬《ちゅうけん》ハチ公《こう》

東京・渋谷駅前《しぶやえきまえ》にある忠犬《ちゅうけん》ハチ公《こう》の銅像《どうぞう》。毎日送《おく》り迎《むか》えした飼《か》い主《ぬし》が亡《な》くなったのちも、飼《か》い主《ぬし》を迎《むか》えるために渋谷駅《しぶやえき》に通い続けるハチという名のイヌが評判《ひょうばん》になり、その死後、ハチ公《こう》を愛した人たちによって建てられた。昭和9（1934）年に建てられた1代目は戦争中に軍需物資《ぐんじゅぶっし》の不足をおぎなうために国にさしだされたため、これは2代目。

西郷《さいごう》さんとツン

東京・上野にある西郷隆《さいごうたか》盛《もり》の銅像《どうぞう》。明治維新《めいじいしん》に活躍《かつやく》した西郷隆盛《さいごうたかもり》が、「ツン」という愛犬を連れている。日ごろから西郷《さいごう》さんがツンをかわいがっていたことが表現《ひょうげん》されている。明治31（1898）年に建てられた。

便利な乗り物がふえる

明治時代になって鉄道が敷《し》かれ、各地が線路で結ばれると、汽車で遠くまでいけるようになりました。やがて、さまざまな乗り物が登場するようになり、人々の移動《いどう》の範囲《はんい》が広がりました。

日本各地に鉄道網《てつどうもう》が敷《し》かれる

明治時代のはじめに、東京の新橋から神奈川《かながわ》の横《よこ》浜《はま》まではじめて汽車が走り、それまでは歩いて8時間かかったところを1時間たらずでいけるようになりました。日本各地に鉄道が敷《し》かれ、多くの人が旅行や仕事に利用するようになったのは大正時代になってからです。

汽車は石炭を燃《も》やして、発生させた蒸気《じょうき》を動力にして走ったので、上り坂にさしかかると、機関士は石炭をどんどんかまにくべて、スピードが落ちないようにしました。

▲汽車は、いっぺんにおおぜいの人を運ぶことができる。利用者はたくさんいた。

汽車は、えんとつから黒いけむりをだして走るので、トンネルを通過《つうか》するときは、その前に窓《まど》をしめておかないと、けむりが車内にはいってきて、乗客の顔も衣服もすすで真っ黒になりました。

路面電車は都市の主要交通

明治30年代ころから、京都や東京、大阪《おおさか》などの都市で、電気で動く路面電車が走るようになると、町中にいくつもの路線がつくられました。路面電車は電線から電気を供給《きょうきゅう》されて走るしくみのため、空中に路面電車用の電線がクモの巣のようにはりめぐらされました。

人々は路線をえらんで乗りかえたり、終点から別の路線に乗りつぐなどして、町のすみずみまで行くことができました。電車には車掌《しゃしょう》が乗っていて、乗客は車掌《しゃしょう》から切符《きっぷ》を買いました。

路面電車は、昭和40年代まで都市の主要な交通手段として、通勤《つうきん》、通学、買い物などに、多くの人に利用されました。

◀東京の町中を行きかう路面電車。撮影《さつえい》は、昭和五十年代なかごろと推測《すいそく》される。東京に路面電車が走りはじめたのは明治三十六（一九〇三）年からだ。写真の路線（荒川線）は、昭和五（一九三〇）年に全面開通し、平成になっても走りつづけている。

人力車はタクシー、自転車はマイカー

明治時代、さかんに利用された乗り物に人力車があります。日本人が考えだした乗り物で、人がひくことから小回りがききました。

せまい道でも通れたので、家の玄関先《げんかんさき》から目的地まで乗っていける現在《げんざい》のタクシーのように、人々に利用されました。1人乗りのほか、2人乗りや数人乗りのものもありました。

大正時代になって、東京や大阪《おおさか》で、市内ならどこまでいっても1円というタクシー「円タク」が走るようになると、人力車はすがたを消していきました。

人力をつかう乗り物には、自転車もあります。明治時代にはじめて外国からはいってきたころは値段《ねだん》が高く、たいへんな高級品でしたが、明治30年代ころから、新聞記者や医者などが仕事につかうようになりました。

大正時代になって、国産の自転車が大量につくられるようになると、価格《かかく》がさがり、通勤《つうきん》や通学、商店の出前や配達など、多くの人につかわれるようになりました。

▲シルクハットをかぶり、正装《せいそう》した男性《だんせい》を乗せて走る人力車と車夫《しゃふ》。人力車は、急な坂をのぼるときにそなえて、この絵のように押《お》し手《て》がつくこともあった。

▶昭和時代のはじめころの自転車と男性《だんせい》。昭和のなかごろまで、自転車は、男性《だんせい》むけの実用的なものがほとんどだった。

今、でまわっている自転車には、この部分がないものが多い。乗りにくさから、なくなったようだ。

自動車は人々のあこがれの的《まと》

日本に自動車が走るようになったのは、明治時代の終わりころからです。はじめは、ほとんどが外国から輸入《ゆにゅう》された高級品で、一部の裕福《ゆうふく》な人たちが自家用車として購入《こうにゅう》し、運転手をやとって乗っていました。

大正時代には、外国製自動車《がいこくせいじどうしゃ》のタクシーなどが走るようになりましたが、一般《いっぱん》の人たちにとっては高級品で、住宅地《じゅうたくち》などに自動車がとまっていると、ものめずらしさに子どもたちが集まってきて、まわりをとり囲んだほどでした。

アジア・太平洋戦争後、日本の経済《けいざい》が復興《ふっこう》し、自動車産業がさかんになると、国産車が大量につくられるようになりました。昭和40年代後半には、人々の生活にもゆとりがうまれ、マイカー(自家用車)をもち、レジャーを楽しむ家族がふえていきました。

▶昭和11(1936)年、交通安全のためにおとずれた警察《けいさつ》の自動車をとり囲み、記念写真をとる人々。自動車を個人《こじん》で購入《こうにゅう》し、マイカーとして乗る人が多くなったのは、昭和40年代後半からだ。

くらべてみよう

時代の長さとくらしの変化

この本では、旧石器時代《きゅうせっきじだい》、縄文時代《じょうもんじだい》から、明治時代以降《いこう》までのくらしのうつりかわりを紹介《しょうかい》しています。ここでは、それぞれの時代の長さをくらべながら、生活の変化のはやさについて考えてみることにしましょう。

◆時代のわけかたは、おなじではない

わたしたちが歴史をとらえるとき、多くの場合、旧石器《きゅうせっき》、縄文《じょうもん》、弥生《やよい》……江戸《えど》、明治のように区分けして考えます。ところが、これらの時代区分は、おなじ条件《じょうけん》で決められているわけではありません。旧石器時代《きゅうせっきじだい》は、石器をつかった時代のひとつの区分。縄文《じょうもん》、弥生時代《やよいじだい》は、そこでつかわれた土器の種類によってわけられています。古墳時代《こふんじだい》は古墳《こふん》がつくられた時代。飛鳥《あすか》から平安時代《へいあんじだい》は、都《みやこ》があった場所、鎌倉《かまくら》、室町《むろまち》、江戸時代《えどじだい》は幕府《ばくふ》があった場所によってわけられています。明治時代以《い》降《こう》は、元号《げんごう》（一代の天皇《てんのう》につき、ひとつと決められた年号）にしたがってわけられています。

時代の名前は、あとになってから都合《つごう》よくつけられたものがほとんどですが、歴史をとらえるときのひとつの目安にはなります。

この目安にしたがって、わたしたちの生活のうつりかわりをふりかえってみると、どのようになるでしょう。

■時代名くらべ

時代名	時代の共通点
旧石器時代《きゅうせっきじだい》	旧石器《きゅうせっき》(打製石器《だせいせっき》)
縄文時代《じょうもんじだい》	縄文土器《じょうもんどき》
弥生時代《やよいじだい》	弥生土器《やよいどき》
古墳時代《こふんじだい》	古墳《こふん》
飛鳥時代《あすかじだい》	飛鳥地方《あすかちほう》に都《みやこ》がおかれる
奈良時代《ならじだい》	奈良《なら》の平城京《へいじょうきょう》に都《みやこ》がおかる
平安時代《へいあんじだい》	京都《きょうと》の平安京《へいあんきょう》に都《みやこ》がおかる
鎌倉時代《かまくらじだい》	鎌倉《かまくら》に幕府《ばくふ》がひらかれる
室町時代《むろまちじだい》	京都《きょうと》の室町《むろまち》に幕府《ばくふ》がひらかれる
安土桃山時代《あづちももやまじだい》	天下統一《てんかとういつ》の基礎《きそ》が築《きず》かれる
江戸時代《えどじだい》	江戸《えど》に幕府《ばくふ》がひらかれる
明治時代	元号《げんごう》が明治
大正時代	元号《げんごう》が大正
昭和時代	元号《げんごう》が昭和
平成時代	元号《げんごう》が平成

時代の長さくらべ

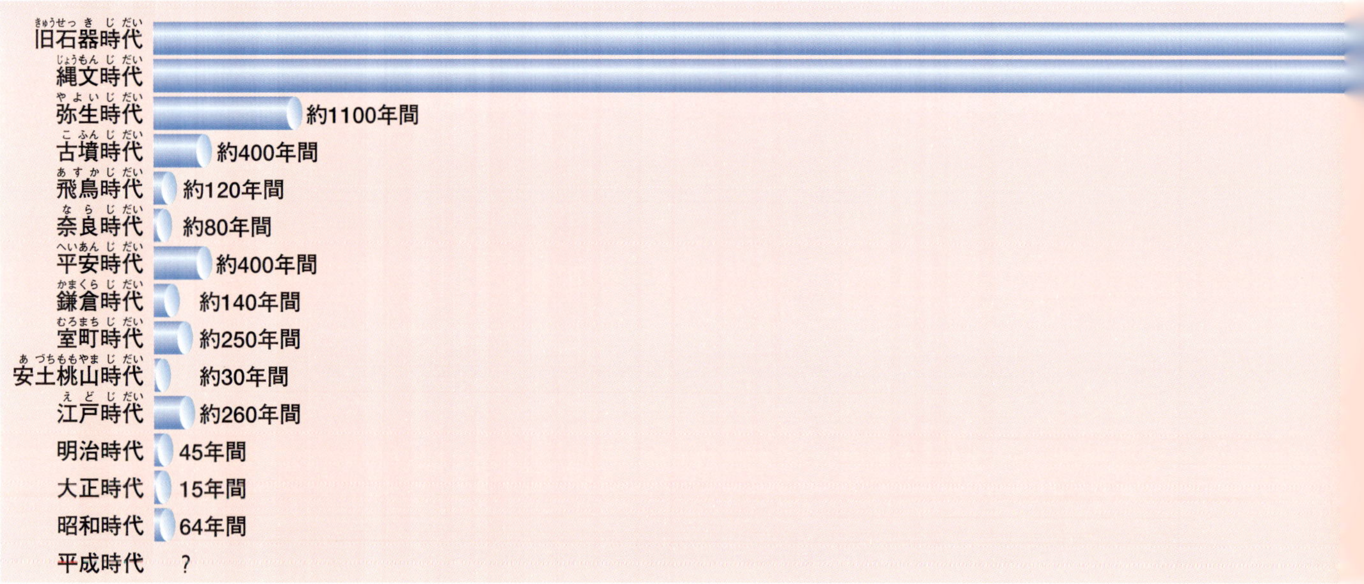

旧石器時代《きゅうせっきじだい》
縄文時代《じょうもんじだい》
弥生時代《やよいじだい》
約1100年間
古墳時代《こふんじだい》
約400年間
飛鳥時代《あすかじだい》
約120年間
奈良時代《ならじだい》
約80年間
平安時代《へいあんじだい》
約400年間
鎌倉時代《かまくらじだい》
約140年間
室町時代《むろまちじだい》
約250年間
安土桃山時代《あづちももやまじだい》
約30年間
江戸時代《えどじだい》
約260年間
明治時代
45年間
大正時代
15年間
昭和時代
64年間
平成時代
?

◆長い時代を経てうつりかわったくらし

日本に人があらわれたのは旧石器時代《きゅうせっきじだい》で、今から約3万年前のことです。旧石器時代《きゅうせっきじだい》は寒い時代で、人々は移動生活《いどうせいかつ》をしながら打製石器《だせいせっき》をつかって狩猟《しゅりょう》をおこない、植物を採集《さいしゅう》し、食料を得ていました。地球上に人類がうまれたのは、400万年前とも、600万年前ともいわれていますから、日本に人が登場するまで、数百万年の年月がかかったことになります。

つぎの縄文時代《じょうもんじだい》は、今から約1万5000年前から約2900年前まで約1万2000年間つづきました。この時代になると、気候も温暖《おんだん》になり、食料が得やすくなったので、人々はようやく定住生活をおくるようになりました。土器をつかって調理することにより、食べられるものの種類がふえ、寿命《じゅみょう》ものびたと考えられています。

つぎに、弥生時代《やよいじだい》がつづきます。弥生時代《やよいじだい》の長さは、縄文時代《じょうもんじだい》の約10分の1にあたる約1100年間です。この間に大陸から水田をつかった稲作《いなさく》がつたわり、食料を生産することによって、生活を安定させる方法がうみだされました。

そして、古墳時代《こふんじだい》になると富《とみ》をたくわえた豪族《ごうぞく》があらわれ、国がうまれます。やがて、中国や朝《ちょう》鮮半島《せんはんとう》をとおして、進んだ文化がつぎつぎに日本につたわり、技術《ぎじゅつ》や社会のしくみが発展《はってん》していきました。しかし、身分の差が広がるなか、多くの庶民《しょみん》は自給自足の生活で、住まいも、長いあいだ大きな変化はありませんでした。

その後、江戸時代《えどじだい》にいたるまで、さまざまに時代の呼《よ》び名《な》はかわりますが、くらしが急速に発展《はってん》することはありませんでした。世の中の動きは活発になっても、くらしの変化はさほどなかったともいえます。ちなみに、江戸時代《えどじだい》は長い時代のたとえにもつかわれますが、実際《じっさい》には弥生時代《やよいじだい》の4分の1ほどの長さにすぎません。

◆現代《げんだい》に近づくほど、くらしの変化がはやまる

日本の近代化は、明治時代にやってきます。明治時代がはじまってから現在《げんざい》までおよそ140年間。約3万年前の旧石器時代《きゅうせっきじだい》から現在《げんざい》までの時間の長さを1mにたとえると、この140年間は、たったの5㎜にもなりません。人間の歴史からみれば、まさしく、あっという間《ま》の時代です。

これだけの短い期間にめまぐるしく世の中はうつりかわり、衣食住を中心とする生活は、急激《きゅうげき》にさまがわりをしたのです。人々のくらしは、自給自足から消費生活へと大きく形をかえました。

今でこそあたりまえの電気や水道も、明治時代以降《いこう》につかわれはじめたものです。鉄道や自動車などの交通手段《こうつうしゅだん》がうまれたのも、この時代のことです。もっといえば、現在《げんざい》のように便利な衣食住をだれもが手にいれたのは、ここ数十年ばかりの話なのです。

このようにみていくと、これから先の時代、ますますくらしの変化が急速になっていくことは、まちがいありません。

※ここでの旧石器時代《きゅうせっきじだい》は、日本に人があらわれた約3万年前からとしています。
※縄文時代《じょうもんじだい》の終わりと弥生時代《やよいじだい》のはじまりの年代は、約2900年前としてあります。これは、国立歴史民俗博物館《こくりつれきしみんぞくはくぶつかん》での年代測定研究《ねんだいそくていけんきゅう》によるものです（43ページ参照）。

身長と顔

昔の人の身長は、文字として記録が残っていない時代でも、遺跡《いせき》からみつかる人骨《じんこつ》をもとに、推定《すいてい》することができます。顔は、人骨《じんこつ》のほかに、その時代のようすを描《えが》いた絵画から想像《そうぞう》することができます。ちがいをくらべてみましょう。

◆身長の伸《の》びは、食べ物の影響《えいきょう》をうける◆

身長や顔の手がかりとなるものがみつかるのは、縄文時代《じょうもんじだい》からです。縄文時代《じょうもんじだい》は、約1万2000年間つづきました。縄文時代《じょうもんじだい》のはじめのころ、人々は、小柄《こがら》で、ほっそりしていましたが、ときを経《へ》るにしたがい、大柄《おおがら》になっていきました。人骨《じんこつ》が、比較的《ひかくてき》多くみつかる縄文時代《じょうもんじだい》のなかごろから終わりころの例を中心にみると、男性《だんせい》の平均身長《へいきんしんちょう》は160cmくらい、女性《じょせい》は150cmくらいです。

弥生時代《やよいじだい》になると、身長は少し高くなります。西日本の弥生時代《やよいじだい》の男性《だんせい》の平均身長《へいきんしんちょう》は163cmくらい、女性《じょせい》は153cmくらいです。中国や朝鮮半島《ちょうせんはんとう》などから身長の高い人たちがうつり住んできて、それまでくらしていた人と結婚《けっこん》し、混血《こんけつ》したことや、稲作《いなさく》などの農耕《のうこう》やブタなどの家畜《かちく》が食料としてもたらされたため、食生活が安定したことも影響《えいきょう》したと考えられます。この身長の高さは、古墳時代《こふんじだい》もつづきます。

ところが、飛鳥《あすか》・奈良時代以降《ならじだいいこう》になると身長はだんだん低くなります。江戸時代《えどじだい》から明治時代のはじめまでの男性《だんせい》の平均身長《へいきんしんちょう》は155cmくらい、女性《じょせい》は145cmくらいと、それまでの時代でもっとも低くなります。これは、仏教《ぶっきょう》の影響《えいきょう》で野山の動物や家畜《かちく》の肉を食べることを禁止《きんし》され、穀物《こくもつ》中心の食生活になったことや、たびたび飢饉《ききん》がおこり、満足に食事ができない人がいたことなどが影響《えいきょう》したと考えられます。

明治時代以降《いこう》はしだいに身長が高くなります。明治時代になると、アメリカやヨーロッパの食文化がはいってきて、乳製品《にゅうせいひん》が利用されだしたことや、ウシやブタなどの肉もよく食べられるようになったからだと考えられています。

しかし、昭和時代のアジア・太平洋戦争中と敗戦後しばらく極端《きょくたん》に食料が不足した時期には、成長期の子どもたちの身長の伸《の》びがにぶりました。

その後、食料事情《しょくりょうじじょう》がよくなったため、身長の伸《の》びもよくなりました。

おとなの平均身長《へいきんしんちょう》の変化

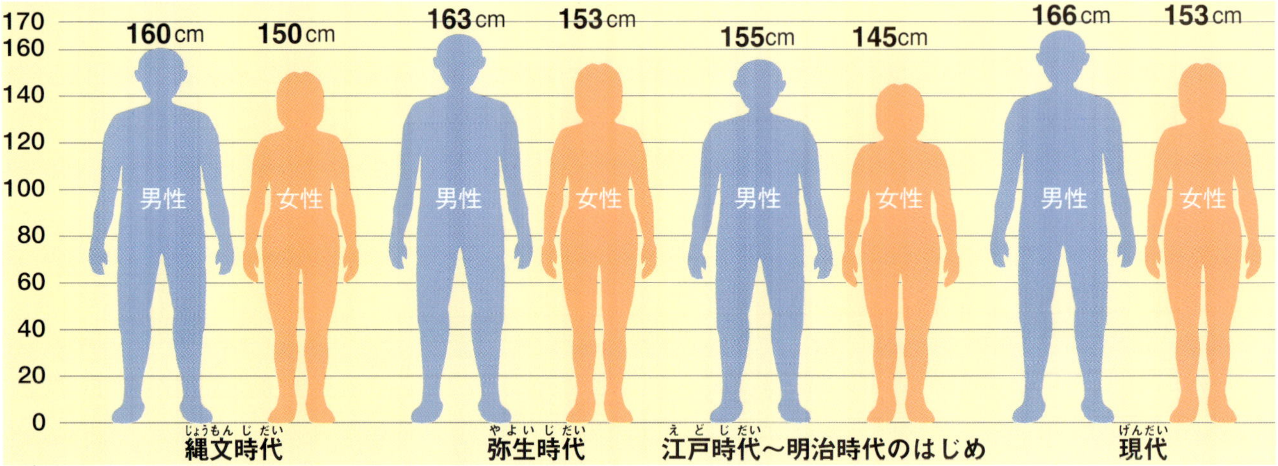
170
160
140
120
100
80
60
40
20
0
160cm
150cm
163cm
153cm
155cm
145cm
166cm
153cm
男性
女性
男性
女性
男性
女性
男性
女性
縄文時代《じょうもんじだい》
弥生時代《やよいじだい》
江戸時代《えどじだい》～明治時代のはじめ
現代《げんだい》

※現代《げんだい》以外は、推定値《すいていち》。現代《げんだい》は2002年の20歳《さい》以上の平均身長《へいきんしんちょう》（『日本の統計2005』より）。

◆顔の高さが、時代によって変化

縄文時代《じょうもんじだい》の人の顔は、顔の高さが低く（上下に短い）、彫《ほ》りがふかく、ほお骨《ほね》がはりだしている四角い感じ、それに対して弥生時代《やよいじだい》の人の顔は、顔が高く（上下に長い）、面長《おもなが》（細長い顔）で、全体に起伏《きふく》のないのっぺりした感じだったと考えられています。

その後、身長が低くなるにしたがって、顔も低くなり、全体に丸顔《まるがお》になっていきます。

江戸時代《えどじだい》の人骨《じんこつ》からは、男性《だんせい》も女性《じょせい》も、額《ひたい》がせまい人、つまり、低い顔の人が多くなったことがわかります。

また、江戸時代《えどじだい》の庶民《しょみん》の人骨《じんこつ》をみると、上あごと下あごの前歯が外にとびだしているものが多いことも特徴《とくちょう》です。歯の大きさは親から子へといった遺伝的《いでんてき》な影響《えいきょう》が強いのですが、顔の骨《ほね》の発育は栄養状態《えいようじょうたい》のよしあしが影響《えいきょう》します。江戸時代《えどじだい》には、飢饉《ききん》がひんぱんにおこったので、庶民《しょみん》には栄養不良の人が多く、顔の骨《ほね》の発育がさまたげられ、顔と歯のバランスが悪くなったと考えられます。

現代《げんだい》では、縄文系《じょうもんけい》の人々、弥生系《やよいけい》の人々の血がいろいろな割合《わりあい》でまじりあっているため、人々の顔もさまざまです。しかし、やわらかいものを好む人が多くなったので、あごの骨《ほね》の発育が不十分で、歯並《はなら》びの悪い人がふえています。

▲縄文時代《じょうもんじだい》の男性《だんせい》（左）と女性《じょせい》（右）の復元想像図《ふくげんそうぞうず》。縄文時《じょうもんじ》代《だい》の人は、瞳《ひとみ》が大きく、二重《ふたえ》まぶたをしていたようだ。

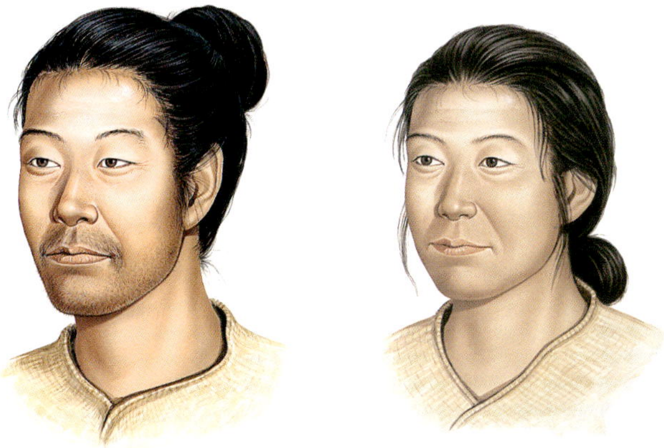

▲弥生時代《やよいじだい》の男性《だんせい》（左）と女性《じょせい》（右）の復元想像図《ふくげんそうぞうず》。弥生時《やよいじ》代《だい》の人は、瞳《ひとみ》が小さく、一重《ひとえ》まぶたをしていたようだ。

◀江戸時代《えどじだい》の終わりころの庶民《しょみん》のようす。丸顔《まるがお》の人が多く描《えが》かれている。「幕末風俗図巻《ばくまつふうぞくずかん》」（神戸市立博物館蔵）

時代	年	社会のおもなできごと	人々のくらし

数百万年前

旧《きゅう》石《せっ》器《き》時《じ》代《だい》

社会のおもなできごと

（寒い気候で海面が低く、ユーラシア大陸と陸続きになっていた日本に、大陸の獣《けもの》がやってくる。それを追って、人々もやってきて、くらしはじめる。）

▶ナウマンゾウ

人々のくらし

- 人々は移動生活《いどうせいかつ》をしながら、おもに狩猟活動《しゅりょうかつどう》をおこなう。
- 洞《どう》くつや岩かげ、移動《いどう》に便利な小屋などで寝泊《ねと》まりする。
- 打製石器《だせいせっき》でヘラジカ、ナウマンゾウなどの獣《けもの》をとらえて肉などを食べ、皮は衣服や住まいの一部にする。
- クルミなどの木の実を食べる。

約1万5000年前

縄《じょう》文《もん》時《じ》代《だい》

社会のおもなできごと

（気候があたたかくなって海面が上昇《じょうしょう》し、日本は今のような島国になる。温暖《おんだん》な気候は、日本列島に豊《ゆた》かな海の幸《さち》、山の幸《さち》をもたらす。）

◀たて穴住居《あなじゅうきょ》

▶石皿とすり石をつかい、木の実のカラをむいているようす。

人々のくらし

- 食べ物が手にはいりやすくなったため、移動生《いどうせい》活《かつ》をやめ、たて穴住居《あなじゅうきょ》や平地住居《へいちじゅうきょ》などを建て、村をつくって、定住生活をはじめる。
- 木の実を主食として食べる。
- 弓矢や落とし穴《あな》、魚をとるしかけなどをつくって、獣《けもの》や鳥、魚をとって食べる。
- 縄文土器《じょうもんどき》をつくり、肉や魚、山菜を煮《に》て食べる。
- 縄文土器《じょうもんどき》で海水を煮《に》つめて、塩をつくる。
- 毛皮や、植物の繊維《せんい》でできた目のあらい布《ぬの》で衣服をつくって着る。
- 耳飾《みみかざ》りや首飾《くびかざ》りなどの装身具《そうしんぐ》を身につける。

約2900年前

弥《や》生《よい》時《じ》代《だい》

社会のおもなできごと

- 水田での稲作《いなさく》が、朝鮮半島《ちょうせんはんとう》から九州地方につたわり、水田を中心にした村ができる。
- 米の生産量のちがいにより、貧富《ひんぷ》の差がうまれ、争いがはじまる。
- 女王卑弥呼《ひみこ》の国がさかえる。

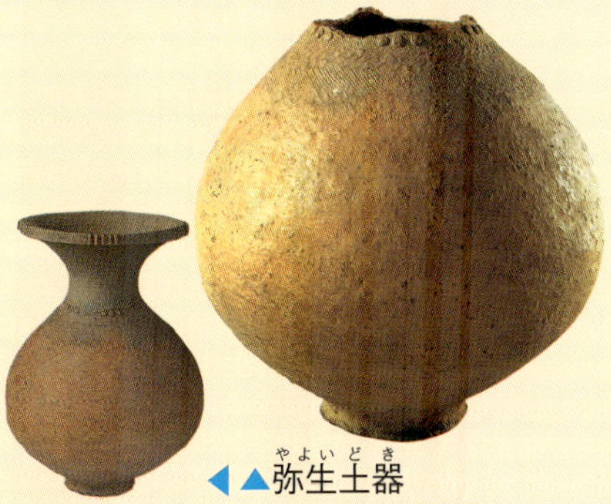

◀▲弥生土器《やよいどき》

人々のくらし

- 稲作《いなさく》がさかんな村では、収穫《しゅうかく》したものを守るために村のまわりに深い壕《ほり》をめぐらせ、環壕集落《かんごうしゅうらく》をつくる。
- 米を保存《ほぞん》するための高床倉庫《たかゆかそうこ》をつくる。
- 麦や雑穀《ざっこく》、野菜などを畑でつくる。
- 弥生土器《やよいどき》をつくり、米や麦などの穀物《こくもつ》を、野菜や魚、肉などといっしょに煮《に》て食べる。
- 舟《ふね》で沖合《おきあ》いにでかけ、カツオなど沖合《おきあ》いの魚をとって食べる。
- ブタやイヌを家畜《かちく》として飼《か》う習慣《しゅうかん》が稲作《いなさく》とともにつたわり、その肉も食べる。
- 中国や朝鮮半島《ちょうせんはんとう》から、機織《はたお》りの技術《ぎじゅつ》がつたわり、織《お》った布《ぬの》でつくった貫頭衣《かんとうい》を着る。
- 権力者《けんりょくしゃ》などが、ガラスや巻《ま》き貝《がい》をつかった装身《そうしん》具《ぐ》を身につける。
- 鉄器や青銅器《せいどうき》が朝鮮半島《ちょうせんはんとう》からつたわり、生活の道具、祭《まつ》りの道具としてつかう。

時代	年	社会のおもなできごと	人々のくらし
約1800年前			
古《こ》墳《ふん》時《じ》代《だい》		●各地に国ができる。国をおさめる王は、権力《けんりょく》をしめすための墓《はか》・古墳《こふん》をつくらせる。	●米や麦などの穀物《こくもつ》を、かまどとこしきで蒸《む》して食べる方法が広まる。 ●土師器《はじき》、須恵器《すえき》を食器や調理道具としてつかう。 ●豪族《ごうぞく》は左前にあわせる衣服を、庶民《しょみん》は貫頭衣《かんとうい》のような衣服を着ていたと推測《すいそく》される。 ●男性《だんせい》はみずらという髪形《かみがた》にし、女性《じょせい》はまげを結《ゆ》っていたと推測《すいそく》される。 ●身分の高い人は、装身具《そうしんぐ》を権威《けんい》をしめすために身につける。
		●大和地方《やまとちほう》に大きな力をもつ国があらわれる。	
	538	百済《ペクチェ》から仏教《ぶっきょう》がつたわる（552年の説もある）。日本の神をだいじにする豪族《ごうぞく》・物部氏《もののべし》と、仏教《ぶっきょう》をとりいれようとする蘇我氏《そがし》とのあいだで、争いがおこる。	
	587	蘇我氏《そがし》が物部氏《もののべし》をほろぼす。	
		※古墳《こふん》がつくられた時代を古墳時代《こふんじだい》とよびます。古墳《こふん》は飛鳥時《あすかじ》代以降《だいいこう》もつくられましたが、年表では古墳時代《こふんじだい》を飛鳥時代《あすかじだい》の前までとしてあつかっています。	
約1400年前			
飛《あ》鳥《すか》時《じ》代《だい》	592	飛鳥地方《あすかちほう》で推古天皇《すいこてんのう》が即位《そくい》する。	●法律《ほうりつ》で身分が定められ、貧富《ひんぷ》の差が大きくなる。 ●庶民《しょみん》は、たて穴住居《あなじゅうきょ》や平地住居《へいちじゅうきょ》、高床住居《たかゆかじゅうきょ》に住む。 ●朝廷《ちょうてい》が、春から秋のあいだ、ウシ、ウマ、イヌなどの肉食を禁止《きんし》する。 ●庶民《しょみん》は、質素《しっそ》な食事をとる。 ●遣隋使《けんずいし》、遣唐使《けんとうし》により、中国のナスやキュウリなどの野菜や、かりんとうなどのお菓子《かし》がつたわる。 ●冠位十二階《かんいじゅうにかい》により朝廷《ちょうてい》の役人の位が12にわけられ、位によって冠《かんむり》の色が定められる。 ●身分の高い役人は、はかま着用となる。 ●庶民《しょみん》は、えりぐりのゆったりした、ひざまでの丈《たけ》の衣服を着ていたと推測《すいそく》される。
	593	聖徳太子《しょうとくたいし》が、天皇《てんのう》にかわって政治をおこなう摂政《せっしょう》となり、仏教《ぶっきょう》を尊《とうと》ぶ天皇《てんのう》中心の国づくりをはじめる。	
	596	蘇我氏《そがし》が、仏教《ぶっきょう》の寺院を建立《こんりゅう》。	
	600	中国の隋《ずい》に使節を送る（遣隋使《けんずいし》）。	
	603	冠位十二階《かんいじゅうにかい》を定める。	
	604	十七条憲法《じゅうしちじょうけんぽう》を定める。	
	607	小野妹子《おののいもこ》を隋《ずい》に派遣《はけん》する（遣隋使《けんずいし》）。 法隆寺《ほうりゅうじ》が建立《こんりゅう》される。	
	622	聖徳太子《しょうとくたいし》が亡《な》くなる。豪族《ごうぞく》・蘇我氏《そがし》の力が、天皇《てんのう》をしのぐようになる。	
	630	中国の唐《とう》に使節を送る（遣唐使《けんとうし》）。	
	645	中大兄皇子《なかのおおえのおうじ》と豪族《ごうぞく》・中臣鎌足《なかとみのかまたり》が、蘇我氏《そがし》を討《う》つ。 大化の改新がはじまる。	
	701	大宝律令《たいほうりつりょう》ができる。	
710年			
奈《な》良《ら》時《じ》代《だい》	710	都《みやこ》が平城京《へいじょうきょう》（奈良《なら》）におかれる。	●庶民《しょみん》の住居《じゅうきょ》は、平地住居《へいちじゅうきょ》、高床住居《たかゆかじゅうきょ》が多くなる。 ●天皇《てんのう》が動物を殺すことを禁止《きんし》する。以後、穀物《こくもつ》と魚類、野菜が食事の中心になる。 ●平城京《へいじょうきょう》では市《いち》がひらかれ、地方の特産物が売り買いされる。 ●中国の唐《とう》にならい、朝廷《ちょうてい》の役人の衣服は、礼服《らいふく》、朝服《ちょうふく》、制服《せいふく》と定められる。 ●えりは右前に着ることに決まる。  ◀市《いち》のようす。
	712	『古事記』が編《へん》さんされる。	
	713	諸国《しょこく》に『風土記《ふどき》』をつくらせる。	
	720	歴史書『日本書紀《にほんしょき》』ができる。	
	741	諸国《しょこく》に国分寺を建てるよう、天皇《てんのう》が指示《しじ》する。	
	743	開墾《かいこん》した土地の私有をみとめる墾田永年私財法《こんでんえいねんしざいのほう》が定められる。	
	752	奈良《なら》の大仏《だいぶつ》（東大寺《とうだいじ》）ができあがる。東大寺《とうだいじ》は、諸国《しょこく》の総国分寺《そうこくぶんじ》。	
	753	中国から僧《そう》・鑑真《がんじん》がやってきて、仏教《ぶっきょう》や、医学、建築《けんちく》・彫刻《ちょうこく》の技術《ぎじゅつ》をつたえる。	

時代	年	社会のおもなできごと	人々のくらし

794年

平《へい》安《あん》時《じ》代《だい》

社会のおもなできごと

794 都《みやこ》が平安京《へいあんきょう》（京都《きょうと》）にうつる。

804 最澄《さいちょう》と空海《くうかい》が、遣唐使《けんとうし》とともに、唐《とう》にわたる。805年に最澄《さいちょう》が帰国し、天台宗《てんだいしゅう》を、806年に空海《くうかい》が帰国し、真言宗《しんごんしゅう》をひらく。

866 858年から実質上《じっしつじょう》の摂政《せっしょう》として政治《せいじ》をおこなってきた藤原良房《ふじわらのよしふさ》が、正式に摂政《せっしょう》に就任《しゅうにん》する。

887 884年から実質上《じっしつじょう》の関白《かんぱく》として天皇《てんのう》を補佐《ほさ》してきた藤《ふじ》原基経《わらのもとつね》が、正式に関白《かんぱく》に就任《しゅうにん》する。

894 遣唐使《けんとうし》を廃止《はいし》する。以後、日本独自の文化（国風文化）がうまれる。

935 関東で武力《ぶりょく》をつけた平将門《たいらのまさかど》が反乱《はんらん》をおこす。939年に藤原純友《ふじわらのすみとも》がおこした乱《らん》とあわせて、承平《じょうへい》・天慶《てんぎょう》の乱《らん》という（～41）。

1016 藤原道長《ふじわらのみちなが》が摂政《せっしょう》となる。これにより藤原氏《ふじわらし》の全盛時代《ぜんせいじだい》をむかえる。

1051 東北の豪族《ごうぞく》が、朝廷《ちょうてい》への反乱《はんらん》・前九年の役《えき》をおこし、源頼義《みなもとのよりよし》・義家《よしいえ》が平定《へいてい》する（～62）。

1086 藤原氏《ふじわらし》の力がおとろえ、白河上皇《しらかわじょうこう》の院政《いんせい》（天皇《てんのう》の位をゆずり、上皇《じょうこう》になったのちも、上皇《じょうこう》の御所《ごしょ》の院で政治《せいじ》をおこなうこと）がはじまる。

1098 僧兵《そうへい》の強訴《ごうそ》（寺院や荘園《しょうえん》の争いの解決を朝廷《ちょうてい》に求めること）がはげしくなり、源義家《みなもとのよしいえ》が院を守る。

1106 源義家《みなもとのよしいえ》が亡《な》くなり、源氏《げんじ》の力が弱まる。

1113 平氏が僧兵《そうへい》の強訴《ごうそ》をしずめて名をあげ、地位が高まる。

1132 平忠盛《たいらのただもり》が院にあがることをゆるされ、源氏《げんじ》の地位をしのぐ。

1156 保元《ほうげん》の乱《らん》がおこる。上皇側《じょうこうがわ》と天皇側《てんのうがわ》の権力争《けんりょくあらそ》いに、武士《ぶし》がくわわる。

1159 平治《へいじ》の乱《らん》がおこる。平清盛《たいらのきよもり》と源義朝《みなもとのよしとも》の争いで、清盛《きよもり》が勝つ。

1167 平清盛《たいらのきよもり》が太政大臣《だいじょうだいじん》となり、平氏がさかえる。

1185 平氏が源氏《げんじ》にほろぼされる。

▲水干《すいかん》を着た庶民《しょみん》の男性《だんせい》。

人々のくらし

●上級貴族《じょうきゅうきぞく》の住まいとして寝殿《しんでん》づくりが建てられる。

▼寝殿《しんでん》づくりの住まい。

●都《みやこ》に、商人や職人《しょくにん》が住むようになる。都《みやこ》の庶民《しょみん》は平地住居《へいちじゅうきょ》に住む。

●貴族《きぞく》や寺社のたんぼがふえて、米の収穫量《しゅうかくりょう》がふえる。

▲漁具《ぎょぐ》をつかって漁をしているようす。

●漁具《ぎょぐ》が発達し、漁獲量《ぎょかくりょう》がふえる。

●庶民《しょみん》の男性《だんせい》は、水干《すいかん》や直垂《ひたたれ》を着て、なえ烏帽子《えぼし》をかぶる。

●庶民《しょみん》の女性《じょせい》は、丈《たけ》の短い小袖《こそで》や帷子《かたびら》を着る。

●貴族《きぞく》の男性《だんせい》の衣服は、唐風《とうふう》から和様化へ。和様化の特徴《とくちょう》は、ゆったりした重ね着（束帯《そくたい》、直衣《のうし》、狩衣《かりぎぬ》）。

●宮廷《きゅうてい》につかえる女性《じょせい》は、女房装束《にょうぼうしょうぞく》（十二単《じゅうにひとえ》）で、重ね着の配色をきそう。

▲女房装束《にょうぼうしょうぞく》を着た貴族《きぞく》の女性《じょせい》。

時代	年	社会のおもなできごと	人々のくらし
1100年代の終わりころ			
鎌《かま》倉《くら》時《じ》代《だい》	1192	源頼朝《みなもとのよりとも》が征夷大将軍《せいいたいしょうぐん》となる。	●地方の有力武士《ゆうりょくぶし》は、館《やかた》とよばれる、戦《いくさ》にそなえたつくりの家に住む。
	1200	前年に頼朝《よりとも》が亡《な》くなり、北条氏《ほうじょうし》の勢力《せいりょく》が強まる。	●庶民《しょみん》の大半は、平地住居《へいちじゅうきょ》か高床住居《たかゆかじゅうきょ》に住む。
	1203	北条時政《ほうじょうときまさ》が政治《せいじ》をおこなう最高の位・執権《しっけん》の座《ざ》につき、執権政治《しっけんせいじ》をはじめる。	●定期的に市《いち》がたち、多くの人でにぎわう。
	1221	上皇《じょうこう》と幕府《ばくふ》のたたかい・承久《じょうきゅう》の乱《らん》がおこる。幕府《ばくふ》が勝ち、武士《ぶし》の世の中になる。	●二毛作《にもうさく》や輪作《りんさく》がおこなわれるようになる。
	1232	はじめての武士《ぶし》の法律《ほうりつ》・御成敗式目《ごせいばいしきもく》が定められる。	●庶民《しょみん》は、ふだんのごはんとして、固がゆや汁《しる》がゆを食べる。
	1274	文永《ぶんえい》の役《えき》がおこる。中国の元《げん》が、九州まで攻《せ》めてくるが、暴風雨《ぼうふうふ》で退散《たいさん》。	●梅干《うめぼ》しいりのおにぎりが、戦陣食《せんじんしょく》になる。
	1281	弘安《こうあん》の役《えき》がおこる。元《げん》がふたたび攻《せ》めてくるが、日本軍の力と暴風雨《ぼうふうふ》で壊滅《かいめつ》。	●禅宗《ぜんしゅう》のお寺で、みそがつくられ、禅宗《ぜんしゅう》の影響《えいきょう》をうけた武士《ぶし》が、みそ汁《しる》をのむようになる。
	1333	鎌倉幕府《かまくらばくふ》がほろびる。	●鎌倉時代《かまくらじだい》のなかごろから、直垂《ひたたれ》が武士《ぶし》と庶民《しょみん》の男性《だんせい》の衣服になる。
			●狩衣《かりぎぬ》、水干《すいかん》が武士《ぶし》の正装《せいそう》になる。
			●貴族《きぞく》の女性《じょせい》の衣服・十二単《じゅうにひとえ》は簡略化《かんりゃくか》される。
			●武家《ぶけ》の女性《じょせい》は、衣袴《きぬばかま》や小袖袴《こそでばかま》などを着る。
			●庶民《しょみん》の女性《じょせい》の衣服は、色やもようが、ゆたかになる。
1300年代なかごろ			
室《むろ》町《まち》時《じ》代《だい》	1333	建武《けんむ》の新政《しんせい》がはじまる。武士《ぶし》にかわって、天皇《てんのう》の政治《せいじ》が復活《ふっかつ》する。	●天皇《てんのう》と将軍《しょうぐん》がいる京都《きょうと》では、貴族《きぞく》と武士《ぶし》のくらしが結びつき、書院づくりという新しい建物の様式がうまれる。
	1336	朝廷《ちょうてい》が南朝《なんちょう》と北朝《ほくちょう》の２つにわかれる。	●幕府《ばくふ》がおかれた京都《きょうと》には、将軍《しょうぐん》や大名《だいみょう》の住まいのほかに、職人《しょくにん》や商人が住む町屋《まちや》ができる。
	1338	足利尊氏《あしかがたかうじ》が征夷大将軍《せいいたいしょうぐん》となり、室町幕府《むろまちばくふ》の基礎《きそ》ができあがる。	●都市と地方を結ぶ街道や、海や川の交通が発達し、河口《かこう》などに、生活用品や食べ物などを売る市場町《いちばまち》ができる。
	1392	南朝《なんちょう》と北朝《ほくちょう》が統一《とういつ》される。	●まずしい庶民《しょみん》をのぞき、姫飯《ひめいい》という、現在《げんざい》のごはんとおなじものを鉄釜《てつがま》でたくようになる。
	1428	近畿地方《きんきちほう》の下級武士《かきゅうぶし》や庶民《しょみん》が、年貢《ねんぐ》や借金をなかったことにするよう、荘園《しょうえん》をもつ寺や金貸《かねか》しに求めておこした暴動《ぼうどう》・正長《しょうちょう》の土一揆《つちいっき》がおこる。	●しょうゆがつくられはじめ、塩が庶民《しょみん》に広まる。
	1467	将軍《しょうぐん》をめぐる守護大名《しゅごだいみょう》たちの戦《いくさ》・応仁《おうにん》の乱《らん》がおこる（～77）。以後、身分の下のものが力をのばして、上の身分のものをしのぐ下剋上《げこくじょう》の風潮《ふうちょう》が広がる。	●中国からつたわった石臼《いしうす》が広まり、小麦やダイズなどが手軽に粉にできるようになる。
	1485	山城国一揆《やましろのくにいっき》がおこる。農民が守護大名《しゅごだいみょう》を追いだし、自分たちで村のくらしを守る（約８年間）。	●中国の食べ物のとうふ、うどん、まんじゅうがつくられるようになる。
	1488	加賀《かが》の一向一揆《いっこういっき》がおこる。加賀《かが》の一向宗《いっこうしゅう》の門徒が、守護大名《しゅごだいみょう》をほろぼし、一国を支配《しはい》する（約90年間）。	●小袖《こそで》と帷子《かたびら》を、あらゆる階級の人が、上着として着るようになる。
	1543	ポルトガル人が種子島《たねがしま》に漂着《ひょうちゃく》し、鉄砲《てっぽう》をつたえる。	●春、秋には袷《あわせ》、夏には帷子《かたびら》、冬には小袖《こそで》を着るころも替《が》えの習慣《しゅうかん》ができる。
	1549	スペインの宣教師《せんきょうし》・ザビエルが鹿児島《かごしま》にやってきて、キリスト教をつたえる。	●しだいにはかまをつけない格好《かっこう》がふつうになる。
	1573	織田信長《おだのぶなが》が足利将軍《あしかがしょうぐん》を京都《きょうと》から追放し、室町幕府《むろまちばくふ》をほろぼす。	●朝鮮半島《ちょうせんはんとう》や中国から木綿《もめん》がもたらされる。
			●染色技術《せんしょくぎじゅつ》が発達し、絞《しぼ》り染《ぞ》めや糊染《のりぞ》めなどがおこなわれる。

衣食住の歴史・関連年表

時代 / 年 / 社会のおもなできごと / 人々のくらし

安《あ》土《づち》桃《もも》山《やま》時《じ》代《だい》（1573年〜）

年	社会のおもなできごと
1576	織田信長《おだのぶなが》が安土城《あづちじょう》の築城《ちくじょう》に着工する。
1577	信長《のぶなが》が、安土《あづち》で楽市《らくいち》・楽座《らくざ》（商品の自由な販売《はんばい》）を命じる。
1582	信長《のぶなが》が明智光秀《あけちみつひで》にそむかれ、本能寺《ほんのうじ》で自殺する（本能《ほんのう》寺《じ》の変《へん》）。信長《のぶなが》の家臣《かしん》の羽柴秀吉《はしばひでよし》が光秀《みつひで》を討《う》つ。
1585	秀吉《ひでよし》が朝廷《ちょうてい》から関白《かんぱく》に任命《にんめい》される。
1586	秀吉《ひでよし》が太政大臣《だいじょうだいじん》に任命《にんめい》され、豊臣姓《とよとみせい》をさずけられる。
1588	秀吉《ひでよし》が刀狩令《かたながりれい》をだし、武士《ぶし》以外の者から武器《ぶき》をとりあげる。
1590	秀吉《ひでよし》が全国を統一《とういつ》する。
1598	秀吉《ひでよし》が亡《な》くなる。徳川家康《とくがわいえやす》と石田三成《いしだみつなり》の対立がふかまる。
1600	家康《いえやす》側と三成《みつなり》側にわかれて関ヶ原《せきがはら》の戦《たたか》いがおこり、家《いえ》康《やす》側が勝つ。

人々のくらし

- 信長《のぶなが》や秀吉《ひでよし》が、豪華《ごうか》な城《しろ》を築《きず》き、城《しろ》のまわりに城下町《じょうかまち》ができる。
- 南蛮《なんばん》（ポルトガルやスペイン）からカステラ、コンペイトウ、ビスケットなどのお菓子《かし》や、油をつかう料理、ジャガイモ、トウモロコシなどの作物がつたわる。
- 肩衣《かたぎぬ》が武士《ぶし》の正装《せいそう》となる。戦場では、武将《ぶしょう》たちは、はなやかな胴服《どうぶく》や陣羽織《じんばおり》を着る。
- 南蛮《なんばん》からラシャ、ビロードなどの染織品《せんしょくひん》や、帽《ぼう》子《し》やカッパ、ひだえりなどの衣服がつたわる。
- 身分の高い女性《じょせい》の小袖《こそで》はより豪華《ごうか》になり、摺箔《すりはく》や手のこんだ絞《しぼ》り染《ぞ》めなどが発達する。

江《え》戸《ど》時《じ》代《だい》（1603年〜）

年	社会のおもなできごと
1603	徳川家康《とくがわいえやす》が征夷大将軍《せいいたいしょうぐん》となり、江戸《えど》に幕府《ばくふ》をひらく。
1612	幕府《ばくふ》がキリスト教禁教令《きんきょうれい》をだす。
1615	大坂《おおさか》夏の陣《じん》で、家康《いえやす》が豊臣氏《とよとみし》をほろぼす。
	大名《だいみょう》を統制《とうせい》する法律・武家諸法度《ぶけしょはっと》が定められる。
1635	参勤交代《さんきんこうたい》の制度《せいど》が定められる。
1637	島原《しまばら》・天草一揆《あまくさいっき》がおこる（〜38）。
1639	ポルトガル人が住むことと来航《らいこう》を禁止《きんし》し、鎖国《さこく》が完成する。
1657	江戸《えど》で、大火事がおこる。
1716	徳川吉宗《とくがわよしむね》が享保《きょうほう》の改革《かいかく》をはじめる（〜45）。
1782	天明《てんめい》の大飢饉《だいききん》により多くの餓死者《がししゃ》がでる（〜87）。
1787	江戸《えど》・大坂《おおさか》で、打ちこわしがおこる。
	松平定信《まつだいらさだのぶ》が寛政《かんせい》の改革《かいかく》をはじめる（〜93）。
1825	異国船打払令《いこくせんうちはらいれい》がだされる。
1833	天保《てんぽう》の大飢饉《だいききん》がおき（〜38）、これにより、百姓一揆《ひゃくしょういっき》と打ちこわしがあいつぐ。
1837	大塩《おおしお》の乱《らん》がおこる。
1841	水野忠邦《みずのただくに》が天保《てんぽう》の改革《かいかく》をはじめる（〜43）。
1853	アメリカの使節ペリーが浦賀《うらが》にくる。
1854	日米和親条約《にちべいわしんじょうやく》を結《むす》ぶ。
1858	日米修好通商条約《にちべいしゅうこうつうしょうじょうやく》を結ぶ。
1867	大政奉還《たいせいほうかん》（幕府《ばくふ》が政権《せいけん》を朝廷《ちょうてい》にかえし、江戸幕府《えどばくふ》がほろびる）。

人々のくらし

- 家康《いえやす》が江戸城《えどじょう》を中心に都市計画をすすめ、江戸《えど》に多くの人が住むようになる。
- 農民は、それぞれの土地の気候や作業にあったつくりの家をつくって住む。
- 江戸《えど》では近隣《きんりん》や江戸湾《えどわん》でとれる新鮮《しんせん》な野菜や魚が売られ、屋台《やたい》のそばやにぎりずし、てんぷらなどの店ができ、高級料亭《こうきゅうりょうてい》もできる。
- 各地で名産品がうまれる。
- 行商人《ぎょうしょうにん》が食べ物をはじめ、生活に必要な品などを売り歩く。
- 身分や職業《しょくぎょう》によって衣服や髪形《かみがた》が決められ、武《ぶ》士《し》の正装《せいそう》として裃《かみしも》、羽織袴《はおりはかま》が定着する。
- 女性《じょせい》の小袖《こそで》は、袖《そで》やすそが長くなり、帯は幅広《はばひろ》になる。
- 友禅染《ゆうぜんぞめ》など高度な技術《ぎじゅつ》が発達する。
- 町人の衣服は、職業《しょくぎょう》にあわせて工夫される。
- 庶民《しょみん》の衣服の生地《きじ》は木綿《もめん》が多くなる。
- 洗濯《せんたく》にたらいがつかわれだす。
- 女性《じょせい》のまげを結《ゆ》う髪形《かみがた》がたくさんうまれる。
- 袋物《ふくろもの》や印籠《いんろう》などの小物がつかわれる。
- ぞうりやげたが普及《ふきゅう》する。

▶印籠《いんろう》（下）と根付《ねつ》け（上）

時代	年	社会のおもなできごと	人々のくらし
	1868年		
明《めい》治《じ》時《じ》代《だい》	1868 1869 1871 1872 1873 1874 1877 1881 1889 1890 1894 1895 1904 1905 1910	五箇条《ごかじょう》の御誓文《ごせいもん》がだされる。 東京に都《みやこ》をうつす。 廃藩置県《はいはんちけん》がおこなわれる。 6歳《さい》以上の男女すべてが小学校教育を受けることとする学制《がくせい》が定められる。 徴兵令《ちょうへいれい》がだされる。 民撰議院設立《みんせんぎいんせつりつ》の建白書がだされる。 西南戦争がおこる。 国会開設《かいせつ》の勅諭《ちょくゆ》がだされる。 大日本帝国憲法《だいにほんていこくけんぽう》が発布《はっぷ》される。 第1回帝国議会《ていこくぎかい》がひらかれる。 日清戦争《にっしんせんそう》がおこる（～95）。 下関条約《しものせきじょうやく》を結ぶ（日清戦争《にっしんせんそう》が終わる）。 日露戦争《にちろせんそう》がおこる（～05）。 ポーツマス条約《じょうやく》を結ぶ（日露戦争《にちろせんそう》が終わる）。 韓国《かんこく》を併合《へいごう》する。	●アメリカやヨーロッパから近代技術《きんだいぎじゅつ》や文化がつたわり、人々のくらしに大きな影響《えいきょう》がおよぶ。 ●和風と洋風をあわせた和洋折衷《わようせっちゅう》の家屋《かおく》がつくられるようになる。 ●一般家庭《いっぱんかてい》で石油ランプがつかわれだす。 ●衛生的《えいせいてき》な銭湯《せんとう》ができる。 ●まきや石炭を燃《も》やすストーブがつかわれだす。 ●牛《ぎゅう》なべや手軽な洋食が広まる。 ●上流階級や軍人・警察官《けいさつかん》の制服《せいふく》に洋服がとりいれられる。 ●着物に、帽子《ぼうし》やくつといった和洋折衷《わようせっちゅう》の着かたが流行する。 ●男性《だんせい》の髪形《かみがた》は、ほとんどが短髪《たんぱつ》になり、外出のときは、帽子《ぼうし》をかぶるようになる。 ●女性《じょせい》は、束髪《そくはつ》がふえる。 ●洗濯《せんたく》に、石けんや洗濯板《せんたくいた》がつかわれる。 ●鉄道が敷《し》かれ、都市には路面電車が走り、人力車もさかんに利用される。
	1912年		
大《たい》正《しょう》時《じ》代《だい》	1914 1915 1918 1923 1925	第1次世界大戦にくわわる。 中国に対して対華《たいか》21か条《じょう》要求をだす。 米の値段《ねだん》が高くなり、米騒動《こめそうどう》がおこる。 関東大震災《かんとうだいしんさい》がおこる。 ラジオ放送がはじまる。 普通選挙法《ふつうせんきょほう》が成立する。	●タイル張《ば》りの洗《あら》い場・浴槽《よくそう》の銭湯《せんとう》ができる。 ●都市部でガスや水道が整備《せいび》される。 ●家庭でライスカレー、トンカツ、コロッケなどの洋食がつくられるようになる。 ●都市部で、洋服の女性《じょせい》がふえ、小学生も洋服を着て登校するようになる。
	1926年		
昭《しょう》和《わ》時《じ》代《だい》	1931 1937 1941 1945 1946 1951 1953 1960 1964 1972 1973	満州事変《まんしゅうじへん》がおこる。 日中戦争がはじまる。 アジア・太平洋戦争がはじまる（～45）。 広島・長崎《ながさき》に原子爆弾《げんしばくだん》が投下される。ポツダム宣言《せんげん》を受諾《じゅだく》し、日本は降伏《こうふく》する。 日本国憲法《にほんこくけんぽう》が公布《こうふ》される。 サンフランシスコ平和条約《へいわじょうやく》、日米安全保障条約《にちべいあんぜんほしょうじょうやく》が結ばれる。 テレビ放送がはじまる。 カラーテレビ放送がはじまる。 東海道新幹線《とうかいどうしんかんせん》が開通。東京オリンピックが開催《かいさい》される。 沖縄《おきなわ》が日本に復帰《ふっき》する。 石油危機《せきゆきき》がおこる。	●女性《じょせい》の洋装《ようそう》がふえ、断髪《だんぱつ》やパーマネントが流行する。しだいに男女とも洋服が一般的《いっぱんてき》になる。 ●アジア・太平洋戦争中と、敗戦後しばらくは、さまざまなものが不足し、我慢《がまん》の生活がつづく。 ●敗戦後、木造《もくぞう》アパートや団地《だんち》がふえる。 ●ほとんどの家庭に電灯がともり、水道が普及《ふきゅう》し、お風呂《ふろ》のある家がふえていく。 ●電気炊飯器《でんきすいはんき》、電気洗濯機《でんきせんたくき》など便利な家電製品《かでんせいひん》が普及《ふきゅう》する。 ●生活にゆとりがうまれ、気軽に外食をしたり、このみにあった衣服を着たりする人、自家用車をもつ家庭がふえる。
	1989年		
平《へい》成《せい》時《じ》代《だい》	1995	阪神《はんしん》・淡路大震災《あわじだいしんさい》がおこる。	●インターネット、携帯電話《けいたいでんわ》が普及《ふきゅう》する。

もっと調べてみよう！

日本の衣食住などの歴史についてもっと調べてみたいと思ったら、博物館や資料館《しりょうかん》にいってみましょう。ここで紹介《しょうかい》する博物館・資料館《しりょうかん》以外にも、全国にたくさんあります。どこも歴史の調べ学習に役立つ情報《じょうほう》がもりだくさんです。

※博物館・資料館《しりょうかん》は、北から南の順に掲載《けいさい》しています。
※開館日でも、模様替《もようが》えなどで休館になる場合もあります。入館は閉館《へいかん》の30分前までのところがほとんどです。休館日は、変更《へんこう》になる場合もあります。ご注意ください。
※掲載内容《けいさいないよう》は、平成23年1月現在《げんざい》のものです。

北海道開拓《かいたく》記念館

北海道最大の歴史博物館です。先史時代から昭和40年代までの北海道の自然や歴史・文化に関する資料《しりょう》を展示《てんじ》しています。

〒004-0006 北海道札幌市厚別区厚別町小野幌53-2
TEL：011-898-0456
開館時間：午前9時30分～午後4時30分
休館日：月曜日／年末年始／一部の祝日

さんまるミュージアム

縄文時遊館《じょうもんじゆうかん》内に設置され、日本最大級の縄文時代《じょうもんじだい》の遺跡《いせき》、三内丸山遺跡《さんないまるやまいせき》から出土した土器、土偶《どぐう》、石器や遺構《いこう》など、当時の人々の生活がわかるような、たくさんの遺物《いぶつ》を展示《てんじ》しています。

〒038-0031 青森県青森市三内丸山305
TEL：017-782-9462
開館時間：（10月～5月）午前9時～午後5時（6月～9月）午前9時～午後6時
休館日：年末年始

東北歴史博物館

旧石器時代《きゅうせっきじだい》から近現代《きんげんだい》までの東北地方全体の歴史を時代別に展示《てんじ》しています。こども歴史館では、シアター映《えい》像《ぞう》や火おこしなどの、さまざまな体験《たいけん》を通して楽しく歴史が学べます。

〒985-0862 宮城県多賀城市高崎1-22-1
TEL：022-368-0106
開館時間：午前9時30分～午後5時
休館日：月曜日（祝日等をのぞく）／年末年始

国立歴史民俗《みんぞく》博物館

日本の歴史と文化、民俗《みんぞく》について総合的《そうごうてき》に知ることができる博物館です。古《こ》墳時代《ふんじだい》なら前方後円墳《ぜんぽうこうえんふん》、弥生時代《やよいじだい》なら稲作《いなさく》など、各時代を象徴《しょうちょう》するテーマをとりあげて展示《てんじ》しています。

〒285-8502 千葉県佐倉市城内町117
TEL：043-486-0123
開館時間：（3月～9月）午前9時30分～午後5時（10月～2月）午前9時30分～午後4時30分
休館日：月曜日（月曜が祝日の場合はその翌日休館）／年末年始

東京国立博物館

質《しつ》・量ともに日本最大。日本をはじめとする東洋諸地域《とうようしょちいき》の文化財《ぶんかざい》を展示《てんじ》しています。

〒110-8712 東京都台東区上野公園13-9
TEL：03-5777-8600
開館時間：午前9時30分～午後5時（特別展開催期間中の金曜日は午後8時まで）
休館日：月曜日（月曜日が休日の場合はその翌平日休館）／年末年始

国立科学博物館

生物・地球・科学技術《かがくぎじゅつ》などについて展示《てんじ》している国立では日本で唯一《ゆいいつ》の科学系《かがくけい》博物館です。

〒110-8718 東京都台東区上野公園7-20
TEL：03-5777-8600
開館時間：午前9時～午後5時（金曜日のみ）午前9時～午後8時
休館日：月曜日（月曜日が休日の場合はその翌平日休館）／年末年始

江戸《えど》東京博物館

実物大の日本橋《にほんばし》、長屋、芝居小屋《しばいごや》や模《も》型《けい》で再現《さいげん》した城下町《じょうかまち》、鹿鳴館《ろくめいかん》、銀座煉《ぎんざれん》瓦街《がが い》の情景《じょうけい》など、400年にわたる江戸《えど》東京の歴史と文化を展示《てんじ》しています。

〒130-0015 東京都墨田区横網1-4-1
TEL：03-3626-9974
開館時間：午前9時30分～午後5時30分（土曜日は午後7時30分まで）
休館日：月曜日（月曜日が休日の場合はその翌平日休館、両国で相撲開催中は開館）／年末年始

博物館明治村

明治時代を中心とした、歴史的に貴重《きちょう》な学校、銀行、裁判所《さいばんしょ》、病院、教会、工場などの建築《けんちく》や文豪《ぶんごう》の住宅《じゅうたく》、市電などの歴史資料《れきししりょう》を展示《てんじ》しています。

〒484-0000 愛知県犬山市内山1
TEL：0568-67-0314
開館時間：（11～2月）午前9時30分～午後4時（3～10月）午前9時30分～午後5時
休館日：12月31日／1・2・12月の祝日をのぞく月曜日

京都《きょうと》国立博物館

京都《きょうと》を中心とした社寺につたわる宝物《ほうもつ》を保護《ほご》する目的で発足《ほっそく》。約1万点以上の美術品《びじゅつひん》・文化財《ぶんかざい》を収蔵《しゅうぞう》、展示《てんじ》しています。

〒605-0931 京都市東山区茶屋町527
TEL：075-541-1151
開館時間：午前9時30分～午後6時（金曜日は午後8時まで）
休館日：月曜日（月曜日が休日の場合はその翌日休館）／年末年始

京都《きょうと》府《ふ》京都《きょうと》文化博物館

羅城門《らじょうもん》や物語《ものがたり》絵巻《えまき》の復元《ふくげん》模型《もけい》など、千年の都《みやこ》として栄えた京都《きょうと》の歴史と伝統《でんとう》文化《ぶんか》を展示《てんじ》しています。

〒604-8183 京都府京都市中京区三条高倉
TEL：075-222-0888
開館時間：午前10時～午後7時30分
休館日：月曜日（月曜日が休日の場合はその翌平日休館）／年末年始

国立民族学博物館

世界のさまざまな民族の生活用品や衣装《いしょう》・住居《じゅうきょ》などを地域別《ちいきべつ》に展示《てんじ》しています。言語や音楽の展示《てんじ》もあり、年数回特別展《とくべつてん》を開催《かいさい》しています。

〒565-8511 大阪府吹田市千里万博公園10-1
TEL：06-6876-2151
開館時間：午前10時～午後5時
休館日：水曜日（水曜日が休日の場合はその翌平日休館）／年末年始

大阪《おおさか》府《ふ》立《りつ》弥生《やよい》文化博物館

たて穴住居《あなじゅうきょ》や卑弥呼《ひみこ》の館《やかた》、池上曽根遺跡《いけがみそねいせき》など、日本全国の弥生時代《やよいじだい》の文化に関する資料《しりょう》を展示《てんじ》しています。

〒594-0083 大阪府和泉市池上町4-8-27
TEL：0725-46-2162
開館時間：午前9時30分～午後5時
休館日：月曜日（月曜日が休日の場合はその翌平日休館）／年末年始

大阪《おおさか》歴史博物館

都市大阪《おおさか》の歴史を古代・難波宮《なにわのみや》から現代《げんだい》まで、時代別に分類したフロアで展示《てんじ》しています。

〒540-0008 大阪府大阪市中央区大手前4-1-32
TEL：06-6946-5728
開館時間：午前9時30分～午後5時（金曜日は午後8時まで）
休館日：火曜日（火曜日が祝日の場合はその翌日休館）／年末年始

奈良《なら》国立博物館

仏教《ぶっきょう》美術《びじゅつ》を中心に展示《てんじ》しています。毎年秋に「正倉院展《しょうそういんてん》」を開催《かいさい》しています。

〒630-8213 奈良県奈良市登大路町50
TEL：050-5542-8600
開館時間：午前9時30分～午後5時（4月最終～10月最終までの毎金曜日は午後7時まで）
休館日：月曜日（月曜日が休日の場合はその翌平日休館）／年末年始

神戸《こうべ》市立博物館

「国際文化交流《こくさいぶんかこうりゅう》－東西文化の接触《せっしょく》と変容《へんよう》」を基本《きほん》テーマに、神戸《こうべ》に関する歴史資料《れきししりょう》を中心に展示《てんじ》しています。

〒650-0034 兵庫県神戸市中央区京町24
TEL：078-391-0035
開館時間：午前10時～午後5時（金曜日は午後7時まで）
休館日：月曜日（月曜日が休日の場合はその翌平日休館）／年末年始

青谷上寺地遺跡展示館《あおやかみじちいせきてんじかん》

弥生時代《やよいじだい》の生活や文化を今につたえる貴重《きちょう》な出土品や、弥生人《やよいじん》の脳《のう》を展示《てんじ》しています。

〒689-0501 鳥取県鳥取市青谷町青谷4064
TEL：0857-85-0841
開館時間：午前9時～午後5時
休館日：月曜日（月曜日が休日の場合はその翌平日休館）／年末年始

愛媛県《えひめけん》歴史文化博物館

古代から現代《げんだい》までの愛媛《えひめ》の歴史と四国遍路《へんろ》や祭りなど民俗《みんぞく》に関して展示《てんじ》しています。

〒797-8511 愛媛県西予市宇和町卯之町4-11-2
TEL：0894-62-6222
開館時間：午前9時～午後5時30分
休館日：月曜日（月曜日が休日の場合はその翌平日休館。毎月第1月曜日は開館、その翌平日休館）／年末年始

九州国立博物館

日本とアジアの文化交流をテーマに旧石器時代《きゅうせっきじだい》から江戸時代《えどじだい》末までの資料《しりょう》を展示《てんじ》しています。

〒818-0118 福岡県太宰府市石坂4-7-2
TEL：050-5542-8600
開館時間：午前9時30分～午後5時
休館日：月曜日（月曜日が休日の場合はその翌平日休館）／年末

長崎《ながさき》歴史文化博物館

長崎《ながさき》の海外交流の歴史資料《れきししりょう》を一堂に展示《てんじ》。奉行所《ぶぎょうしょ》の一部も復元《ふくげん》し、長崎《ながさき》の歴史と文化が体感できます。

〒850-0007 長崎市立山1-1-1
TEL：095-818-8366
開館時間：午前8時30分～午後7時
休館日：毎月第3火曜日（第3火曜日が休日の場合はその翌平日休館）

鹿児島県《かごしまけん》上野原《うえのはら》縄文《じょうもん》の森《もり》

貴重《きちょう》な縄文遺跡《じょうもんいせき》である上野原遺跡《うえのはらいせき》を保存《ほぞん》し、縄文《じょうもん》の世界と親しむ場として整備《せいび》した施設《しせつ》です。

〒899-4318 鹿児島県霧島市国分上野原縄文の森1-1
TEL：0995-48-5701
開館時間：午前9時～午後5時
休館日：月曜日（月曜日が休日の場合はその翌平日休館）／年末年始

今帰仁村《なきじんそん》歴史文化センター

グスク（城《しろ》）出土品や、今帰仁《なきじん》の生活と文化に関する歴史資料《れきししりょう》を展示《てんじ》しています。

〒905-0428 沖縄県国頭郡今帰仁村字今泊5110
TEL：0980-56-5767
開館時間：午前8時30分～午後5時
休館日：年中無休

さくいん

INDEX

INDEX

か

き

さくいん
INDEX

し

す

せ

さくいん
INDEX

そ

た

ち

つ

て

と

な

に

ぬ

ね

の

は

さくいん
INDEX

監　修　**西本豊弘**《にしもととよひろ》　国立歴史民俗博物館教授

1947年生まれ。早稲田大学教育学部社会科卒業。北海道大学大学院文学研究科博士課程単位取得退学。専門は動物考古学。おもな著作に『考古学と動物学』同成社（共編著）、「縄文人は何を食べていたか」（執筆：『縄文人の時代』新泉社・所収）、「イヌと日本人」（執筆：『考古学は愉しい』日本経済新聞社・所収）、論文に「弥生時代のブタについて」（国立歴史民俗博物館研究報告第36集）、「DNA分析による縄文後期人の血縁関係」（共著：動物考古学第16号）など。

編集・制作　有限会社データワールド
文　西本豊弘　小林青樹　澤田和人　小林謙一　山根洋子　山本光正　吉崎雅規　小林園子　加藤愛　浪形早季子
装　丁　細野綾子
本文デザイン　Sense of Wonder●細野綾子
イラスト　石井礼子●高田勲●かんべあやこ●小林青樹
編集協力　福井和子●巖谷由利子●安森満子

写真・資料協力（順不同・敬称略）

国立歴史民俗博物館●いしかり砂丘の風資料館●山形県立博物館●船橋市飛ノ台史跡公園博物館●山形県教育委員会●山形県立うきたむ風土記の丘考古資料館●福井県立若狭歴史民俗資料館●辻誠一郎●國學院大學考古学資料館●明治大学博物館●十日町市博物館●栃木県教育委員会●（財）とちぎ生涯学習文化財団埋蔵文化財センター●胎内市教育委員会●八戸市教育委員会●南アルプス市教育委員会●東京国立博物館●（株）DNPアーカイブ・コム●大阪歴史博物館●小林青樹●東村山ふるさと歴史館●栃木県藤岡町教育委員会●青森県教育庁文化財保護課●東京大学総合研究博物館●石川県立歴史博物館●青森県埋蔵文化財調査センター●函館市教育委員会●佐賀県教育委員会●大阪府立弥生文化博物館●大阪府教育委員会●長崎県教育委員会●九州歴史資料館●和泉市教育委員会●秋山浩三●京丹後市教育委員会●佐賀県立博物館●土井ヶ浜遺跡・人類学ミュージアム●神戸市立博物館●羽曳野市教育委員会●文化庁●奈良県立橿原考古学研究所●阿南辰秀●平出博物館●千原秀之助●明日香村教育委員会●（株）便利堂●信貴山朝護孫子寺●（財）徳川美術館●宮内庁三の丸尚蔵館●清浄光寺●石山寺●称名寺●神奈川県立金沢文庫●広島県立歴史博物館●（株）角長●徳島県立博物館●宮内庁書陵部●聚光院●上杉神社●毛利博物館●兵主大社●日本綿業振興会●喜多院●川越市立博物館●春日神社●国立能楽堂●奈良市教育委員会●安土町役場●内藤昌●三井記念美術館●長興寺●豊田市郷土資料館●京都国立博物館●フォトファクトリー　ミハラ●高台寺●遠山記念館●カネボウ株式会社●近江八幡市立資料館●堺市博物館●東京都公文書館●（財）東京都生涯学習文化財団東京都埋蔵文化財センター●江戸東京博物館●東京都歴史文化財団イメージアーカイブ●江東区深川江戸資料館●川崎市教育委員会●川崎市立日本民家園●沖縄県立博物館●たばこと塩の博物館●国立国会図書館●東京都水道歴史館●福島県会津美里町教育委員会●港区立港郷土資料館●太田記念美術館●（株）評論社●東京都立中央図書館●石部屋●長野県立歴史館●（財）アダチ伝統木版画技術保存財団●山本光正●小林園子●公文教育研究会●東京都教育委員会●埼玉県立博物館●文京ふるさと歴史館●逓信総合博物館●町田市立国際版画美術館●城所君子●台東区立下町風俗資料館●GAS MUSEUMがす資料館●佐藤ひふみ●東京芸術大学大学美術館●熊谷元一●熊谷元一写真童画館●長崎市観光宣伝課●UR都市機構●安森満子●本橋義明●国文学研究資料館●東芝コンシューママーケティング（株）●村井香葉●淵崎昭治●小平田豊子

＊本書に掲載されている写真は所蔵者の了解を得ておりますが、撮影者等、一部の方の連絡先がわからず、事前に連絡できなかったものがあります。お気付きの点がございましたら、編集部までお知らせください。

ポプラディア情報館《じょうほうかん》
衣食住《いしょくじゅう》**の歴史**《れきし》

発　行　2006年3月　第1刷 ©
　　　　2011年3月　第5刷

監　修　西本豊弘
発行者　坂井宏先
編　集　山口竜也
発行所　株式会社ポプラ社　〒160-8565　東京都新宿区大京町 22-1
電　話　03-3357-2212（営業）　03-3357-2216（編集）　0120-666-553（お客様相談室）
ＦＡＸ　03-3359-2359（ご注文）
振　替　00140-3-149271
ホームページ　http://www.poplar.co.jp（ポプラ社）　http://www.poplardia.com（ポプラディアワールド）
印刷・製本　大日本印刷株式会社

ISBN978-4-591-09042-8　N.D.C. 383/223P/29cm x 22cm　Printed in Japan